Pourquoi le blé nuit à votre santé

Infographie : Chantal Landry
Révision et correction : Brigitte Lépine et Élyse-Andrée Héroux

Catalogage avant publication de Bibliothèque et Archives
nationales du Québec et Bibliothèque et Archives Canada

Davis, William, M.D.

    Pourquoi le blé nuit à votre santé

    Traduction de : Wheat belly.
    Comprend des réf. bibliogr. et un index.

    ISBN 978-2-7619-3322-3

    1. Régimes sans blé. 2. Régimes sans gluten. 3. Régimes sans blé -
Recettes. 4. Régimes sans gluten - Recettes. I. Titre.

RM237.87.D3814 2012   613.2'6   C2012-940894-8

DISTRIBUTEURS EXCLUSIFS :

Pour le Canada et les États-Unis :
MESSAGERIES ADP*
2315, rue de la Province
Longueuil (Québec) J4G 1G4
Téléphone : 450-640-1237
Télécopieur : 450-674-6237
Internet : www.messageries-adp.com
* filiale du Groupe Sogides inc.,
  filiale de Québecor Média inc.

Pour la France et les autres pays :
INTERFORUM editis
Immeuble Paryseine, 3, allée de la Seine
94854 Ivry CEDEX
Téléphone : 33 (0) 1 49 59 11 56/91
Télécopieur : 33 (0) 1 49 59 11 33
Service commandes France Métropolitaine
Téléphone : 33 (0) 2 38 32 71 00
Télécopieur : 33 (0) 2 38 32 71 28
Internet : www.interforum.fr
Service commandes Export – DOM-TOM
Télécopieur : 33 (0) 2 38 32 78 86
Internet : www.interforum.fr
Courriel : cdes-export@interforum.fr

Pour la Suisse :
INTERFORUM editis SUISSE
Case postale 69 – CH 1701 Fribourg – Suisse
Téléphone : 41 (0) 26 460 80 60
Télécopieur : 41 (0) 26 460 80 68
Internet : www.interforumsuisse.ch
Courriel : office@interforumsuisse.ch
Distributeur : OLF S.A.
ZI. 3, Corminboeuf
Case postale 1061 – CH 1701 Fribourg – Suisse
Commandes :
Téléphone : 41 (0) 26 467 53 33
Télécopieur : 41 (0) 26 467 54 66
Internet : www.olf.ch
Courriel : information@olf.ch

Pour la Belgique et le Luxembourg :
INTERFORUM BENELUX S.A.
Fond Jean-Pâques, 6
B-1348 Louvain-La-Neuve
Téléphone : 32 (0) 10 42 03 20
Télécopieur : 32 (0) 10 41 20 24
Internet : www.interforum.be
Courriel : info@interforum.be

08-12

© 2011, William Davis, MD

Traduction française :
© 2012, Les Éditions de l'Homme,
division du Groupe Sogides inc.,
filiale de Québecor Média inc.
(Montréal, Québec)

L'ouvrage original a été publié
par Rodale, sous le titre *Wheat Belly : Lose the Wheat,
Lose the Weight, and Find Your Path Back to Health*.

Dépôt légal : 2012
Bibliothèque et Archives nationales du Québec

ISBN 978-2-7619-3322-3

Gouvernement du Québec – Programme de crédit d'impôt pour
l'édition de livres – Gestion SODEC –
www.sodec.gouv.qc.ca

L'Éditeur bénéficie du soutien de la Société de développement
des entreprises culturelles du Québec pour son programme
d'édition.

 Conseil des Arts **Canada Council**
du Canada **for the Arts**

Nous remercions le Conseil des Arts du Canada de l'aide accordée
à notre programme de publication.

Nous remercions le gouvernement du Canada de son soutien
financier pour nos activités de traduction dans le cadre du
Programme national de traduction pour l'édition du livre.

Nous reconnaissons l'aide financière du gouvernement du
Canada par l'entremise du Fonds du livre du Canada pour nos
activités d'édition.

Dr William Davis
cardiologue

Pourquoi
le blé
nuit à votre
santé

Traduit de l'anglais (É.-U.)
par Paulette Vanier

LES ÉDITIONS DE
L'HOMME
Une société de Québecor Média

AVERTISSEMENT

Ce livre n'a pour but que d'informer et ne saurait se substituer à un ouvrage médical. L'information qui y est présentée pourrait vous permettre de prendre des décisions éclairées sur votre santé, mais ne saurait en aucun cas se substituer aux traitements prescrits par votre médecin. Si vous pensez souffrir d'un problème de santé, nous vous conseillons vivement de consulter un membre du corps médical compétent.

La mention d'entreprises, d'organisations ou d'administrations gouvernementales n'implique pas qu'elles sont recommandées par l'auteur ou l'éditeur, non plus que ces entreprises, organisations ou administrations gouvernementales recommandent ce livre, son auteur ou son éditeur.

Les adresses Internet et les numéros de téléphone figurant dans ce livre étaient valides au moment de mettre sous presse.

À Dawn, Bill, Lauren et Jacob,
mes compagnons dans ce voyage au bout du blé…

INTRODUCTION

Si vous feuilletez les albums de photos de vos parents ou de vos grands-parents, vous découvrirez avec étonnement qu'ils étaient tous minces. Les femmes portaient probablement du 4* et le tour de taille des hommes ne dépassait pas les 80 cm. La surcharge pondérale se mesurait en terme d'un ou deux kilos superflus et l'obésité était rare. Il n'y avait pratiquement pas d'enfants en surpoids, les tours de taille de plus de 105 cm n'existaient pas, non plus que les adolescents faisant dans les 90 kg.

Pourquoi les gens des années 1950 et 1960 étaient-ils beaucoup plus minces que ceux qu'on aperçoit aujourd'hui à la plage, au centre commercial ou dans son propre miroir ? Alors que le poids moyen des femmes de cette époque oscillait entre 50 et 52 kg, et celui des hommes, entre 68 et 75 kg, aujourd'hui il est de 25, 35, voire 90 kg de plus.

Les femmes n'étaient pas portées sur l'exercice (c'était considéré comme inconvenant, un peu comme d'avoir des pensées impures à l'église). Vous avez déjà vu votre mère se lancer dans une course de 5 km ? Pour la mienne, faire de l'exercice consistait à passer l'aspirateur dans les escaliers. Aujourd'hui, il ne s'écoule pas une seule belle journée sans que je n'aperçoive des dizaines de femmes qui font du jogging, du vélo ou de la marche rapide, toutes choses qu'on ne voyait pas il y a 40 ou 50 ans. Pourtant, nous sommes de plus en plus gros.

Mon épouse étant triathlète et instructrice de triathlon, j'assiste chaque année à quelques compétitions dans cette discipline. Avant une course, les triathlètes s'entraînent intensivement durant des mois, voire des années,

---

* Note du traducteur : équivaut à la taille 36 en France.

dans le but d'effectuer les 1,6 à 4 km de nage en eau libre, le parcours de 90 à 178 km à vélo et la course de 21 à 42 km qui constituent cette discipline. Aller jusqu'au bout est en soi une prouesse, l'épreuve nécessitant une énorme dépense calorique et une endurance exceptionnelle. En règle générale, ces athlètes s'alimentent sainement.

Comment se fait-il alors que le tiers d'entre eux soient en surpoids ? C'est d'ailleurs tout à leur honneur de réussir à trimballer leurs quelque 14 à 23 kg en trop. Mais compte tenu de leur niveau exceptionnel d'activité et de leur entraînement exigeant, comment expliquer leur surcharge pondérale ?

Selon la logique qui a cours, pour perdre du poids, ils devraient faire plus d'exercice et manger moins. Pour ma part, je pense que c'est ridicule. Je compte faire valoir que ce qui pose problème dans l'alimentation et la santé de la plupart des Américains, ce n'est ni les corps gras, ni le sucre, ni le temps passé à l'ordinateur, ni l'abandon du mode de vie agraire, mais le blé, ou ce qu'on nous a appris à appeler ainsi.

Nous verrons que ce qu'on nous présente astucieusement comme un muffin au son ou une ciabatta à l'oignon n'est pas, en fait, composé de blé mais d'un produit transformé résultant de la recherche génétique mise en place durant la deuxième moitié du XXe siècle. Le blé moderne ne se rapproche pas plus du véritable blé que le chimpanzé de l'être humain. Bien que notre cousin primate partage 99 % de nos gènes, ses longs bras, son corps poilu et son incapacité à gagner à *Jeopardy !* ou à *La Roue de la fortune* illustrent bien l'importance de ce 1 %. Or, le blé moderne s'éloigne encore plus de son ancêtre d'il y a à peine 40 ans.

Je crois que la hausse de notre consommation de grains, ou plus précisément de cette chose génétiquement modifiée qu'on appelle « blé moderne », explique la différence de poids entre les personnes sveltes et sédentaires des années 1950 et les sujets corpulents du XXIe siècle, triathlètes compris.

J'admets que le fait de qualifier le blé d'aliment nocif est aussi choquant que d'affirmer que Ronald Reagan était communiste. Cela peut sembler absurde, voire antipatriotique, de rétrograder une denrée alimentaire pour la faire passer du statut d'emblème national à celui de danger public, mais je compte prouver que le grain le plus consommé dans le monde est aussi le plus néfaste des aliments.

Les effets documentés du blé chez les humains comprennent la stimulation de l'appétit, l'action indésirable des exorphines (contreparties des endorphines produites par l'organisme) sur le cerveau, l'élévation excessive du taux de glycémie déclenchant un cycle d'alternance entre sentiment de satiété et hausse de l'appétit, le processus de glycation à la base de la maladie et du vieillissement, l'inflammation et la baisse du pH, deux phénomènes qui entraînent l'érosion du cartilage et la dégradation des os, et les réponses immunitaires aberrantes. De nombreuses maladies résultent de sa consommation : maladie cœliaque – une affection intestinale grave liée au gluten –, troubles neurologiques, diabète, cardiopathie, arthrite, éruptions cutanées singulières, délire schizophrénique, etc.

Si cet aliment cause de tels problèmes, sa suppression devrait entraîner des résultats spectaculaires, ce qui est effectivement le cas. En tant que cardiologue, je vois et traite des milliers de patients à risque de cardiopathie, de diabète et de la myriade de troubles pathologiques résultant de l'obésité. J'ai personnellement vu des abdomens protubérants fondre quand mes patients bannissaient le blé de leur alimentation ; au bout de quelques mois, ils avaient perdu 9 à 22 kg. Cette perte de poids rapide et naturelle s'accompagne généralement de bienfaits tels qu'ils continuent de m'étonner même si j'ai observé le phénomène d'innombrables fois.

J'ai été témoin de transformations radicales, par exemple chez cette femme de 38 ans atteinte de rectocolite hémorragique qui risquait l'ablation du côlon ; il a suffi qu'elle supprime le blé pour guérir complètement et sauver son côlon. Ou encore, chez cet homme de 26 ans, affligé de douleurs articulaires telles qu'il pouvait à peine marcher, qui a connu un soulagement complet et a pu se remettre à courir.

Les effets nocifs du blé sont confirmés par les résultats de nombreuses études scientifiques indiquant qu'il est en cause dans ces affections et que sa suppression peut permettre d'atténuer, voire de faire régresser entièrement, les symptômes. Vous verrez que nous avons involontairement troqué notre santé pour la commodité, l'abondance et les bas prix ; nos abdomens protubérants, nos grosses cuisses et nos doubles mentons en sont la preuve.

Nombre d'arguments que j'avance s'appuient sur les résultats d'études scientifiques que chacun peut lire pour se convaincre de leur validité. Dans bien des cas, on en a fait la démonstration il y a des décennies mais, pour une raison ou pour une autre, l'information n'est jamais parvenue à la conscience des médecins ou du public. Je me suis simplement contenté de tirer les conclusions qui s'imposaient et qui, vous en conviendrez, sont pour le moins alarmantes.

CE N'EST PAS DE VOTRE FAUTE

Dans le film *Le destin de Will Hunting*, le personnage créé par Matt Damon est un homme de génie qui porte en lui les démons des mauvais traitements qu'il a subis dans le passé. Quand le psychologue Sean Maguire lui répète à plusieurs reprises : «Ce n'est pas de ta faute», il fond en larmes.

De la même manière, nous sommes trop nombreux à mettre notre ventre protubérant sur le compte d'une alimentation trop calorique, de la sédentarité ou d'un manque de volonté. Il serait plus juste de dire que le conseil de manger plus de grains complets nous a privés de notre capacité à maîtriser notre appétit et nos pulsions ; en conséquence, nous grossissons en dépit de nos efforts et de nos bonnes intentions.

J'assimile ce conseil à celui qui reviendrait à dire à un alcoolique que, si un ou deux verres ne font pas de mal, alors, neuf ou dix pourraient être meilleurs. Il a eu des répercussions désastreuses sur la santé.

Ce n'est pas de votre faute.

Si, malgré une bonne alimentation, vous arborez un ventre protubérant, n'arrivez plus à entrer dans votre jean, êtes trop gros et prédiabétique, faites de l'hypercholestérolémie et de l'hypertension artérielle, ou si vos gros seins portent atteinte à votre virilité, alors, vous devriez songer à supprimer le blé.

Supprimez le blé et vous supprimerez le problème.

Qu'avez-vous à perdre en dehors de votre gros ventre, de vos seins d'homme ou de vos énormes fesses ?

PREMIÈRE PARTIE

LE BLÉ : LE GRAIN COMPLET NUISIBLE À LA SANTÉ

CHAPITRE 1

MAIS D'OÙ VIENT CETTE BEDAINE ?

« Le médecin scientifique se réjouit de la création d'un pain standard dont
le procédé de fabrication repose sur des principes scientifiques établis…
Connaissant les effets positifs qu'un tel produit exerce sur la digestion
et la santé, on ne doute pas qu'il puisse faire partie de l'alimentation
tant des malades que des gens en santé. »
– MORRI FISHBEIN, M.D., rédacteur en chef du *Journal
of the American Medical Association*, 1932

Jadis, le gros ventre était l'apanage des puissants, le signe de leur richesse
et de leur réussite, la preuve éloquente qu'ils n'avaient pas à nettoyer eux-
mêmes leurs écuries ou à labourer leurs terres. De nos jours, l'obésité s'est
démocratisée : chacun peut arborer un gros abdomen. Au milieu du
XXe siècle, nos pères qualifiaient leur brioche rudimentaire de « bedaine de
bière ». Je veux bien, mais comment qualifier celle qu'arborent les jeunes
mères, les enfants et la moitié des gens que vous côtoyez et qui ne boivent
pas de bière ?

Pour ma part, je la qualifie de « bedaine de blé » en précisant toutefois
que les effets désastreux du blé ne se limitent pas au ventre mais touchent
tous les appareils et systèmes du corps. Le gros abdomen en constitue simplement la manifestation la plus visible, l'expression évidente des distorsions grotesques affligeant ceux qui en consomment.

La bedaine de blé résulte de la consommation, année après année, de
produits alimentaires qui stimulent la production d'insuline, hormone responsable du stockage de la graisse. Si cette dernière peut être entreposée
dans les fesses et les cuisses, elle se concentre en général dans l'abdomen.

Or, cette graisse abdominale, ou viscérale, est unique : contrairement à celle des autres parties du corps, elle provoque de l'inflammation, altère les réponses insuliniques et envoie des signaux métaboliques anormaux à l'organisme. Chez l'homme, elle entraîne la formation d'œstrogène et, en conséquence, de gros seins.

Bref, les effets nocifs de la consommation du blé ne sont pas que superficiels ; ils peuvent affecter pratiquement tous les organes, des intestins au cerveau, en passant par le foie, le cœur et la thyroïde.

SUEURS ET HALÈTEMENTS : QUAND LE CŒUR S'EMBALLE

Je pratique la cardiologie préventive à Milwaukee. Comme bien d'autres villes du Midwest, c'est un bon endroit où vivre et élever une famille. Les services municipaux y sont adéquats et les bibliothèques, excellentes. Nous avons un orchestre symphonique de premier ordre, de même qu'un musée d'art, et l'école publique que fréquentent mes enfants leur convient parfaitement. Les habitants y sont généralement amicaux. Mais ils sont gros.

Pas qu'un peu gros, mais énormes. Du genre à haleter et à transpirer après avoir monté un seul escalier. Du genre à peser 109 kg, par exemple dans le cas d'une jeune femme de 18 ans, et à faire pencher la voiture du côté où l'on est assis. Du genre à nécessiter des chaises roulantes doubles et des équipements spéciaux, celui de l'hôpital ne pouvant accommoder les patients de 160 kg ou plus. (Non seulement sont-ils trop gros pour le tomodensitomètre* ou les autres appareils d'imagerie médicale, mais même dans le cas contraire, on ne pourrait rien distinguer. Ce serait comme essayer de discerner, dans les eaux troubles de l'océan, la silhouette d'un flet de celle d'un requin.)

Alors qu'autrefois on voyait peu de sujets de 115 kg, c'est aujourd'hui une chose banale chez les hommes comme chez les femmes. Le surpoids et l'obésité touchent autant les retraités que les gens d'âge mûr, les jeunes adultes, les adolescents et les enfants. Cols bleus, cols blancs, sédentaires, athlètes, Blancs, Noirs, Hispaniques, Asiatiques, carnivores et végétariens, aucune tranche de la population n'échappe à la crise de la surcharge pondérale. Les Américains souffrent d'obésité à une échelle jamais observée dans l'histoire de l'humanité.

---

*   Appareil aussi appelé « scanner » ou « taco ».

Si vous demandez au chef du Service fédéral de la santé publique des États-Unis ou aux experts du United States Department of Agriculture (USDA) quelle est la cause de ce fléau, ils montreront du doigt l'abus de boissons gazeuses, de «chips» et de bière, conjugué à la sédentarité. Je veux bien, mais cela n'explique pas tout, loin de là.

En fait, bien des sujets en surpoids veillent sur leur santé. Demandez au hasard à un obèse comment il explique son fabuleux gain de poids. Il ne répondra probablement pas que c'est parce qu'il avale des tonnes de boissons gazeuses ou de Pop Tarts et passe la journée à regarder la télé. Plus vraisemblablement, il dira: «Je ne comprends pas. Je fais de l'exercice cinq fois par semaine, je consomme moins de matières grasses et plus de grains complets, et pourtant, je continue de grossir.»

COMMENT EN EST-ON ARRIVÉ LÀ?

La tendance nationale à consommer moins de lipides et de cholestérol, et plus de glucides a entraîné cette situation particulière que les produits à base de blé sont désormais prépondérants dans notre alimentation. La majorité des Américains en consomment à tous les repas et goûters, que ce soit au plat principal, au plat d'accompagnement, au dessert, ou plus vraisemblablement, aux trois.

Le blé est devenu l'emblème national de la santé: «Consommez plus de bons grains complets», nous a-t-on seriné. L'industrie alimentaire s'est alors empressée de créer des variantes «bonnes pour le cœur» de tous nos produits préférés à base de blé.

La triste réalité, c'est que la prolifération de ce grain dans notre alimentation s'est accompagnée d'une augmentation de notre tour de taille. L'avis nous incitant à diminuer notre consommation de lipides et à augmenter celle des grains complets, qu'a émis en 1985 le National Heart, Lung, and Blood Institute américain dans le cadre de son programme national d'information sur le cholestérol, coïncide avec une hausse soudaine du poids chez les hommes et chez les femmes. Ironiquement, c'est aussi en 1985 que les centres de contrôle et de prévention des maladies ont entrepris de compiler les statistiques sur le poids et observé les premières manifestations de l'explosion des cas d'obésité et de diabète que nous connaissons présentement.

Parmi tous les grains consommés par les humains, pourquoi ne s'attaquer qu'au blé? Parce que c'est de loin notre principale source de gluten; il s'en consomme près de cent fois plus que de tout autre grain, le seigle, l'orge, l'épeautre, le triticale, le boulgour et le kamut restant marginaux. Le blé possède également des caractéristiques uniques qui en font un aliment particulièrement nuisible et dont il sera question dans les derniers chapitres. Si je m'en tiens à lui, c'est que dans notre alimentation, gluten et blé sont pratiquement interchangeables. En fait, je désigne souvent par le mot « blé » tous les grains qui renferment cette protéine.

L'éventail des effets qu'exercent le *Triticum aestivum*, l'espèce de blé la plus courante, et ses cousins génétiques est vaste ; ils se manifestent de la bouche à l'anus, du cerveau au pancréas, et touchent autant la ménagère appalachienne que l'arbitragiste de Wall Street.

Si tout cela vous semble absurde, je vous demande un peu de patience. Mes affirmations sont celles d'un homme dont l'esprit n'est pas troublé par les effets du blé.

GÉMISSEMENTS AU PAYS DU BLÉ

Comme la plupart des enfants nés au milieu du XXe siècle, j'ai été nourri au pain tranché industriel Wonder Bread et aux gâteau, Devil Dogs ; j'ai donc entretenu une longue relation intime avec le blé. Pour mes sœurs et moi, les céréales n'avaient pas de secrets : nous préparions nos propres mélanges de céréales Trix, Lucky Charms et Froot Loops, buvant avec avidité le lait sucré et coloré qui s'accumulait au fond du bol. Bien entendu, cette « grande expérience américaine des aliments transformés » ne s'arrêtait pas au petit-déjeuner. Le midi, ma mère nous préparait des sandwichs au beurre d'arachide ou à la mortadelle qui servaient de préludes aux biscuits Ho Hos et Wagon Wheels emballés sous film plastique. Parfois, elle ajoutait quelques biscuits Oreo ou Fingers au chocolat. Le soir, notre préférence allait aux plateaux-repas que nous avalions en regardant la télé et qui comprenaient généralement du poulet pané, un muffin au maïs et du pouding aux pommes Betty.

Durant ma première année de collège, muni d'une carte me donnant libre accès au buffet à volonté, je me gavais de gaufres et de crêpes au petit-déjeuner, de fettucini Alfredo au repas du midi, de pâtes et de pain au repas du soir. Comme dessert, je prenais un muffin aux graines de pavot ou du gâteau des anges. Non seulement me suis-je retrouvé avec un bourrelet de graisse à l'âge de 19 ans, mais j'étais constamment épuisé. Durant les

20 années qui ont suivi, j'ai combattu ma fatigue à coups de litres de café, tentant en vain de chasser cet état de stupeur qui persistait quelle que soit la durée de mon sommeil.

Je n'ai pris conscience de tout cela qu'en voyant une photo que ma femme avait prise de moi à l'occasion de vacances avec nos enfants. C'était en 1999, à l'île Marco, en Floride. Je m'étais endormi sur la plage, mon ventre flasque débordant de part et d'autre, et mon double menton reposant sur des bras tout aussi flasques.

J'ai alors découvert que je trimballais plus de 13 kilos en trop, concentrés surtout sur mon abdomen. Que devaient penser mes patients quand je leur conseillais de s'alimenter plus sainement? Je ne valais guère mieux que les médecins des années 1960 qui, cigarette au bec, recommandaient aux leurs d'adopter un mode de vie plus sain.

Comment expliquer un tel surpoids? Après tout, je parcourais chaque jour 5 à 8 km à la course et je mangeais plutôt sainement, évitant les excès de viande et de corps gras, m'abstenant de malbouffe et de goûters, privilégiant plutôt les grains complets. Qu'est-ce qui ne tournait pas rond?

Bien sûr, j'avais ma petite idée sur la question. Ainsi, j'avais remarqué que quand je prenais du pain grillé, des gaufres ou des bagels au petit-déjeuner, j'étais somnolent et léthargique durant les heures suivantes. Mais ce sont les résultats de mes analyses sanguines qui m'ont ouvert les yeux: mon taux de triglycérides était de 350 mg/dl, mon taux de cholestérol HDL (le «bon» cholestérol), de 27 mg/dl, et mon taux de glycémie à jeun, de 161 mg/dl. Comment pouvais-je être en surpoids et diabétique alors que je faisais du jogging tous les jours? Il devait y avoir quelque chose qui clochait sérieusement dans mon alimentation. Parmi tous les changements que j'y avais apportés dans le but de manger plus sainement, le plus important avait été d'accroître ma consommation de grains complets. Ces aliments me faisaient-ils donc grossir?

Cette prise de conscience a constitué la première étape du périple que j'ai entrepris dans le but de remonter aux causes de mon surpoids et des problèmes de santé qui l'accompagnaient. Mais c'est en observant des effets encore plus prononcés chez les autres que j'ai acquis la conviction qu'il y avait là une piste à explorer.

SUPPRESSION DU BLÉ : LEÇONS À TIRER DE L'EXPÉRIENCE

Fait intéressant à noter, le pain de blé complet (indice glycémique – ou IG – de 72) élève le taux de glycémie autant, voire plus, que le sucre de table, ou sucrose (IG de 59). (À noter que le glucose l'élève à 100, d'où son IG de 100. Le degré auquel un aliment donné l'élève comparativement au glucose détermine son indice glycémique.) Sachant cela, il me semblait que, pour faire baisser le taux de glycémie de mes patients sujets au diabète, je devais leur conseiller de bannir le blé plutôt que le sucre. Ce que j'ai fait, en leur fournissant une simple liste d'aliments complets à faible indice glycémique qui pouvaient le remplacer.

Au bout de trois mois, à quelques exceptions près, leur taux de glycémie avait effectivement chuté, passant de 126 mg/dl ou plus (niveau diabétique) à des valeurs normales. Bref, les diabétiques ne l'étaient plus. De fait, dans bien des cas, on peut guérir le diabète – et non seulement le prendre en charge – en supprimant les glucides, particulièrement le blé. De plus, plusieurs de mes patients avaient perdu 9, 14, voire 18 kg.

Si je m'attendais à ces résultats, d'autres m'ont littéralement stupéfié : disparition des symptômes du reflux acide et de l'asthme, des crampes et de la diarrhée accompagnant le syndrome du côlon irritable, des éruptions cutanées, de la douleur associée à la polyarthrite rhumatoïde ; hausse de l'énergie, meilleure concentration, sommeil plus profond ; chez les athlètes, performance plus soutenue, hausse de l'énergie, esprit plus clair, perte de poids, meilleure santé intestinale, articulaire et pulmonaire. Ceux qui souffraient de polyarthrite rhumatoïde et d'asthme ont pu, dans bien des cas, diminuer, voire interrompre leur traitement médicamenteux. Ces résultats justifiaient amplement la décision de supprimer le blé de leur alimentation.

J'ai été définitivement convaincu quand j'ai découvert que ceux qui se permettaient un léger écart après avoir supprimé le blé, par exemple quelques bretzels ou un canapé à l'occasion d'un cocktail, voyaient leurs symptômes de diarrhée, d'enflure, de douleur articulaire, d'éternuements réapparaître en quelques minutes. Invariablement, le phénomène se répétait. Alors que l'expérience avait pour but premier de mesurer les effets de la suppression du blé sur le taux de glycémie, je découvrais que cette mesure entraînait une myriade d'autres répercussions sur la santé et le poids. Leur ampleur m'étonne encore aujourd'hui.

« BLECTOMIE » RADICALE

Pour plusieurs, l'idée de supprimer le blé est aussi intolérable que celle de subir un traitement de canal (dévitalisation d'une dent) sans anesthésie. Il est vrai que, chez certains, le processus peut causer des effets comparables à l'état de manque résultant de l'arrêt du tabac ou de l'alcool. Mais il est essentiel au rétablissement du patient.

Dans ces pages, je mets en avant l'idée que les problèmes de santé des Américains – de la fatigue à l'arthrite, en passant par les troubles gastro-intestinaux et l'obésité – viennent de ce muffin au son ou de ce bagel aux raisins et à la cannelle qu'ils avalent le matin avec leur café et qui leur semble inoffensif.

Comme traitement de ces problèmes associés à ce que j'appelle la « bedaine de blé », je propose la suppression pure et simple de ce grain qui fait partie de notre culture depuis des centaines d'années. En conséquence, vous serez plus mince, plus vif d'esprit, plus efficace et plus heureux. De plus, vous perdrez du poids à un rythme que vous n'auriez pas cru possible. Vous éliminerez aussi votre graisse abdominale, celle-là même qui est à l'origine de l'insulinorésistance, du diabète et de l'inflammation, et qui s'avère la plus gênante. Tout cela sans souffrir de la faim ou d'un sentiment de privation et en y gagnant une foule de bienfaits santé.

Pourquoi, demanderez-vous, supprimer le blé plutôt que, disons, le sucre ou les grains en général ? Dans le prochain chapitre, nous verrons qu'il se transforme en glucose sanguin plus rapidement que tous les autres grains modernes. De plus, sa constitution génétique est mal comprise et mal étudiée, comme le fait qu'il crée une dépendance, poussant à trop manger. Dans des études, il a été associé à des dizaines d'affections débilitantes, dont plusieurs n'ont rien à voir avec la surcharge pondérale. Il s'est infiltré dans pratiquement toutes les sphères de notre alimentation. Il est certainement souhaitable de supprimer le sucre raffiné puisqu'il fournit peu ou pas de nutriments et influe négativement sur le taux de glycémie mais, pour protéger sa santé et perdre du poids, la solution la plus simple et la plus efficace consiste à bannir le blé.

CHAPITRE 2
LA CRÉATION DES VARIÉTÉS MODERNES DE BLÉ

« Il est bon comme le pain. »
– Miguel de Cervantès, *Don Quichotte*

Plus que tout autre aliment (y compris le sucre, les matières grasses et le sel), le blé fait partie intrinsèque de l'alimentation des Américains. Son omniprésence est telle qu'il nous semble essentiel. Que seraient les œufs sur le plat sans pain grillé, le repas du midi sans sandwichs, les cocktails sans bretzels, les pique-niques sans hot-dogs, le houmous sans pita, le saumon fumé sans bagel ou la tarte aux pommes sans son fond ?

DU BLÉ À FOISON

Au supermarché de mon quartier, j'ai un jour mesuré le rayon consacré au pain : il faisait 21 mètres de long. J'y ai trouvé : pain blanc, de blé complet, sur levain, multigrain, de seigle, d'avoine, pumpernickel, italien, baguette, gressin ; bagels nature, au fromage et à l'ail, aux graines de lin ; petits pains, petits pains kaiser, petits pains aux graines de pavot, pains à hamburger et 14 variétés de pains à hot-dogs. C'était sans compter les pâtisseries et les quelque quatre mètres d'étagères remplies de divers produits « artisanaux » à base de blé.

Au rayon des goûters, j'ai dénombré 40 marques de craquelins* et de biscottes et 27 de bretzels. La chapelure et les croûtons se trouvent un peu plus loin. Le rayon des produits laitiers comprend, pour sa part, des dizaines de tubes de pâte à petits pains, danoises et croissants prêts à enfourner.

---

* Ces biscuits croquants et salés sont appelés en Europe « biscuits apéritifs ».

Les céréales, qui représentent un monde en soi, monopolisent un rayon au grand complet, de la première à la dernière tablette.

Une bonne partie d'un autre rayon est consacrée aux pâtes et aux nouilles : spaghetti, lasagne, penne, macaroni, coquillettes, pâtes de blé complet, aux épinards ou aux tomates, nouilles aux œufs, petits grains de couscous et pâtes de 7 cm de large. Quant au rayon des surgelés, on y trouve des centaines de plats d'accompagnement à base de nouilles et de pâtes ou qui comprennent du blé, et qu'il suffit de réchauffer et de servir avec du rôti ou un autre plat de viande.

En fait, en dehors de celui des détergents et savons, il n'y a guère de rayon d'où le blé soit absent. Étant donné son omniprésence, comment pourrait-on reprocher aux Américains d'en faire leur denrée principale ?

Sa culture constitue d'ailleurs une réussite sans précédent : en termes de surface cultivée, il occupe le second rang, derrière le maïs. Comptant pour 20 % de toutes les calories ingérées, c'est l'un des grains les plus consommés au monde.

C'est également un succès financier indéniable. Citez-moi un autre produit alimentaire qui ne coûte que quelques sous à fabriquer mais se vend 3,99 $ et est, de surcroît, cautionné par l'American Heart Association et d'autres institutions tout aussi respectables ! Dans la plupart des cas, les coûts associés au marketing de ce genre de produit excèdent nettement ceux de leurs ingrédients.

La consommation de produits composés partiellement ou entièrement de blé au petit-déjeuner, au repas du midi, au repas du soir et aux goûters est aujourd'hui la norme. Le USDA, le Whole Grains Council, le Whole Wheat Council, l'American Dietetic Association, l'American Diabetes Association et l'American Heart Association ont tout lieu de se réjouir : leur conseil d'accroître leur consommation de « bons grains complets » est suivi à la lettre par la population.

Pourquoi donc ce grain apparemment anodin qui a sustenté des générations d'êtres humains s'en prend-il soudainement à nous ? D'abord, parce qu'il diffère de celui que nos ancêtres transformaient en leur pain quotidien. Alors qu'il n'a évolué que très lentement au fil des siècles, il a connu, entre les mains des agronomes, des transformations radicales au cours des 50 dernières années. Si certains des travaux d'hybridation, de croisement et d'introgression avaient pour but d'améliorer sa résistance à la sécheresse, aux maladies fongiques et à d'autres pathogènes, la plupart des changements génétiques qu'il a subis visaient à accroître son rendement à l'hectare. Si bien que, de nos jours, ce rendement est en moyenne dix fois plus élevé qu'il ne l'était il y a un siècle. Une telle hausse a nécessité des modifications considérables dans son code génétique, notamment en ce qui a trait à sa taille : les longues tiges souples des blés d'or ondulant dans les prairies, que décrivaient les poètes d'antan, sont aujourd'hui rigides et ne font plus que 45 cm de longueur. Comme nous le verrons plus loin, de tels changements ne sont pas sans conséquences.

Au cours des quelques décennies qui ont suivi la prohibition, le blé avait déjà connu d'innombrables transformations. Puis, grâce aux progrès de la génétique des 50 dernières années, les interventions humaines se sont déroulées à un rythme beaucoup plus rapide que ne le permettait le lent processus de sélection naturelle, précipitant les changements de manière exponentielle. Ainsi, le profil génétique du muffin aux graines de pavot industriel d'aujourd'hui résulte d'un processus d'évolution accélérée qui, en comparaison, donne l'impression que l'espèce humaine n'a guère progressé depuis les premiers *Homo habilis* du Pléistocène.

DU GRUAU NATOUFIEN AUX « TROUS » DE BEIGNET

« Donnez-nous aujourd'hui notre pain quotidien ! » lit-on dans la Bible. Dans le Deutéronome, Moïse décrit la terre promise comme un « pays de blé, d'orge, de vignes, de figuiers et de grenadiers ». Le pain est au cœur des rituels religieux. Pour commémorer leur fuite d'Égypte, les juifs célèbrent la Pâque en consommant du pain azyme. Les chrétiens avalent une hostie censée représenter le corps du Christ. Les musulmans considèrent le naan non levé comme sacré ; il doit être conservé debout et il est interdit de le jeter en public. Dans la Bible, le pain désigne par métaphore la récolte abondante, la victoire sur la famine, voire le salut.

Ne partage-t-on pas le pain avec ses amis et les membres de sa famille ? Ôter le pain de la bouche de quelqu'un, n'est-ce pas le priver d'un bien essentiel ? Le pain est une denrée pratiquement universelle : chapati en Inde, tsouréki en Grèce, pita au Moyen-Orient, aebleskiver au Danemark, naan bya qu'on sert, en Birmanie, au petit-déjeuner, beignets glacés que les Américains avalent à toute heure du jour.

L'idée qu'une denrée alimentaire aussi fondamentale et aussi profondément ancrée dans l'expérience humaine puisse nuire à la santé est, pour le moins, troublante. Toutefois, comme je l'ai mentionné auparavant, le pain moderne ne ressemble guère aux miches qui sortaient des fours de nos ancêtres. Tout comme le cabernet sauvignon de la vallée de Napa diffère des boissons fermentées que les vignerons géorgiens du quatrième siècle avant notre ère gardaient dans des urnes sous terre, le blé qui a nourri l'humanité pendant des millénaires diffère de celui que nous consommons à tous les repas. En effet, la graminée sauvage que récoltaient les premiers humains a donné naissance à quelque 25 000 variétés, dont la plupart résultent d'une intervention humaine.

À la fin du Pléistocène, soit environ 8500 ans avant notre ère, bien avant la naissance du christianisme, du judaïsme et de l'islam, et avant l'avènement des empires égyptien, grec et romain, les Natoufiens parcouraient le Croissant fertile (aujourd'hui la Syrie, la Jordanie, le Liban, Israël et l'Irak) en quête de produits de la chasse et de la cueillette. Dans les plaines fertiles, ils récoltaient l'engrain, ancêtre du blé moderne. Les plats de gazelle, sanglier, gibier à plumes et bouquetin étaient accompagnés de grains et de fruits sauvages. Les vestiges qu'on a excavés sur le site de Tell Abu Hureya, dans ce qui constitue l'actuelle Syrie centrale, indiquent qu'on connaissait l'usage d'outils tels que la faucille et le mortier, et qu'on construisait des fosses afin de stocker les denrées alimentaires. Lors de fouilles archéologiques effectuées à Tell Aswad, Jéricho, Nahal Hemar, Nevali Çori et dans d'autres sites, on a découvert des réserves de blé. Le grain était moulu à la main puis consommé sous forme de gruau. Le pain levé ne ferait son apparition que quelques millénaires plus tard.

Les Natoufiens récoltaient l'engrain sauvage dont ils conservaient peut-être les grains en vue de les semer la saison suivante. À la longue, il est devenu un élément essentiel de leur alimentation, les soulageant en partie de l'obligation de chasser et de récolter les plantes sauvages. Le passage de la cueillette à la culture des graminées a représenté un changement fondamental qui a eu pour effet de modifier leurs habitudes migratoires, de même que le développement des outils, du langage et de la culture. Il a marqué les débuts de l'agriculture, laquelle nécessitait la création d'établissements plus ou moins permanents, et a constitué un point tournant dans l'histoire de la civilisation.

La culture des grains et des autres denrées alimentaires a occasionné des surplus, libérant les humains de certaines de leurs tâches. Métiers, gouvernements et raffinements culturels ont pu dès lors faire leur apparition.

(Par contraste, l'absence d'agriculture a mis un frein au développement culturel, qui en est resté au stade du Néolithique.)

Au cours des 10 000 ans durant lesquels le blé a occupé une place de premier plan dans les grottes, les huttes, les adobes ainsi que sur les tables, il n'a évolué que lentement et par à-coups: l'engrain sauvage a graduellement fait place à l'amidonnier, qui sera lui-même remplacé par le *Triticum aestivum*. Le blé de la première moitié du XXᵉ siècle différait peu ou pas de celui des XVIIᵉ, XVIIIᵉ et XIXᵉ siècles, et même un œil exercé aurait eu du mal à les distinguer. À ces époques, quiconque traversait la campagne sur son char à bœuf apercevait des champs de blé de 1,30 mètre ondulant sous le vent. Les changements résultant des travaux rudimentaires de sélection et de croisement effectués par les paysans n'étaient que mineurs et graduels, et les réussites, rares.

La farine Phillsbury's Best XXXX que ma grand-mère employait en 1940 pour confectionner ses célèbres muffins à la crème aigre différait peu de celle dont se servait son arrière-grand-mère 60 ans plus tôt, ou même l'une de ses ancêtres deux siècles auparavant. Si la mécanisation, au XXᵉ siècle, de la mouture du blé a permis d'obtenir une farine plus fine, la composition de cette dernière restait *grosso modo* la même.

Tout cela a pris fin dans la seconde moitié du XXᵉ siècle, quand une transformation radicale des techniques d'hybridation a entraîné des changements tout aussi importants dans la composition de ce grain. Ce qui passe aujourd'hui pour du blé s'est métamorphosé sous l'effet non pas de la sécheresse, des maladies ou de la sélection naturelle, mais de l'intervention humaine. En conséquence de quoi ce grain se distingue entièrement de ses ancêtres, dont il porte pourtant le nom.

Pour répondre aux exigences de la production commerciale moderne, il fallait le modifier de manière à en accroître le rendement, en réduire les coûts de production et l'adapter à la culture à grande échelle. En cours de route, on ne s'est pratiquement jamais demandé si ces transformations étaient compatibles avec la santé humaine. Je soutiens la thèse que, à une étape de son évolution, peut-être bien il y a 5000 ans, mais plus vraisemblablement il y en a 50, le blé s'est métamorphosé.

En conséquence, la miche de pain, le biscuit ou la crêpe d'aujourd'hui se distinguent de leurs équivalents d'il y a 1000 ans et même de ceux que confectionnaient nos grands-mères. Peut-être se ressemblent-ils et ont-ils le même goût mais, d'un point de vue biochimique, ils sont distincts. Des changements mineurs dans la structure des protéines du blé peuvent faire toute la différence entre une réponse immunitaire dévastatrice et l'absence de réponse.

LE BLÉ, AVANT QUE LES GÉNÉTICIENS SE L'APPROPRIENT

Particulièrement adaptable, le blé pousse aussi bien à Jéricho, à une altitude de 262 mètres, que dans l'Himalaya, à 2500 mètres, et à la latitude de la Norvège (65° N) comme à celle de l'Argentine (45° S). Aux États-Unis, il occupe une superficie de 24 millions d'hectares, soit l'équivalent de deux fois celle de l'Ohio. Dans le monde, il occupe dix fois cette surface, ou l'équivalent de deux fois la superficie de l'Europe de l'Ouest.

Le premier blé cultivé par les humains a été l'engrain (ou petit épeautre). C'est l'ancêtre de toutes les variétés subséquentes et celui qui possède le code génétique le plus simple, comme en témoignent ses 14 chromosomes. On sait que ce grain rustique était largement consommé en Europe il y a quelque 5300 ans, soit à la fin du Néolithique. C'est à cette époque qu'a vécu le chasseur dont on a découvert le corps naturellement momifié dans un glacier des Alpes, et qu'on a affectueusement surnommé Ötzi. Dans ses intestins, on a retrouvé des restes partiellement digérés de pain plat composé d'engrain, de même que de plantes et de chair de chevreuil et de bouquetin[1].

Peu de temps après les débuts de la culture du petit épeautre, l'amidonnier faisait son apparition au Moyen-Orient[2]. Né d'un croisement spontané entre le premier et l'égilope (*Aegilops speltoides*), une graminée sauvage sans lien de parenté avec lui, il a bénéficié de l'apport génétique de cette dernière, ce qui a porté son nombre de chromosomes à 28. Soulignons que les plantes comme le blé préservent la totalité des gènes de leurs parents. À titre d'exemple, imaginez que vos parents vous auraient chacun légué leurs 46 chromosomes soit, au total, 92, plutôt que le mélange habituel de 46. Bien sûr, cela ne se produit pas chez les espèces plus évoluées mais, dans le règne végétal, ce cumul génétique porte le nom de polyploïdie.

Le petit épeautre et son successeur, l'amidonnier, sont restés populaires durant quelques milliers d'années, au point d'être considérés comme des emblèmes religieux et des denrées de base, et ce, en dépit de leur faible rendement et de leur piètre performance culinaire. (Ces grains plus denses et plus grossiers auraient donné des ciabattas et des gâteaux infects.)

L'amidonnier correspond probablement au grain auquel Moïse faisait référence dans ses discours, de même qu'au *kussemeth* de la Bible. Il a persisté jusqu'à la naissance de l'Empire romain.

Inventeurs de l'écriture, les Sumériens nous ont laissé des milliers de tablettes couvertes de signes cunéiformes, et que l'on fait remonter à 3000 ans avant notre ère. Sur plusieurs d'entre elles figurent des recettes de pains et de pâtisseries qui étaient tous préparés avec de l'amidonnier moulu à l'aide d'un pilon et d'un mortier ou d'une meule manuelle. Afin d'accélérer le processus, ils ajoutaient du sable à la préparation, ce qui explique que leurs dents étaient généralement ébréchées.

Dans l'Égypte ancienne, l'amidonnier venait bien, son cycle de croissance étant adapté aux crues et décrues saisonnières du Nil. Les Égyptiens auraient d'ailleurs inventé le pain levé. L'histoire veut que lors de leur fuite d'Égypte, les juifs aient oublié dans leur hâte d'apporter du levain et aient dû, dès lors, s'en tenir au pain azyme.

À un certain moment au cours des millénaires ayant précédé les temps bibliques, l'amidonnier (*T. turgidum*) s'est croisé naturellement avec le *T. tauschii*, donnant une nouvelle espèce qui possédait 42 chromosomes, le *T. aestivum*. D'un point de vue génétique, c'est la plus proche du blé moderne. Comme elle a hérité du bagage de trois plantes distinctes, c'est aussi la plus complexe et, par conséquent, la plus malléable, ce qui sera fort utile aux généticiens des millénaires suivants.

Plus productive et se prêtant mieux à la panification que ses parents, le petit épeautre et l'amidonnier, cette espèce finira par les éclipser. Mais elle changera peu au cours des siècles suivants, comme en témoigne la découverte, au XVIIIe siècle, de seulement cinq espèces du genre *Triticum* par Carol Linné, grand botaniste et taxonomiste suédois, et fondateur du système de classification des espèces.

Le blé a été introduit dans le Nouveau Monde par Christophe Colomb et son équipage qui, en 1493, sèmeront les premières graines à Porto Rico. De leur côté, en 1530, des explorateurs espagnols, en ayant trouvé quelques grains dans une poche de riz, les plantaient au Mexique et, plus tard, introduisaient la plante dans le sud-ouest américain. En 1602, Bartholomew Gosnold, qui a baptisé Cape Cod et a découvert Martha's Vineyard, l'introduisait en Nouvelle-Angleterre. Il a été suivi de près par les Pères pèlerins, qui en avaient apporté avec eux sur le *Mayflower*.

Le vrai blé

À quoi ressemblait le blé qu'on faisait pousser et récoltait à la main il y a des millénaires? Cette question a guidé mes pas vers le Moyen-Orient, en fait, vers une petite ferme biologique sise dans l'ouest du Massachussetts, où vit Elisheva Rogosa. Professeur de sciences, productrice biologique et partisane de l'agriculture durable, elle a fondé le Heritage Wheat Conservacy (www.growseed.org), organisme qui se voue à la préservation des anciennes variétés de blé et où on les cultive en mode biologique. Après avoir vécu dix ans au Moyen-Orient et travaillé avec les Jordaniens, les Israéliens et les Palestiniens au projet GemBank dont l'objectif était de recueillir les blés en voie d'extinction, elle est retournée aux États-Unis avec des semences qui descendaient en droite ligne des grains cultivés dans l'Égypte antique et dans la région de Canaan. Depuis, elle se consacre à la culture de ces plantes qui ont nourri ses ancêtres.

Nos premiers échanges ont eu lieu par courrier électronique, après que je lui ai demandé de me fournir un kilo de semences de petit épeautre. Intarissable quand il s'agit de cette plante au long passé, elle m'a prodigué une foule de renseignements. Selon elle, le pain de petit épeautre possède une saveur riche et subtile qu'on ne retrouve pas dans le pain moderne, qui aurait plutôt le goût de carton.

Eli se hérisse quand on lui dit que les produits à base de blé pourraient être nocifs, estimant plutôt que les effets indésirables de ce grain sont dus aux pratiques culturales des dernières décennies, dont le seul but était d'accroître le rendement et le profit. Comme solution à ce problème, elle propose de remplacer le blé industriel moderne par le petit épeautre et l'amidonnier de culture biologique.

Au cours de son évolution, le blé a connu une expansion graduelle et des changements modestes résultant de la sélection naturelle. Mais le petit épeautre, l'amidonnier et les premières variétés sauvages et cultivées de *T. aestivum* ont été remplacés par les milliers de variétés modernes de *T. aestivum* créées par l'homme, de même que par le *T. durum* (blé à pâtes) et le *T. compactum* (espèce qui fournit la farine ultrafine servant à la confection des petits gâteaux et autres pâtisseries). Aujourd'hui, pour trouver du petit épeautre ou de l'amidonnier, on ne peut compter que sur les collections limitées de grains sauvages ou sur les cultures modestes qui sont dispersées au Moyen-Orient, dans le sud de la France et dans le nord de l'Italie. En conséquence des travaux d'hybridation, les gènes des innombrables variétés modernes de *Triticum* sont très éloignés de ceux du petit épeautre, qui résultait d'une sélection naturelle.

Le blé d'aujourd'hui est le fruit de croisements destinés à en accroître le rendement et à en améliorer certaines caractéristiques, telle que la résistance aux maladies, à la sécheresse et à la chaleur. De fait, il a été tellement modifié qu'il ne peut désormais plus survivre à l'état sauvage sans l'apport de fertilisants azotés et de pesticides[3]. (Imaginez cette situation étrange dans le monde des animaux domestiques : un animal qui, à défaut d'une moulée spéciale fournie par les humains, ne pourrait survivre dans la nature.)

Les différences entre le blé des Natoufiens et celui que nous consommons au XXIe siècle sautent aux yeux. Le petit épeautre et l'amidonnier sont « vêtus », c'est-à-dire que leurs grains sont solidement fixés à la tige, tandis que les blés modernes sont « nus » et, par conséquent, se détachent plus volontiers du pied. Cette caractéristique, qui est déterminée par des mutations sur les gènes Q et Tg (glume tenace), en facilite et en accélère le battage (c'est-à-dire la séparation des graines de la balle)[4]. Mais d'autres différences apparaissent encore plus nettement, notamment la taille beaucoup plus courte des nouvelles variétés. Les longues tiges dorées ondulant gracieusement sous le vent ont fait place à des plantes naines et semi-naines qui font à peine 30 à 60 cm de hauteur, une autre altération destinée à en accroître le rendement.

PETITE TAILLE, GRANDES SURFACES

Aussi loin qu'on remonte dans l'histoire de l'agriculture, les fermiers ont cherché à accroître le rendement des plantes cultivées. Pendant des siècles, la meilleure manière d'y parvenir consistait à épouser une femme apportant une dot de plusieurs hectares de bonnes terres ; ce genre d'arrangement s'accompagnait souvent de quelques chèvres et d'une poche de riz. Au XXe siècle, les animaux de trait ont fait place à la machinerie agricole, ce qui a permis d'accroître l'efficacité et le rendement à l'hectare tout en diminuant les coûts de la main-d'œuvre. Si, à cette époque, la production permettait généralement de répondre à la demande américaine (la distribution étant plus limitée par la pauvreté que par l'offre), d'autres pays dans le monde n'arrivaient pas à nourrir leurs populations, ce qui a entraîné une famine généralisée.

Dans le but d'accroître le rendement, les scientifiques ont créé de nouvelles variétés, tant au champ qu'au laboratoire, et ont croisé le blé avec d'autres graminées. L'hybridation fait appel à des techniques telles que l'introgression et le rétrocroisement : les plantes issues d'un croisement sont de nouveau croisées avec leurs parents ou avec d'autres variétés de blé, voire d'autres espèces de graminées. Bien que décrits formellement pour la première fois en 1866 par le moine et botaniste autrichien Gregor Mendel, ces travaux n'ont débuté qu'au milieu du XXe siècle, quand on a maîtrisé des concepts tels que l'hétérozygotie et la dominance (de certains gènes). Depuis, les généticiens ont mis au point des techniques élaborées dans le but d'obtenir les caractères génétiques souhaités, quoiqu'on doive souvent procéder encore par approximations successives.

L'essentiel de l'offre mondiale de blé sélectionné par les humains descend de deux variétés qui ont été croisées au Centre international d'amélioration du maïs et du blé (CIMMYT) du Mexique. Fruit d'une collaboration entre la Fondation Rockefeller et le gouvernement du Mexique, le CIMMYT a été fondé en 1943 dans le but d'aider ce pays à atteindre l'autosuffisance agricole. Il a ensuite pris une envergure internationale, s'attachant à accroître le rendement du maïs, du soja et du blé, le tout avec l'objectif louable de soulager la faim dans le monde. Le Mexique constituait un excellent endroit pour les travaux d'hybridation, son climat autorisant deux récoltes par année et permettant de diminuer de moitié le temps requis pour la création d'un nouvel hybride. En 1980, ces travaux avaient mené à l'obtention de milliers de variétés, les plus productives ayant, depuis, été adoptées dans le monde entier, tant dans les pays en développement que dans les nations industrialisées, dont les États-Unis.

Les travaux du CIMMYT ont permis de résoudre un certain nombre de problèmes pratiques dont celui de la verse : en conséquence de l'application de grandes quantités d'engrais azotés, l'épi prend des dimensions énormes et la tige se couche sous l'effet de la pluie ou du vent. En conséquence, les plantes meurent et la récolte se fait plus difficilement. On doit à Norman Borlaug, généticien formé à l'université du Minnesota et chercheur à l'emploi du CIMMYT, d'avoir créé des variétés exceptionnellement productives et dont la tige courte et robuste résiste à la verse. De plus, elles présentent l'avantage de mûrir plus rapidement que les variétés à longue tige et, par conséquent, de nécessiter une saison moins longue et un apport moindre de fertilisants.

Les réalisations du professeur Borlaug dans ce domaine lui ont valu le titre de «père» de la Révolution verte, de même que la Médaille présidentielle de la Liberté, la Médaille d'or du Congrès et, en 1970, le prix Nobel de la paix. Lors de son décès en 2009, le *Wall Street Journal* faisait ainsi son éloge: «Plus que tout autre, Norman Borlaug a montré que la nature n'est pas à la hauteur de l'ingéniosité humaine pour ce qui est d'établir les limites réelles de la croissance.» Le professeur a pu voir son rêve se réaliser de son vivant: son blé nain et hautement productif a, de fait, contribué à combattre la faim dans le monde. En Chine, par exemple, la production a été multipliée par huit entre 1961 et 1999.

Aujourd'hui, le blé nain a remplacé la plupart des autres variétés. Selon Allan Fritz, titulaire d'un doctorat et professeur spécialisé dans le croisement de cette céréale à l'université d'État du Kansas, les variétés naines et semi-naines représentent désormais plus de 99 % de tout le blé cultivé dans le monde.

DES PRATIQUES DISCUTABLES

Durant la vague de travaux de croisement tels que ceux qu'on a menés au CIMMYT, on a omis de soumettre les nouvelles variétés à des essais d'innocuité sur les animaux ou les humains, et ce, en dépit des changements spectaculaires apportés à la constitution génétique du blé et des autres plantes cultivées. La recherche d'un rendement accru, la certitude que l'hybridation ne pouvait donner naissance à des aliments nuisibles à la santé et la pression de la famine mondiale étaient telles qu'on n'a pas hésité à relâcher ces produits de la recherche agricole dans la chaîne alimentaire sans se préoccuper de leurs risques potentiels.

Les plantes issues des travaux d'hybridation étant encore essentiellement du blé, on supposait que les nouvelles variétés seraient bien tolérées par les consommateurs. D'ailleurs, les agronomes se moquent de l'idée que ces hybrides puissent présenter un risque quelconque. Après tout, n'a-t-on pas recours depuis des siècles à des techniques semblables – quoique plus primitives – pour la reproduction des plantes, des animaux, voire des humains? Croisez deux variétés de tomates et vous obtiendrez toujours des tomates, n'est-ce pas? Le problème, c'est qu'on ne soulève jamais la question de l'innocuité alimentaire pour les animaux d'élevage et les humains. En ce qui concerne le blé, on a présumé que les changements apportés à sa teneur en gluten et à la structure de ce dernier, à ses autres enzymes et protéines ainsi qu'aux caractéristiques qui lui confèrent une susceptibilité ou une résistance aux maladies seraient sans conséquence pour les humains.

À en juger par les découvertes des généticiens, ces hypothèses pourraient être infondées et erronées. On a en effet démontré que si 95 % des protéines exprimées dans une variété hybride correspondaient à celles de ses parents, 5 % lui étaient uniques[5]. En particulier, l'hybridation entraîne des changements considérables dans la structure du gluten du blé. Lors d'une étude, on a isolé chez les descendants 14 protéines de gluten qui étaient absentes chez leurs deux parents[6]. De plus, comparativement aux anciens blés, les nouvelles variétés de *T. aestivum* expriment une plus grande quantité de gènes de protéines de gluten qui sont associées à la maladie cœliaque[7].

Un bon grain qui a mal tourné?

Étant donné l'écart génétique entre le blé moderne et ses prédécesseurs, se pourrait-il que la consommation des grains anciens tels que le petit épeautre et l'amidonnier n'entraîne pas les effets indésirables associés au premier et à ses dérivés?

J'ai décidé de mettre le petit épeautre à l'épreuve: j'ai transformé un kilo de grains en farine pour en faire ensuite du pain. J'ai fait la même chose avec du blé complet biologique. Je n'ai ajouté à la farine que de l'eau et de la levure, omettant le sucre et les assaisonnements. La farine de petit épeautre ressemblait à celle du blé complet mais, une fois l'eau et la levure ajoutées, les différences entre les deux me sont apparues nettement: la pâte du premier était moins élastique et plus collante, et elle se travaillait plus difficilement. Son odeur différait également, rappelant celle du beurre d'arachide. En outre, elle n'a que très peu levé, alors que la pâte de blé complet a doublé de volume. Enfin, comme l'affirmait Eli Rogosa, la saveur du pain de petit épeautre était plus prononcée, évoquant celle de la noisette, et s'accompagnait d'un arrière-goût astringent. Je n'avais aucun mal à imaginer cette miche de pain grossière figurant sur les tables des Amorites ou des Mésopotamiens du troisième siècle avant notre ère.

Comme je souffre de sensibilité au blé, j'ai mené, au nom de la science, ma petite expérience personnelle: j'ai pris 120 g de pain de petit épeautre la première journée et la même quantité de pain de blé ordinaire, la seconde. Étant donné les réactions indésirables que j'avais connues dans le passé, je me suis préparé au pire.

Après avoir consommé chacun des pains, j'ai mesuré mon taux de glycémie. Quelle différence! Taux de glycémie de départ: 84 mg/dl; après ingestion du pain de petit épeautre: 110 mg/dl, ce qui correspond plus ou moins à la réaction normale qui suit la consommation de glucides. Cependant, par la suite, je n'ai éprouvé aucun des effets habituels – somnolence, nausée, crampes, etc. Bref, je me sentais bien. Il en est allé autrement du pain de blé entier. Taux de glycémie de départ: 84 mg/dl; après ingestion du pain: 167 mg/dl. Je me sentais nauséeux et sur le point de rendre mon repas. Mes malaises ont duré 36 heures, s'accompagnant de crampes d'estomac qui se sont manifestées presque au début et se sont prolongées plusieurs heures. Mon sommeil était agité et rempli de rêves pénétrants. J'étais confus et n'arrivais pas à comprendre le sens des articles scientifiques que je lisais, reprenant le même paragraphe quatre ou cinq fois. J'ai finalement dû abandonner. Il m'a fallu une journée et demie avant de retrouver mon état normal.

J'ai été très étonné des différences dans les réactions de mon organisme à ces deux grains. Il y avait sûrement là une explication.

Bien sûr, je ne peux considérer mon expérience personnelle comme un essai clinique, mais elle soulève tout de même des questions sur les différences potentielles entre des grains éloignés de 10 000 ans: le blé ancien, qui précède les changements résultant de l'intervention génétique humaine, et le blé moderne.

Multipliez ces altérations par les dizaines de milliers de processus d'hybridation qu'a subis le blé et vous avez là le potentiel de changements considérables dans les caractères déterminés par les gènes, tels que la structure du gluten. À noter également que les modifications génétiques résultant de ces travaux ont été fatales pour la plante elle-même puisque les nouvelles variétés ne peuvent survivre à l'état sauvage sans intervention humaine[8].

Dans les pays en développement, on a d'abord accueilli avec scepticisme la notion d'agriculture à haut rendement, suivant l'objection classique qu'elle ne correspondait pas aux habitudes séculaires. Le professeur Borlaug a répondu à ces critiques en disant que l'agriculture de haute technologie était rendue nécessaire par l'explosion démographique mondiale. L'accroissement spectaculaire des rendements dans les pays touchés par la famine comme l'Inde, le Pakistan, la Chine, la Colombie et d'autres a rapidement fait taire les objections. Il est vrai qu'ils ont crû de manière exponentielle, transformant les pénuries en surplus et facilitant l'accès à des denrées alimentaires bon marché.

Peut-on reprocher aux fermiers d'avoir opté pour les variétés à haut rendement ? Après tout, nombre de petits producteurs éprouvent des difficultés financières. S'ils parviennent à multiplier par dix leur rendement à l'hectare tout en bénéficiant d'une saison plus courte et de meilleures conditions de récolte, pourquoi s'en priveraient-ils ?

On peut s'attendre à ce que la génétique transforme davantage encore le blé. Les chercheurs n'ont plus à mener de longs travaux et à croiser les doigts dans l'espoir d'obtenir le bon profil chromosomique. Ils peuvent désormais insérer ou retirer des gènes uniques, et conférer aux plantes une résistance aux maladies et aux pesticides, une tolérance au froid ou à la sécheresse ou toute autre caractéristique génétiquement déterminée. Ils peuvent, en particulier, créer sur mesure de nouvelles variétés qui seront compatibles avec des fertilisants ou pesticides spécifiques. Ces activités sont très rentables pour les fabricants de semences et de produits chimiques tels que Cargill, Monsanto et ADM, dans la mesure où les semences de leurs variétés peuvent être protégées par un brevet et, par conséquent, commander des prix élevés tout en favorisant la vente de produits chimiques compatibles.

Les techniques de modification génétique s'appuient sur le principe qu'on peut insérer un seul gène au bon endroit du code génétique sans perturber l'expression des autres caractères. Bien que le résultat semble valable, les choses ne sont pas toujours aussi simples. Les plantes obtenues au cours des dix premières années de manipulation génétique n'ont été soumises à aucun essai d'innocuité. On estimait en effet que cette technique ne différait en rien de l'hybridation, elle-même considérée comme anodine. Cependant, sous la pression du public, les agences de réglementation, dont la Food and Drug Administration (FDA) des États-Unis, ont exigé que les produits génétiquement modifiés soient soumis à des essais avant leur mise en marché. Des opposants à la manipulation génétique ont d'ailleurs cité des études dans lesquelles on a relevé des problèmes potentiels résultant de cette technique. Ainsi, chez des animaux de laboratoire auxquels on a donné du soja tolérant au glyphosate (connu sous le nom de Roundup Ready, ce soja a été génétiquement manipulé de manière à tolérer les arrosages de l'herbicide Roundup sans être lui-même détruit), l'analyse des tissus du foie, du pancréas, des intestins et des testicules a révélé des altérations qu'on n'a pas observées chez ceux du groupe témoin. Cette différence serait due au réagencement inattendu de l'ADN à proximité du site d'insertion du gène, lequel entraîne une altération des protéines dont les effets pourraient être toxiques[9].

Il aura fallu la découverte des techniques de modification génétique pour finalement soulever la question de la pertinence de soumettre les plantes altérées à des essais d'innocuité. La levée de boucliers du public a obligé la communauté agricole internationale à établir des lignes directrices permettant de déterminer lesquels des nouveaux produits génétiquement modifiés devraient y être soumis, quel genre d'essai on devrait mener et ce qu'on devrait mesurer. C'est dans cet esprit qu'ont été adoptées, en 2003, les nouvelles normes du Codex Alimentarius par l'Organisation des Nations Unies pour l'alimentation et l'agriculture et par l'Organisation mondiale de la santé.

Cependant, personne n'a protesté à l'époque où les fermiers et les généticiens conduisaient leurs milliers d'expériences d'hybridation. Il ne fait aucun doute que les réagencements génétiques inattendus qui favorisent l'apparition de certaines caractéristiques désirables – résistance à la sécheresse ou obtention d'une farine se prêtant mieux à la panification – entraînent également des changements au niveau des protéines que ni l'œil, ni l'odorat, ni le goût ne peuvent déceler. Pourtant, on a consacré peu d'énergie à leur étude et les travaux d'hybridation se poursuivent toujours. Bien que cette technique ne soit pas aussi précise que la modification génétique, il peut tout de même en résulter une activation ou une désactivation de gènes indépendants du caractère recherché, et l'apparition de traits uniques qui, pour l'heure, ne sont pas tous identifiables[10].

Ainsi, les altérations susceptibles d'entraîner des effets indésirables chez les humains ne sont pas dues à l'insertion ou à la suppression d'un gène, mais aux expériences d'hybridation qui ont précédé l'avènement des techniques de modification génétique. En conséquence, durant les 50 dernières années, des milliers de nouvelles variétés de blé ont fait leur entrée dans les réserves alimentaires sans qu'on ait mené le moindre essai d'innocuité. Les répercussions sur la santé humaine sont telles que j'insiste pour me répéter : malgré toutes les altérations qu'il a subies et qui visaient à modifier des centaines, voire des milliers, de caractéristiques déterminées génétiquement, le blé moderne est entré dans les réserves mondiales sans qu'on se soit demandé s'il était propre à la consommation humaine.

En l'absence d'essais d'innocuité, il est impossible de savoir exactement où, quand et comment certains hybrides ont pu amplifier les effets néfastes associés au blé. Pas plus qu'on ne sait si seuls quelques-uns ou encore la totalité de ces hybrides ont le potentiel de nuire à la santé humaine.

Les changements génétiques qui ont été graduellement apportés à chaque ronde d'hybridation sont loin d'être insignifiants. Prenez par exemple l'homme et la femme. Bien que leur code génétique soit essentiellement le même, on ne doute pas qu'ils se distinguent considérablement l'un de l'autre; c'est d'ailleurs ce qui apporte de l'intérêt aux conversations et permet le flirt amoureux. Ces différences, qui sont dues à l'unique chromosome Y et à ses quelques gènes, ont marqué et marquent encore l'histoire de l'humanité, ont donné naissance aux drames de Shakespeare et déterminent l'abîme qui sépare Homer et Marge Simpson.

Il en va de même pour cette graminée qui a été manipulée par les humains et que nous appelons toujours «blé». Les variations génétiques qu'elle a subies au fil des expériences d'hybridation ont entraîné des changements substantiels dans sa composition, son aspect et ses autres caractéristiques, qui, tout en étant utiles aux chefs et aux fabricants de produits alimentaires, pourraient avoir des conséquences sur la santé humaine.

CHAPITRE 3
LE BLÉ DÉCONSTRUIT

Qu'il s'agisse de pain multigrain riche en fibres et biologique ou d'un petit gâteau fourré à la crème, savez-vous exactement ce que vous consommez ? Bien sûr, la Twinkie est une friandise composée d'ingrédients transformés qu'on nous conseille d'éviter pour privilégier plutôt le pain multigrain, censé être meilleur parce que plus riche en fibres, en vitamines B et en glucides complexes. Mais regardons-y de plus près et voyons ce que renferme ce grain afin de comprendre pourquoi, indépendamment de sa forme, de sa couleur, de sa teneur en fibres et du fait qu'il est biologique ou pas, il provoque des réactions aussi étranges chez les humains.

LE BLÉ : UN SUPERGLUCIDE

La transformation de la graminée domestiquée au Néolithique en produits modernes tels que les brioches à la cannelle, la roussette ou le beignet Dunkin' Donuts exige un sérieux tour de passe-passe. Il aurait été tout simplement impossible de les fabriquer avec les anciens blés.

Si on essayait de confectionner un beignet à la gelée avec de la farine de petit épeautre, on obtiendrait une pâte friable qui ne retiendrait pas sa garniture, sans compter que sa saveur et son aspect n'auraient rien d'agréable. En plus d'une hausse du rendement, les généticiens ont cherché à faire apparaître dans le blé des caractéristiques telles que la confection, par exemple, d'un petit gâteau au chocolat ou d'un gâteau de mariage à sept étages devenait possible.

La farine de *T. aestivum* dont on dispose aujourd'hui est composée en moyenne de 70 % de glucides (en poids), de 10 à 15 % de protéines et de la même quantité de fibres indigestes. Le reste est fourni par des lipides, essentiellement des phospholipides et des acides gras polyinsaturés[1]. (Fait à signaler, le taux de protéines des anciens blés est plus élevé. L'amidonnier, par exemple, en renferme au moins 28 %[2].)

Les amidons du blé sont les glucides complexes que chérissent les diététiciens. « Complexes » signifie ici qu'ils sont composés de polymères (chaînes se répétant) du glucose, un sucre simple, contrairement au sucrose ou aux autres glucides simples, qui consistent en structures d'un ou de deux éléments. (La molécule de sucrose est composée de deux sucres, le glucose et le fructose.) Selon les diététiciens et le USDA, nous devrions consommer moins de glucides simples, comme les bonbons et les boissons gazeuses, et plus de glucides complexes.

Les glucides complexes du blé sont formés à 75 % d'amylopectine, chaîne ramifiée de molécules de glucose, et à 25 % d'amylose, chaîne linéaire de glucose. Dans le tractus gastro-intestinal, l'amylopectine et l'amylose sont digérés par l'amylase, enzyme présente dans la salive et l'estomac. L'amylopectine est facilement transformée en glucose par l'amylase, contrairement à l'amylose, dont une partie se retrouve intacte dans le côlon. Voilà pourquoi l'amylopectine est la principale responsable des effets hyperglycémiants du blé.

On trouve également de l'amylopectine dans d'autres aliments glucidiques, mais sous une forme différente. Ses ramifications varient en fonction de la source[3]. Celle des légumineuses, ou amylopectine C, se digère moins bien que les autres, d'où leurs effets désagréables sur les intestins. Ce qui n'est pas digéré se retrouve dans le côlon, où les bactéries symbiotiques qui y séjournent s'en nourrissent et provoquent la formation de gaz comme l'azote et l'hydrogène, prévenant ainsi la digestion des sucres par l'organisme.

Présente dans la banane et la pomme de terre, l'amylopectine B est plus digeste mais résiste tout de même dans une certaine mesure au processus digestif. La forme la plus digeste est la A, soit celle du blé, d'où son action hyperglycémiante supérieure à celle des autres. Par conséquent, à poids égal, ce grain élève plus la glycémie que, par exemple, le haricot rouge ou les fameux « chips » de pomme de terre. L'amylopectine A des produits à base de blé peut donc être considérée comme un superglucide, forme hautement digeste se transformant en glucose sanguin plus rapidement que presque tous les autres aliments glucidiques, qu'ils soient simples ou complexes.

Bref, les glucides complexes n'exercent pas tous le même effet. Étant donné la très grande digestibilité de l'amylopectine A, on peut en déduire que, à poids égal, les glucides complexes des produits du blé ne valent pas mieux, voire sont souvent pires, que les glucides simples comme le sucrose.

Bien souvent, les gens s'étonnent d'apprendre que le pain de blé complet élève le taux de glycémie plus que le sucrose[4] et que la consommation de deux tranches, en dehors du fait qu'elles fournissent quelques fibres en plus, n'est pas meilleure pour la santé – en réalité, est souvent pire – que celle d'une boîte de soda sucré ou d'une confiserie en barre. Cette information n'est pas nouvelle. En 1981, des chercheurs de l'université de Toronto mettaient en avant le concept d'indice glycémique (IG), qui permet de comparer les effets des divers glucides sur la glycémie : plus un aliment fait monter le taux de glycémie, comparativement au glucose, plus son IG est élevé. Les chercheurs ont montré dans leur étude que l'IG du pain blanc était de 69, celui du pain de blé complet, de 72 et celui du blé filamenté (Shredded Wheat), de 67, contre 59[5] pour le sucrose (sucre de table). Incidemment, malgré des ingrédients tels le nougat, le chocolat, le sucre, le caramel, etc., la barre Mars présente un IG de 68 et, de ce fait, est préférable au pain de grain complet. Quant à la barre Snickers, elle présente un IG de 41, ce qui est encore mieux.

En fait, en ce qui concerne la glycémie, le degré de transformation d'un produit n'a guère d'importance. Le blé reste du blé, qu'il soit transformé ou pas, simple ou complexe, riche ou pauvre en fibres ; dans tous les cas, il provoque une hausse substantielle du taux de glycémie. Chez les sujets minces et en bonne santé, la consommation de deux tranches moyennes de pain de blé complet l'élève de 30 mg/dl (soit de 93 à 123 mg/dl), tout comme le pain blanc[6]. Chez les diabétiques, les deux types de pain l'élèvent de 70 à 120 mg/dl par rapport au taux de départ[7].

Par contre, on a observé que l'IG des pâtes, mesuré sur une période de deux heures, était plus faible, soit de 42 et de 50 pour les spaghettis de blé complet et de farine blanche, respectivement. En cela, les pâtes se démarquent des autres produits du blé, ce qui pourrait être dû, en partie du moins, à la compression de la farine durant le processus d'extrusion et qui a pour effet de ralentir sa digestion par l'amylase. (Quoique les pâtes fraîches, tels que les fettuccinis, ont les mêmes propriétés glycémiques.) De plus, comme la farine qui les compose provient généralement de *T. durum*, elle est génétiquement plus proche du petit épeautre que celle de *T. aestivum*.

Toutefois, même leur IG apparemment favorable est trompeur ; l'observation ne dure que deux heures alors que leur effet hyperglycémiant s'étend sur une période de quatre à six heures. Chez les diabétiques, les pâtes font grimper le taux de glycémie de 100 mg/dl de manière soutenue[8,9].

Ces faits n'ont pas échappé aux agronomes et aux scientifiques en produits alimentaires qui ont tenté, par le biais de la manipulation génétique, d'accroître la teneur du blé en amidon résistant, c'est-à-dire non entièrement digéré, et de faire baisser son taux d'amylopectine. Chez certains hybrides, l'amylose, le plus résistant des amidons, compte pour 40 à 70 % du poids du grain[10].

Le blé fait donc grimper le taux de glycémie pratiquement plus que tout autre aliment glucidique, haricots et confiseries en barre compris. Il en résulte des conséquences importantes pour le poids, le glucose s'accompagnant invariablement d'insuline, hormone qui en permet l'absorption par les cellules et favorise sa transformation en graisse. À la hausse du taux de glycémie correspond une hausse proportionnelle du taux d'insuline et, donc, de dépôts de graisse. Contrairement à l'omelette de trois œufs, qui reste sans effet sur la glycémie et la graisse corporelle, la consommation de deux tranches de pain de blé complet favorisera l'accumulation de graisse, particulièrement au niveau de l'abdomen et des viscères.

En outre, sous l'effet de l'amylopectine A, l'afflux de glucose et d'insuline s'étend sur une période de deux heures, au cours de laquelle le taux de glycémie atteint un pic, suivi d'une chute brusque. Durant ces deux heures, faim et sentiment de satiété alternent, processus qui se répétera tout au long de la journée. La chute glycémique est responsable des gargouillis intestinaux qui surviennent autour de 9 heures, soit deux heures après la consommation d'un bol de céréales de blé ou d'un muffin anglais, ainsi que, vers 11 heures, de la fringale, de la confusion mentale, de la fatigue et des tremblements qui l'accompagnent.

La hausse à répétition, ou sur de longues périodes, du taux de glycémie entraîne une élévation du taux d'insuline et l'accumulation de graisse. Les conséquences sont particulièrement visibles au niveau de l'abdomen, qui prend l'aspect d'une « bedaine de blé ». Plus celle-ci est imposante, moins l'organisme répond à l'insuline.

En effet, l'accumulation de graisse abdominale est associée à une résistance à l'insuline, en conséquence de quoi le taux de cette hormone s'élève, favorisant l'apparition du diabète. En outre, chez les hommes, plus l'abdomen est gros, plus les tissus adipeux secrètent d'œstrogène et plus les seins sont volumineux. Et plus il est gros, plus les réponses inflammatoires – cardiopathie et cancer – sont prononcées.

Étant donné que le blé exerce une action apparentée à celle de la morphine (voir le prochain chapitre) et compte tenu du cycle glucose-insuline que déclenche l'amylopectine A, ce grain stimule l'appétit. Par conséquent, les gens qui le bannissent de leur alimentation ingèrent moins de calories. Il en sera question plus loin. En effet, si la hausse des taux de glycémie et d'insuline ainsi que des dépôts de graisse qui résultent de sa consommation jouent un rôle important dans le gain de poids, sa suppression devrait renverser le phénomène. Or, c'est exactement ce qui se produit.

On a observé depuis longtemps que les patients souffrant de maladie cœliaque perdaient du poids. Afin de mettre un frein à une réponse immunitaire aberrante qui a pour effet de détruire leur intestin grêle, ils doivent éviter tous les aliments renfermant du gluten, autrement dit, de l'amylopectine A.

Cependant, dans les études cliniques, la perte de poids résultant de la suppression du blé n'apparaît pas toujours *a priori*. Chez de nombreux patients, le diagnostic tombe à l'issue de longues années de souffrances et, quand ils changent leurs habitudes alimentaires, ils sont généralement dans un état de malnutrition grave en raison d'une diarrhée prolongée et d'une malabsorption des nutriments. Une fois qu'ils ont supprimé le blé, leur fonction digestive s'améliore et il leur arrive alors de prendre du poids.

En revanche, chez les sujets en surcharge pondérale qui ne souffrent pas de malnutrition grave au moment du diagnostic, cette mesure leur permet de perdre du poids de manière substantielle. Chez les 215 patients obèses atteints de maladie cœliaque qui ont participé à une étude menée par la clinique Mayo et l'université de l'Iowa, on a enregistré une perte de 12,5 kg en six mois[11]. Dans une autre étude, le nombre de sujets considérés comme obèses (IMC de 30 ou plus) a diminué de moitié en un an[12].

Étrangement, les chercheurs à la tête de ces études attribuent généralement la perte de poids associée au régime sans blé et sans gluten au manque de variété alimentaire. (Incidemment, comme nous le verrons plus loin, on peut parfaitement bannir le blé sans y perdre en variété.)

Le conseil de prendre plus de grains complets ne peut donc que mener à une hausse de la consommation d'amylopectine A, glucide qui, au final, se distingue peu du sucre pur, et est parfois pire.

LE GLUTEN, CET INCONNU

Si vous préparez une pâte avec de la farine de blé et de l'eau, la pétrissez et la rincez ensuite pour en éliminer l'amidon et les fibres, vous obtiendrez un mélange de protéines portant le nom de gluten. Dans notre alimentation, le blé en est la principale source, notre consommation d'orge, de seigle, de boulgour, de kamut et de triticale étant insignifiante. Par conséquent, quand je parle de gluten, je fais essentiellement référence au blé.

Bien que ce grain soit surtout composé de glucides, ce sont ses protéines de gluten qui le caractérisent. C'est le gluten qui fait de la pâte une matière souple, maniable, qui s'abaisse et se tresse facilement, etc., toutes qualités que n'offre pas la farine de riz, de maïs ou des autres grains. C'est lui qui permet au pizzaiolo de rouler, manier et former la pâte, et à cette dernière de s'étirer et de lever sous l'action de la levure. C'est à lui que le simple mélange de farine et d'eau doit ses propriétés de viscoélasticité et de cohésion. À noter : 80 % des 10 à 15 % de protéines du blé sont composées de gluten. Sans cet ingrédient unique, il n'y aurait ni bagel, ni pizza, ni fougasse.

Voici qui a de quoi faire réfléchir sur ce grain (information qui pourrait s'inscrire dans la catégorie «connaissez votre ennemi»): les protéines de gluten sont les organes de stockage de la plante. Elles emmagasinent le carbone et l'azote en vue de la germination de la graine qui formera un nouveau plant. De la même manière, conjugué à la levure, le gluten fait «grandir» la pâte, une propriété unique à la farine de blé.

«Gluten» est un terme générique qui désigne en fait deux familles de protéines, les gliadines et les gluténines. Les premières – qui stimulent tout particulièrement la réponse immunitaire dans le cas de la maladie cœliaque – comprennent trois sous-groupes : les a/b, y et w. Quant aux gluténines, ce sont, comme l'amylopectine, des polymères de structure plus élémentaire aux schémas répétitifs. Ce sont elles qui confèrent à la pâte sa résistance, caractéristique que les phytogénéticiens ont délibérément sélectionnée[13].

Les protéines de gluten du petit épeautre, de l'amidonnier et de *T. aestivum* diffèrent les unes des autres[14,15]. Compte tenu de son nombre réduit de chromosomes, le premier – qui porte le génome A – en exprime moins que les autres. Le second – qui porte les génomes A et B – en exprime un nombre plus élevé, tandis que le *T. aestivum* – qui porte les génomes A, B et D – en exprime le plus grand nombre, et ce, indépendamment des manipulations dont il a fait l'objet. Les travaux d'hybridation des 50 dernières années ont apporté de nombreux changements supplémentaires aux gènes codant pour le gluten de cette espèce, essentiellement au niveau du génome D, qui confère à la farine ses caractéristiques culinaires et plastiques[16]. Or, il se trouve que les gènes de ce génome sont, plus que tous les autres, à la source des glutens responsables du déclenchement de la maladie cœliaque[17].

En conséquence des entourloupettes des phytogénéticiens, le génome D du *T. aestivum* moderne a donc connu des changements substantiels en ce qui a trait aux caractéristiques génétiquement déterminées de ses protéines de gluten. C'est aussi possiblement la cause de bon nombre des réactions aberrantes qui résultent de sa consommation.

IL N'Y A PAS QUE LE GLUTEN

Le gluten n'est pas le seul vaurien potentiel à se tapir dans la farine de blé.

Ses autres protéines, qui comptent pour 20 %, comprennent des albumines, des prolamines et des globulines, dont la teneur et la nature varient selon l'espèce. Au total, on en a dénombré plus de 1000 autres qui assurent diverses fonctions, dont celles de protéger le grain des pathogènes et de l'eau, et de permettre sa reproduction : agglutinines, peroxydases, α-amylases, serpines et acyl-CoA oxydases, cinq formes de glycéraldéhyde-3-phosphate déshydrogénase, β-purothionine, puro-indolines a et b, et amidon phosphorylases.

Comme si cette mixture de protéines/enzymes ne suffisait pas, les fabricants se sont également tournés vers des enzymes fongiques telles que les cellulases, les glucoamylases, les xylanases et les b-xylosidases afin d'améliorer la levée et la consistance des produits à base de blé. En outre, les boulangers ajoutent souvent de la farine de soja à la pâte dans le but d'en faciliter la préparation et de la blanchir, incorporant ainsi un autre groupe de protéines et d'enzymes.

Dans la maladie cœliaque, seule affection intestinale à être clairement associée au blé (quoique mal diagnostiquée), la gliadine a provoque une réponse immunitaire qui a pour effet d'enflammer l'intestin grêle, causant des crampes abdominales et des diarrhées invalidantes. Le traitement est simple : la suppression des aliments renfermant du gluten.

Cependant, au-delà de cette maladie, on observe des réactions allergiques ou anaphylactiques (réactions graves entraînant un état de choc parfois fatal) aux protéines non gluténiques, notamment aux amylases a, à la thiorédoxine, à la glycérinaldéhyde-3-phosphate déshydrogénase et à une douzaine d'autres[18]. Chez les sujets susceptibles, elles peuvent déclencher de l'asthme, des éruptions (dermite atopique et urticaire) et une affection dangereuse, l'anaphylaxie alimentaire induite par l'effort (AAIE) qui, comme son nom l'indique, se manifeste par une anaphylaxie apparaissant durant une séance d'exercice physique.

L'AAIE est généralement associée au blé (bien que les crustacés puissent également la déclencher), plus particulièrement aux gliadines w et aux gluténines. Bref, ce grain n'est pas qu'un glucide complexe comprenant du gluten et du son, mais un ensemble de composés biochimiques uniques qui varie grandement en fonction de son code génétique. À simplement regarder un muffin aux graines de pavot, par exemple, on ne saurait discerner l'incroyable variété de gliadines, d'autres protéines de gluten et de protéines non gluténiques qu'il renferme, dont plusieurs sont spécifiques aux variétés naines. Au goûter, c'est la douceur de l'amylopectine A qui s'imposera, celle-là même qui fait grimper le taux de glycémie.

Dans les pages suivantes, nous explorerons les très nombreux effets que ce muffin et les autres aliments à base de blé ont sur la santé.

DEUXIÈME PARTIE

LES MULTIPLES MÉFAITS DU BLÉ DANS L'ORGANISME

CHAPITRE 4

HÉ ! MEC, TU VEUX DES EXORPHINES ?

LE BLÉ CRÉE UNE DÉPENDANCE

Dépendance, syndrome de manque, délire, hallucinations. Je ne parle pas ici des symptômes d'une maladie mentale mais des effets de ce grain que vous apprêtez dans votre cuisine, partagez avec vos amis et trempez dans votre café. J'expliquerai en quoi le blé se distingue de tous les autres aliments par les effets qu'il exerce sur le cerveau et qu'il a en commun avec les opiacés. D'où l'extrême difficulté, pour certains, de s'en passer. Il ne s'agit pas d'un simple manque de détermination, de quelques désagréments ou de rompre avec une habitude bien installée, mais d'interrompre une relation avec un produit qui s'empare de votre psyché et de vos émotions, un peu comme le fait l'héroïne chez les toxicomanes.

Si on consomme volontairement du café et de l'alcool dans le but de bénéficier de leurs effets sur l'esprit, ce n'est pas le cas du blé, qu'on prend avec l'intention de se nourrir et non de se droguer. Tout comme les disciples de Jim Jones à qui on a distribué une boisson sucrée lors de la réunion pour le renouveau de la foi, vous ignorez sans doute que cet aliment, cautionné par toutes les organisations officielles, traficote avec votre esprit.

Quelques jours ou quelques semaines après avoir supprimé le blé de leur alimentation, les gens constatent généralement qu'ils sont de meilleure humeur, et ont une meilleure concentration et un meilleur sommeil. Cependant, il n'est pas facile de quantifier ces effets subjectifs relativement peu prononcés. D'autant plus qu'on doit prendre en compte l'effet placebo – qui veut qu'on se sente mieux du fait qu'on le croit. Mais je suis toujours impressionné par la constance des réactions : une fois passés les premiers symptômes de confusion mentale et de fatigue associés au sevrage, elles se manifestent chez la majorité des gens. J'en ai fait moi-même l'expérience et les ai observées chez des milliers de personnes.

On peut aisément sous-estimer l'importance de la dépendance psychologique que provoque le blé. Comment, en effet, un innocent muffin au son pourrait-il être nocif ?

« LE PAIN, C'EST MON CRACK »

Le blé est le Haight-Ashbury* des aliments : aucun autre n'exerce de tels effets sur le cerveau et le système nerveux. Chez certains, il crée une dépendance qui tourne parfois à l'obsession.

Certains sont conscients qu'ils souffrent de dépendance au blé ou, du moins, à un aliment qui en renferme, par exemple les pâtes ou la pizza. Avant même que je le leur explique, ils savent que leur mets préféré leur procure un état de légère euphorie. J'ai encore des frissons quand j'entends une maman respectable me confier avec désespoir : « Le pain, c'est mon crack. Je ne peux tout simplement pas m'en passer. »

Le blé dicte les choix alimentaires, la quantité de calories ingérées ainsi que l'heure des repas et des goûters. Il peut influer sur le comportement et l'humeur, voire envahir entièrement l'esprit. Quand je leur suggère de le supprimer, certains de mes patients disent être obsédés au point d'y penser, d'en parler et d'en saliver durant des semaines. Certains cèdent à une consommation frénétique de produits à base de blé et abandonnent leur régime au bout de quelques jours. Comme il s'agit d'une dépendance, on ne s'étonnera pas que 30 % des gens montrent des symptômes qu'on ne peut qualifier que de sevrage.

Des centaines de personnes m'ont confié qu'elles éprouvaient une fatigue extrême, de la confusion mentale, des difficultés à étudier ou à travailler, voire de la dépression durant les premiers jours, ou semaines, qui suivent la suppression du blé. Leurs symptômes disparaissent quand elles prennent un bagel ou un petit gâteau (en fait, plutôt quatre bagels, deux petits gâteaux, un sachet de bretzels, deux muffins et quelques carrés au chocolat, le tout entraînant des remords cuisants le lendemain matin). C'est un cercle vicieux : on s'abstient d'une substance et des effets déplaisants apparaissent, on en reprend et l'expérience désagréable s'estompe. À mes

---

* Quartier aisé et branché de San Francisco.

yeux, cela ressemble beaucoup à de la dépendance et aux symptômes de sevrage. Ceux qui n'ont pas ce problème dénigrent toute l'affaire, convaincus qu'un aliment aussi banal que le blé ne peut affecter le système nerveux comme le fait la nicotine ou le crack.

Tant la dépendance que les symptômes de sevrage s'expliquent scientifiquement. Le blé exerce une action non seulement sur le cerveau normal, mais également sur le cerveau anormal et vulnérable, entraînant des effets qui vont au-delà de la simple dépendance et des symptômes de sevrage. Ceux qu'il déclenche sur le cerveau anormal peuvent d'ailleurs nous apprendre un certain nombre de choses sur le pourquoi et le comment de ce phénomène.

BLÉ ET SCHIZOPHRÉNIE

C'est en étudiant ses effets chez les schizophrènes qu'on a découvert que le blé exerçait une action particulière sur le cerveau.

Les schizophrènes ont la vie dure. Ils s'efforcent sans cesse de faire la différence entre leurs chimères et la réalité, et entretiennent souvent un délire de persécution, allant même jusqu'à croire que leur esprit et leurs actions sont commandés par des forces externes. (On se rappellera le cas de David Berkowitz, ce tueur en série de New York qui, dans les années 1970, traquait ses victimes en suivant les instructions qu'il recevait de son chien. Heureusement, le comportement violent est inhabituel chez les schizophrènes, mais cet exemple illustre l'ampleur possible de la pathologie.) Une fois le diagnostic porté, le patient a peu d'espoir de mener une vie normale, de travailler et de fonder une famille. Ce qui l'attend, ce sont l'institutionnalisation, les médicaments aux effets secondaires pénibles et un combat incessant contre ses démons internes.

Mais voyons en quoi consistent les effets du blé sur l'esprit vulnérable d'un schizophrène.

Le psychiatre F. Curtis Dohan a été le premier à les étudier. Il s'est lancé sur cette piste après avoir observé, durant la Seconde Guerre mondiale, que les Finlandais, les Norvégiens, les Suédois, les Canadiens et les Américains étaient moins souvent hospitalisés pour cause de schizophrénie durant les périodes de pénurie de pain, mais plus souvent à l'issue de la guerre, quand ils ont recommencé à en consommer[1].

Il a observé un schéma similaire chez les chasseurs-cueilleurs de la Nouvelle-Guinée. Avant l'arrivée des Occidentaux, la schizophrénie y était pratiquement inconnue : on n'y dénombrait que deux cas sur 65 000 habitants. Quand les habitudes alimentaires de l'Occident s'y sont implantées et qu'on a commencé à cultiver le blé, à fabriquer de la bière d'orge et à consommer du maïs, son incidence s'est multipliée par 65[2]. Le psychiatre a alors mis au point une méthode d'observation permettant de déterminer s'il y avait ou non une relation de cause à effet entre la consommation de blé et la schizophrénie.

Au milieu des années 1960, alors qu'il travaillait au Veterans Administration Hospital de Philadelphie, il a décidé avec ses collègues de supprimer de l'alimentation des patients schizophrènes tous les produits à base de blé sans qu'ils ne le sachent ni ne l'y autorisent. (Cela se passait avant la tristement célèbre étude de Tuskegee* qui portait sur la syphilis et a suscité la colère du public, menant à l'adoption de la législation qui exigeait le consentement éclairé des participants aux essais.) À l'issue de quatre semaines sans blé, les chercheurs ont pu observer chez leurs patients des améliorations mesurables : baisse de la fréquence des hallucinations auditives et des crises de délire, et moindre dissociation dans leur rapport avec la réalité. Après avoir rétabli le blé dans leur alimentation, ils ont découvert que leurs symptômes réapparaissaient. Ils ont répété l'expérience dans les deux sens, avec les mêmes résultats[3].

Ces observations ont été corroborées par des psychiatres anglais de l'université de Sheffield, qui sont arrivés aux mêmes conclusions[4]. Depuis, on a même observé des cas de rémission complète. Des médecins de l'université Duke ont notamment décrit le cas d'une femme de 70 ans souffrant de délire et d'hallucinations, et qui, sur une période de 53 ans, avait fait plusieurs tentatives de suicide. Huit jours après avoir banni le blé, sa psychose et ses envies suicidaires avaient complètement disparu[5].

Bien qu'il soit peu probable que le blé cause la schizophrénie, les observations du docteur Dohan et d'autres donnent à penser que sa consommation est associée à une aggravation mesurable des symptômes.

Ce grain pourrait également exercer un effet néfaste sur l'esprit vulnérable des autistes. Les enfants qui souffrent de cette maladie sont incapables de communiquer et d'entrer en relation avec les autres. Rare au milieu du XXe siècle, cette affection touche aujourd'hui 1 enfant sur 150[6]. Or, des

---

* Étude, débutée en 1932, menée auprès de Noirs à qui on a délibérément refusé le traitement pour pouvoir étudier l'évolution de la maladie.

études portant sur un faible échantillonnage ont permis d'observer une amélioration du comportement des petits autistes suite à la suppression du blé[7,8]. Au cours de la plus importante étude à avoir été menée à ce sujet, on a observé la même chose chez 55 petits Danois suite à la suppression du gluten (et de la caséine des produits laitiers)[9].

Bien que la question soit toujours sujette à débat, une proportion substantielle d'enfants et d'adultes souffrant du trouble déficitaire de l'attention avec hyperactivité (TDAH) pourrait réagir favorablement à la suppression du blé. Cependant, compte tenu des sensibilités à d'autres aliments, par exemple, au sucre, aux édulcorants artificiels, aux additifs et aux produits laitiers, les résultats ne sont pas toujours nets[10].

Il est peu probable que le blé cause l'autisme ou le TDAH mais, comme dans le cas de la schizophrénie, il semble en aggraver les symptômes. Malgré les enjeux éthiques soulevés par l'expérience à laquelle on a soumis les schizophrènes de l'hôpital de Philadelphie, cette dernière a eu le mérite d'illustrer les effets de ce grain sur les fonctions mentales. Mais pourquoi exacerberait-il la schizophrénie, l'autisme et la TDAH? Que renferme-t-il qui puisse aggraver la psychose et d'autres comportements anormaux?

Des chercheurs des National Institutes of Health (NIH) des États-Unis ont tenté de le découvrir.

EXORPHINES : LE LIEN BLÉ-CERVEAU

Christine Zioudrou et ses collègues des NIH ont soumis le gluten à un processus digestif semblable à celui qui se produit dans l'organisme à la suite de l'ingestion de pain ou d'autres produits de blé[11]. Exposé à la pepsine, une enzyme de l'estomac, et à l'acide hydrochlorique, le gluten se dégrade en divers polypeptides.

Après avoir isolé les principaux polypeptides, les chercheurs les ont administrés à des rats de laboratoire. Ils ont découvert que ces composés avaient la propriété particulière de traverser la barrière sang-cerveau. Cette dernière a sa raison d'être, le cerveau étant particulièrement sensible à un vaste éventail de substances qui passent dans le sang et dont certaines risqueraient de causer des effets indésirables si elles se retrouvaient dans le complexe amygdalien, l'hippocampe, le cortex cérébral et les autres structures cérébrales. Une fois dans le cerveau, les polypeptides du blé se lient au récepteur de la morphine, autrement dit, des opiacés.

Christine Zioudrou et ses collègues ont qualifié ces polypeptides d'«exorphines», abréviation de «composés exogènes apparentés à la morphine», les distinguant ainsi des endorphines, composés endogènes (produits par l'organisme) apparentés à la morphine qui provoquent, entre autres, l'euphorie des coureurs. Ils ont donné au principal polypeptide le nom de «glutéomorphine», ou «composé apparenté à la morphine dérivé du gluten». Leur hypothèse, c'est que les exorphines pourraient être à l'origine de l'aggravation des symptômes schizophréniques qu'on a observée à l'hôpital de Philadelphie et ailleurs.

Fait à signaler, l'effet de ces polypeptides est bloqué par l'administration de naloxone. À titre d'exemple, supposons que vous êtes héroïnomane. À la suite d'un *deal* de drogue ayant mal tourné, vous recevez un coup de poignard et vous rendez au service des urgences le plus proche. Comme vous êtes sous l'effet de l'héroïne, vous frappez et injuriez le personnel qui essaie de vous aider. On vous immobilise et vous injecte de la naloxone, médicament qui réprime instantanément votre euphorie. Grâce à la magie de la chimie, la naloxone renverse immédiatement l'effet de l'héroïne et des autres opiacés, tels que la morphine et l'oxycodone.

Chez les animaux de laboratoire, la naloxone empêche les exorphines de se lier aux récepteurs de la morphine. Ainsi, le médicament qui bloque les effets de l'héroïne chez un toxicomane s'oppose aussi à ceux des exorphines du blé.

Lors d'une étude menée par l'Organisation mondiale de la santé auprès de 32 schizophrènes, on a démontré que la naloxone atténuait leurs hallucinations auditives[12]. Malheureusement, l'étape logique suivante – l'étude comparative des effets de la naloxone chez des schizophrènes consommant du blé et chez d'autres s'en abstenant – n'a jamais eu lieu. (On ne conduit généralement pas les études cliniques dont les conclusions pourraient ne pas être favorables au médicament étudié. Dans le cas présent, si la naloxone s'était avérée utile aux schizophrènes consommateurs de blé, l'inévitable conclusion aurait été de bannir le blé et non de prescrire le médicament.)

L'expérience sur les schizophrènes nous montre que les exorphines du blé pourraient exercer des effets sur le cerveau. Chez ceux qui ne souffrent pas de cette maladie, la consommation d'un bagel à l'oignon ne provoquera pas d'hallucinations auditives, mais il n'empêche que ces composés sont présents dans le cerveau. L'expérience illustre également le caractère unique du blé, les grains comme le millet et le lin étant exempts de gluten et ne générant donc pas d'exorphines, pas plus qu'ils ne causent de comportement obsessionnel ou de symptômes de sevrage chez les gens au cerveau normal ou anormal.

Bref, la consommation du blé entraîne la formation de composés apparentés à la morphine qui se lient aux récepteurs des opiacés du cerveau. Elle induit une légère euphorie. Quand cet effet est bloqué, ou en l'absence d'aliments déclencheurs, certains sujets présentent des symptômes de sevrage particulièrement pénibles.

Qu'arrive-t-il aux sujets non schizophrènes à qui on administre des antagonistes des opiacés? Lors d'une étude menée à l'institut psychiatrique de l'université de la Caroline du Sud, les participants qui consommaient du blé et à qui on a administré de la naloxone ont ingéré environ 33 % de calories en moins au repas du midi et 23 % au repas du soir (soit, au total, environ 400 calories en moins) que ceux qui avaient reçu un placebo[13]. En outre, à l'université du Michigan, on a confiné des hyperphages dans une pièce remplie de nourriture. Or, ceux qui étaient sous naloxone ont consommé 28 % moins de craquelins, gressins et bretzels de blé que les autres[14].

En d'autres mots, bloquez la réponse euphorique que le blé provoque, et votre ingestion de calories diminuera, puisqu'il ne suscitera plus le sentiment agréable qui vous pousse à consommer à répétition. (Cela n'a pas échappé à l'industrie pharmaceutique, qui compte commercialiser un médicament amaigrissant à base de naltrexone, équivalent oral de la naloxone. Il bloquerait la réponse gratifiante du système mésolimbique qui est enfoui profondément dans le cerveau et est responsable des effets agréables résultant de la prise d'héroïne, de morphine et d'autres substances. Comme cette action peut causer de la dysphorie, c'est-à-dire un sentiment de mal-être, on associera la naltrexone au bupropion, antidépresseur souvent prescrit à ceux qui veulent cesser de fumer.)

Des symptômes de sevrage aux hallucinations psychotiques, le blé est donc associé à des phénomènes neurologiques particuliers. Récapitulons-les:

- Sa digestion entraîne la formation de polypeptides qui peuvent passer dans le cerveau et se lier aux récepteurs des opiacés.
- L'action des polypeptides, ou exorphines, tels que la glutéomorphine peut être court-circuitée par la naloxone et la naltrexone, médicaments antagonistes des opiacés.

- L'administration d'antagonistes des opiacés à des sujets normaux ou hyperphages provoque une baisse de l'appétit, des fringales et de l'apport calorique, et tempère l'humeur ; cet effet semble être spécifique aux produits à base de blé.

En fait, le blé se démarque des autres aliments par sa puissante action sur le système nerveux central. Hormis les intoxicants tel que l'alcool, c'est l'un des rares produits alimentaires à modifier le comportement, induire des sensations agréables et provoquer des symptômes de sevrage quand on le supprime. Il aura fallu observer des patients schizophréniques pour s'en rendre compte.

VICTOIRE SUR LES FRINGALES NOCTURNES

Aussi loin que remontaient ses souvenirs, Larry avait cherché à se débarrasser de ses kilos en trop. Comme il faisait beaucoup d'exercice, parfois de manière extrême, son surpoids lui paraissait incompréhensible. Il n'était pas rare qu'il fasse 80 km en vélo ou 25 km à pied dans la forêt ou le désert. Forcé de voyager pour son travail, il n'hésitait pas à explorer à pied les diverses régions qu'il traversait. Dans le sud-ouest des États-Unis, où il se rendait souvent, il marchait facilement six heures d'affilée. De plus, il mangeait sainement : il prenait peu de viande et d'huile, mais quantité de légumes, de fruits et, bien entendu, de « bons grains complets ».

Il m'a consulté en raison d'un problème de rythme cardiaque, lequel a été rapidement corrigé. Par contre, son hémogramme avait de quoi inquiéter : son taux de glycémie révélait un diabète léger, son taux de triglycérides était trop élevé (210 mg/dl), son taux de HDL, trop bas (39 mg/dl) et 70 % de ses particules de LDL étaient du type à causer la cardiopathie. En outre, il présentait une pression systolique (valeur du haut) de 170 mm Hg et une pression diastolique (valeur du bas) de 90 mm Hg. Enfin, pour une taille de 1,75 mètre, il pesait 110 kg, soit près de 36 kg en trop.

« Je ne comprends pas, m'a-t-il confié. Malgré tout l'exercice que je fais, je n'arrive pas à perdre du poids. » Il cumulait régime sur régime et avait même tenté l'hypnose, mais il reprenait aussitôt les quelques kilos qu'il avait perdus. Il m'a cependant avoué une faiblesse : « Le soir, je dois vraiment combattre la faim. Après le repas, je ne peux m'empêcher de grignoter. J'essaie de consommer de bonnes choses, par exemple des bretzels de blé entier ou des craquelins multigrains que je trempe dans une sauce à base de yaourt. Mais il m'arrive de manger toute la soirée, jusqu'au moment de me coucher. J'ignore pourquoi je suis aussi affamé.»

Je lui ai conseillé de supprimer de son alimentation le plus puissant des stimulants de l'appétit, soit le blé. Il m'a jeté un regard sceptique du genre: «Encore une idée dingue!», a longuement soupiré, puis a accepté de se soumettre à l'expérience. Quand on a quatre adolescents à la maison, vider les placards de tous les produits à base de blé n'est pas une mince affaire, mais Larry et sa femme l'ont fait.

Quand je l'ai revu, six semaines plus tard, il m'a confié que ses fringales nocturnes avaient disparu au bout de trois jours. Il se contentait désormais de son repas, n'éprouvant plus le besoin de grignoter en soirée. De plus, il avait nettement moins faim durant la journée et sautait les goûters. D'ailleurs, son apport calorique et ses portions avaient diminué considérablement. Sans changer en rien ses habitudes d'exercice, il avait perdu cinq kilos. Mieux encore, il avait désormais le sentiment de maîtriser son appétit et ses pulsions, sentiment qu'il n'avait pas éprouvé depuis des années.

LE BLÉ: UN STIMULANT DE L'APPÉTIT

Les accros du crack et les héroïnomanes se shootant dans un coin obscur d'une piquerie savent parfaitement qu'ils prennent des substances qui bousillent leur esprit, mais qu'en est-il des citoyens honnêtes comme vous et les membres de votre famille? Je parie que, pour vous, la notion de drogue se résume à avaler un café très fort ou quelques bières en trop à l'occasion. Pourtant, à votre insu, vous consommez régulièrement celui des aliments qui exerce l'action la plus puissante sur le cerveau.

De fait, le blé stimule l'appétit et pousse à consommer de plus en plus de biscuits, petits gâteaux, bretzels, friandises, boissons gazeuses, bagels, muffins, tacos, sandwichs, pizzas, etc. Chez certains, il agit comme une drogue ou, du moins, produit des effets neurologiques assimilables à ceux d'une drogue, effets que l'administration d'un antagoniste des narcotiques fait régresser. Si vous regimbez à l'idée de prendre un médicament tel que la naloxone, posez-vous la question suivante: «Qu'arriverait-il si, au lieu de bloquer chimiquement l'action du blé sur le cerveau, on le supprimait tout simplement?» C'est justement celle que je me suis posée. Du moment qu'on peut tolérer les symptômes de sevrage (qui, bien que désagréables, sont généralement sans danger hormis la rancœur que pourraient manifester votre conjoint, vos amis ou vos collègues), la faim, les fringales et l'apport calorique diminuent, l'humeur s'améliore et on se sent mieux dans sa peau. Enfin, on perd du poids ainsi que sa bedaine de blé.

Sachant que le blé, et plus spécifiquement les exorphines du gluten, peut provoquer un sentiment d'euphorie et un comportement de dépendance tout en stimulant l'appétit, on dispose d'un moyen efficace pour maintenir un poids santé : il suffit de le bannir.

CHAPITRE 5

TA BEDAINE DE BLÉ SE VOIT :
LE LIEN ENTRE LE BLÉ ET L'OBÉSITÉ

Peut-être connaissez-vous ce scénario :

Vous rencontrez une amie que vous n'avez pas vue depuis un moment et lui lancez avec une exclamation de joie : «Élisabeth, quand accouches-tu ?»

Élizabeth (silence) : «Accoucher ? Comment cela ?»

Vous (intérieurement) : «Zut, j'ai gaffé.»

De fait, la graisse abdominale de la bedaine de blé rappelle le ventre d'une femme enceinte. Pourquoi le blé cause-t-il une accumulation de graisse dans l'abdomen et non, par exemple, sur le cuir chevelu, l'oreille gauche ou le postérieur ? De toute façon, en quoi est-ce important ?

Et pourquoi sa suppression entraînerait-elle une perte de graisse abdominale ?

Explorons les caractéristiques uniques de la bedaine de blé.

BEDAINE DE BLÉ, POIGNÉES D'AMOUR,
SEINS D'HOMME ET BEDON DE FEMME ENCEINTE

Voilà les curieuses manifestations qui résultent de la consommation du blé moderne. Ridée ou lisse, poilue ou non, tendue ou flasque, la bedaine de blé se présente sous autant de formes qu'il y a d'humains. Mais toutes partagent la même cause métabolique.

Je compte démontrer que les aliments qui renferment du blé font grossir. J'irais même jusqu'à dire que la consommation excessive de ce grain constitue la principale cause de la crise actuelle d'obésité et de diabète. C'est ce qui explique que les joueurs de baseball, les triathlètes et les autres sportifs sont plus gros que jamais. Quand vous manquez de place dans l'avion parce que votre voisin fait dans les 130 kilos, c'est sur le blé que vous devez en rejeter la responsabilité.

Bien sûr, les boissons gazeuses et la sédentarité contribuent au problème. Mais chez la majorité des gens qui se soucient de leur santé et ont un mode de vie sain, le gain de poids s'explique essentiellement par la consommation de blé.

La diva à la bedaine de blé

Céleste n'avait plus l'impression d'être cool. Âgée de 61 ans, elle avait grossi au fil des années. Alors que, dans la vingtaine et la trentaine, son poids oscillait entre 55 et 61 kg, il était désormais de 83 kg, bien qu'elle n'ait pas changé ses habitudes de manière substantielle. «Je n'ai jamais été aussi grosse», se plaignait-elle. Cette enseignante d'art moderne fréquentait surtout des citadins branchés, ce qui la rendait encore plus consciente de son surpoids et l'embarrassait. Elle était donc toute disposée à m'écouter quand je lui ai expliqué que mon approche comprenait la suppression de tous les produits à base de blé.

Au cours des trois premiers mois, elle a perdu 9,5 kg, soit plus que ce qu'il ne fallait pour la convaincre de l'efficacité du programme. Elle portait de nouveau les vêtements auxquels elle avait dû renoncer cinq ans auparavant. Elle respectait rigoureusement son régime, me confiant que c'était devenu pour elle une seconde nature. Ses fringales avaient disparu et elle éprouvait rarement le besoin de prendre un goûter, ses trois repas par jour lui suffisant amplement. Même quand sa charge de travail l'obligeait à en sauter un, elle arrivait à tenir le coup jusqu'au suivant. Je lui ai rappelé qu'elle pouvait prendre des noix crues, des craquelins aux graines de lin et du fromage entre les repas, mais elle m'a répondu que, la plupart du temps, elle s'en passait volontiers.

Quatorze mois après avoir débuté son régime, elle est revenue à mon bureau, le sourire accroché aux lèvres : elle pesait 58 kg, ce qui ne lui était pas arrivé depuis la trentaine. Elle avait donc perdu 25 kg et son tour de taille était passé de 97,5 cm à 67,5 cm. Elle entrait à nouveau dans des robes de taille six* et n'avait plus à camoufler sa bedaine de blé flasque sous des vêtements amples : elle pouvait porter avec fierté sa robe de cocktail Oscar de la Renta. Enfin, elle n'éprouvait plus le moindre embarras à fréquenter les artistes de sa connaissance.

---

* Taille 38 en France.

En fait, la manne financière que sa prolifération a procurée aux industries alimentaire et pharmaceutique pousse à se demander si cette «tempête parfaite» n'a pas été créée de toutes pièces. Imaginons que, en 1955, un groupe de puissants se soit réuni secrètement afin d'échafauder un plan diabolique à la Howard Hughes dont les grandes lignes auraient été les suivantes : produire à grande échelle et à faible coût des variétés de blé naines à haut rendement ; convaincre le gouvernement d'encourager la population à consommer des «bons grains complets» ; inonder le marché de produits transformés à base de blé, lesquels mènent invariablement à l'obésité, en conséquence de quoi il faudrait consacrer des milliards de dollars à la création de médicaments destinés à combattre le diabète, la cardiopathie et les autres affections qui en résultent. Ce scénario paraît ridicule mais, d'une certaine manière, c'est exactement ce qui s'est passé. Voici comment.

GRAINS COMPLETS, DEMI-VÉRITÉS

Dans les cercles de nutritionnistes, le grain complet est le favori diététique du jour. En fait, cet aliment «bon pour le cœur», que le USDA a cautionné et que les conseillers en matière de nutrition nous encouragent à consommer en plus grande quantité, nous donne faim et nous fait grossir. Dans toute l'histoire de l'humanité, jamais n'avons eu aussi faim et n'avons-nous été aussi gros.

Comparez les photos de dix Américains prises récemment et de dix autres ayant vécu au début du XXe siècle ou avant, et vous observerez un contraste saisissant : les Américains d'aujourd'hui sont gros. Selon les Centers for Disease Control, 34,4 % des adultes sont en surpoids (IMC de 25 à 29,9) et 33,9 %, obèses (IMC de 30 ou plus). Un seul adulte sur trois a un poids normal[1]. Depuis 1960, le nombre d'obèses a presque triplé[2].

Durant les deux premiers siècles de l'histoire de la nation américaine, le surpoids et l'obésité étaient rares. (Ce que nous savons de l'IMC des gens pour les périodes précédant le XXe siècle nous provient essentiellement des relevés de taille et de poids compilés par l'armée américaine. L'IMC du militaire moyen de la fin du XIXe siècle était de moins de 23,2, tous âges confondus, alors que, dans les années 1990, il se situait dans la catégorie du surpoids[3]. On peut présumer que, dans la population civile, la situation est encore pire.) Le poids a grimpé à un rythme plus rapide dès lors que le USDA et d'autres ont commencé à dire aux Américains comment ils devaient manger. Même si le taux d'obésité croissait déjà dans les années 1960, la hausse s'est accélérée à compter du milieu des années 1980.

Les résultats d'études menées depuis les années 1980 indiquent que l'incidence du cancer du côlon, de la cardiopathie et du diabète a diminué depuis qu'on a remplacé une partie de la farine blanche par de la farine de blé complet. C'est un fait incontestable. Cependant, selon les principes admis en diététique, si l'on remplace un aliment nocif (la farine blanche) par un autre qui l'est moins (la farine de blé complet), on se portera forcément mieux en consommant quantité du second. Suivant cette logique, si les cigarettes à faible teneur en goudron sont moins nocives que celles qui en renferment plus, alors, on aurait tout intérêt à fumer beaucoup des premières. La comparaison est boiteuse, mais elle illustre l'erreur de jugement qui a permis de justifier la prolifération des grains dans l'alimentation. Ajoutez à cela le fait que le blé a connu des changements génétiques considérables, et vous aurez la formule idéale pour accoucher d'une nation de gros.

Le USDA et les autres leaders d'opinion officiels affirment que plus des deux tiers des Américains sont en surpoids ou obèses du fait qu'ils sont inactifs et gloutons. Nous passerions trop de temps à regarder la télé ou à naviguer sur Internet et ne ferions pas assez d'exercice. Nous consommerions trop de boissons gazeuses sucrées, de repas rapides et de malbouffe.

Il est vrai que ce sont là des habitudes qui mettent la santé en péril, mais je rencontre des tas de gens qui affirment suivre les lignes directrices officielles en matière de nutrition, éviter les repas rapides et la malbouffe, et faire une heure d'exercice par jour, mais qui ne cessent de prendre du poids. Plusieurs suivent scrupuleusement les indications du USDA (soit, selon la pyramide alimentaire, six à onze portions de grains par jour, dont quatre ou plus de grains complets), de l'American Heart Association, de l'American Dietetic Association ou de l'American Diabetes Association. La pierre angulaire de toutes ces directives nutritionnelles est la suivante : « Augmentez votre consommation de bons grains complets. »

Ces organisations sont-elles de mèche avec les producteurs de blé et les vendeurs de semences et de produits chimiques ? Ce serait une explication simpliste. Le conseil d'accroître sa consommation de grains complets est tout simplement le corollaire de celui qui incitait à ingérer moins de corps gras et que l'establishment médical a cautionné dans les années 1960. En s'appuyant sur les résultats d'observations épidémiologiques qui établissaient un lien entre la consommation élevée de lipides et la hausse du taux de cholestérol et du risque de cardiopathie, on a conseillé à la population de prendre moins de lipides totaux et saturés. Les grains sont alors venus combler le déficit calorique qui en a résulté. L'argument voulant que les grains complets étaient meilleurs que les produits raffinés a alimenté la transition. Le message « moins de gras, plus de grains » s'est également avéré extrêmement rentable pour Big Food (l'industrie alimentaire), qui en a profité pour créer une foule de produits dont les matières premières ne coûtaient que quelques sous. La farine de blé, la fécule de maïs, le sirop de maïs à haute teneur en fructose et les colorants alimentaires constituent désormais les principaux ingrédients des produits qui occupent les rayons intérieurs des supermarchés modernes (les aliments entiers comme les légumes, les viandes et les produits laitiers se trouvant généralement en périphérie). Les revenus de Big Food ont crû considérablement. À elle seule, la compagnie Kraft génère annuellement 48,1 milliards de dollars, ce qui correspond, depuis la fin des années 1980, à une hausse de 1800 %. Une partie substantielle de ces revenus provient de la vente d'amuse-gueule composés de blé et de maïs.

Le blé rend le consommateur dépendant. En cela, il ne diffère guère du tabac, dont les propriétés addictives ont permis de soutenir un marché fort lucratif. Du point de vue d'un vendeur de produits alimentaires, c'est le produit transformé idéal : plus on en mange, plus on en veut. La situation de l'industrie alimentaire s'est améliorée davantage encore quand le gouvernement américain a encouragé la population à consommer plus de « bons grains complets ».

POIGNÉES D'AMOUR :
LES PROPRIÉTÉS UNIQUES DE LA GRAISSE VISCÉRALE

Le blé déclenche un cycle de satiété et de faim induit par l'insuline, qui s'accompagne des hauts de l'euphorie et des bas du sevrage, de distorsions de la fonction neurologique et d'une dépendance ; toutes ces réactions mènent à l'accumulation de graisse.

Les valeurs extrêmes des taux de glycémie et d'insuline sont responsables de son accumulation dans les viscères, soit dans le foie, les reins, le pancréas et les intestins, de même que dans l'abdomen, où elle se manifeste sous forme de bedaine de blé. (Même le cœur est touché mais les côtes semi-rigides ne permettent pas de l'observer.)

Par conséquent, la brioche qui ceinture votre taille ne constitue que la partie visible de la graisse qui s'est accumulée dans votre abdomen et enrobe vos viscères. Cette dernière résulte d'une exposition répétée et cyclique à des taux élevés de glycémie et d'insuline. Sous l'action de cette hormone, elle se forme et se dépose peu à peu, non pas sur les bras, les fesses ou les cuisses, mais dans les viscères, qui finissent par grossir exagérément et donner naissance à un abdomen protubérant et flasque. (Les scientifiques ne s'expliquent toujours pas pourquoi les perturbations du métabolisme du glucose et de l'insuline en provoquent l'accumulation dans l'abdomen plutôt que, par exemple, sur l'épaule gauche ou la tête.)

D'un point de vue métabolique, la graisse qui se dépose sur les fesses et les cuisses, et qui peut également résulter d'une consommation excessive de blé, est plutôt passive. On s'assoit dessus, on la comprime pour rentrer dans son jean, on se plaint de la cellulite qu'elle génère, mais c'est tout. Elle représente simplement la différence entre l'apport et la dépense de calories.

Il en va autrement de la graisse viscérale. Si vos «poignées d'amour» offrent une bonne prise à votre partenaire, dans la pratique, elles présentent un côté nettement plus sombre puisqu'elles déclenchent une foule de phénomènes inflammatoires. Cette graisse est en quelque sorte une usine métabolique fonctionnant sans discontinuer. Elle envoie des signaux inflammatoires et produit des cytokines anormales, ou des molécules qui agissent comme messagers hormonaux entre les cellules, par exemple la leptine, la résistine et le facteur onconécrosant[4,5]. Plus il y en a, plus le nombre de signaux anormaux libérés dans le sang est élevé.

Toute graisse corporelle produit de l'adiponectine, cytokine qui protège contre la cardiopathie, le diabète et l'hypertension artérielle. Cependant, pour des raisons qu'on s'explique encore mal, quand le taux de graisse viscérale s'élève, cet effet s'estompe[6]. La baisse du taux d'adiponectine, conjuguée à l'élévation des taux de leptine, du facteur onconécrosant et d'autres sous-produits inflammatoires, sous-tend les réponses insuliniques anormales, le diabète, l'hypertension et la cardiopathie[7]. La liste des autres affections déclenchées par la présence de cette graisse s'allonge sans cesse et comprend désormais la démence, la polyarthrite rhumatoïde et le cancer du côlon[8]. Voilà pourquoi le tour de taille s'avère un important prédicteur de toutes ces maladies, de même que de la mortalité[9].

De surcroît, la graisse viscérale est elle-même enflammée, comme en témoigne la quantité de globules blancs (macrophages) qu'elle héberge[10].

Les molécules endocriniennes et inflammatoires qu'elle élabore se dé-versent, par la circulation porte, directement dans le foie, qui réagit en pro-duisant à son tour des signaux inflammatoires et des protéines anormales.

Bref, la graisse de la bedaine de blé est particulière. Il ne s'agit pas d'un simple entrepôt passif de calories en trop mais, au vu de ses effets, d'une glande endocrine au même titre que la thyroïde et le pancréas, quoique beaucoup plus volumineuse et très active. (En passant, ma grand-mère n'avait pas tort quand, il y a 40 ans, elle disait d'une personne faisant de l'embonpoint qu'elle avait un « problème de glandes ».) Cependant, contrai-rement aux autres glandes endocrines, elle ne respecte pas les règles du jeu : elle fait cavalier seul et va à l'encontre de la santé de l'organisme. Par consé-quent, en plus d'être disgracieuse, la bedaine de blé est terriblement nocive.

INSULINE ET BEDAINE DE BLÉ

Mais pourquoi le blé exerce-t-il un effet beaucoup plus marqué sur le poids que les autres aliments ?

L'apparition de la bedaine de blé est en grande partie causée par une élévation anormale du taux de glycémie et de la hausse consécutive du taux d'insuline. (Le pancréas libère cette hormone quand le taux de glycémie est élevé. Plus il l'est, plus il faut d'insuline pour évacuer le glucose des cellules, notamment de celles des muscles et du foie.) Quand le pancréas n'arrive plus à produire assez d'insuline pour contrer cette hyperglycémie, le dia-bète apparaît. Cependant, ces hausses ne sont pas l'apanage des seuls diabétiques. Étant donné la rapidité avec laquelle les produits à base de blé sont convertis en sucre, chacun peut en faire l'expérience.

L'élévation du taux d'insuline entraîne une accumulation de graisse vis-cérale ; c'est là que l'organisme entrepose son surplus de calories. En consé-quence des nombreux signaux inflammatoires qu'elle envoie, les tissus, tels ceux des muscles et du foie, réagissent moins à l'insuline – on parle alors d'insulinorésistance –, ce qui oblige le pancréas à en produire plus. Un cercle vicieux s'installe : augmentation de l'insulinorésistance, hausse de la production d'insuline, accumulation de graisse viscérale, augmentation de l'insulinorésistance, etc.

Il y a 30 ans, les nutritionnistes ont montré que le blé élevait le taux de glycémie plus que le sucre de table. On le sait, ils ont recours à l'indice gly-cémique (IG) pour mesurer la hausse de ce taux durant les 90 à 120 minutes qui suivent la consommation d'un aliment donné. Selon cette échelle, l'IG du pain de blé complet est de 72 et celui du sucre de table, de 59 (bien que dans certains laboratoires, on ait obtenu un IG de 65). Comparativement, l'IG du haricot rouge est de 51 et celui du pamplemousse, de 25, tandis que celui des aliments non glucidiques tels que le saumon ou la noix est pratiquement nul. En fait, en dehors des fruits séchés tels que la datte et la figue, seuls les amidons pulvérisés – fécules de maïs et de pomme de terre, amidon de riz et tapioca – présentent un IG plus élevé que celui des produits de blé. (Soulignons qu'on se sert généralement de ces glucides dans la fabrication des produits exempts de gluten. Nous y reviendrons.)

Comme le blé, plus précisément l'amylopectine A, élève le taux de glycémie pratiquement plus que tout autre aliment – y compris les confiseries en barre, le sucre de table et la crème glacée –, il s'ensuit qu'il déclenche également une plus grande libération d'insuline. Plus on en ingère, plus les taux de glycémie et d'insuline sont élevés, plus on accumule de graisse viscérale et plus la bedaine de blé prend de l'expansion.

Ajoutez à cela l'inévitable hypoglycémie qui résulte de l'hyperinsulinémie et vous comprendrez pourquoi la faim insatiable en est la conséquence, l'organisme tentant de se protéger des risques qui y sont associés. On cherche à avaler quelque chose dans le but de faire monter son taux de glycémie, et le cycle se répète toutes les deux heures.

De plus, si on prend en compte la réponse du cerveau aux effets euphoriques des exorphines du blé (et les symptômes de sevrage possibles quand on est privé de sa « dose »), on ne s'étonne pas que la bedaine de blé continue de prendre de l'expansion.

LE RAYON DE LA LINGERIE POUR HOMMES EST AU SECOND

Non seulement la bedaine de blé est-elle inesthétique, mais elle a des conséquences néfastes sur la santé. En plus de produire des hormones inflammatoires comme la leptine, la graisse viscérale est, chez l'homme comme chez la femme, une véritable usine à œstrogène, hormone responsable de l'apparition des caractères sexuels féminins à la puberté, notamment l'élargissement des hanches et le développement des seins.

Jusqu'à la ménopause, la femme présente un taux élevé d'œstrogène. Or, la graisse viscérale contribue à le hausser davantage, ce qui accroît le risque de cancer du sein, cette hormone stimulant, à taux élevés, la formation du tissu mammaire[11]. En fait, la présence de graisse viscérale pourrait multiplier ce risque par quatre. À la post-ménopause, il est deux fois plus élevé chez les femmes à l'abdomen protubérant que chez celles qui sont minces[12]. Malgré ce lien apparent, aucun chercheur ne s'est penché sur les effets potentiels d'un régime sans blé sur l'incidence de ce cancer. Pourtant, il y a tout lieu de croire qu'elle diminuerait de manière substantielle.

Les hommes, qui ne sécrètent qu'une minuscule quantité d'œstrogène, sont particulièrement sensibles à tout ce qui pourrait en élever le taux. Plus leur ventre est gros, plus leur graisse viscérale en produit. Comme cette hormone stimule la formation du tissu mammaire, à taux élevés, elle favorise l'apparition de gros seins ou, en termes médicaux, d'une gynécomastie[13]. De plus, la graisse viscérale a pour effet de multiplier par sept la production de prolactine[14], hormone qui stimule la lactation et favorise aussi la formation du tissu mammaire.

Bref, les gros seins masculins ne sont pas qu'embarrassants: ils témoignent d'une hausse anormale des taux d'œstrogène et de prolactine qu'il faut imputer à l'usine à hormones et à produits inflammatoires que les hommes qui en sont affligés trimballent autour de leur taille.

On assiste présentement à la croissance d'une industrie qui cible précisément les hommes embarrassés par leurs gros seins. Les interventions chirurgicales destinées à en réduire le volume se multiplient, de même que d'autres solutions, notamment les vestes de compression et les programmes d'exercice spécifiques, sans compter les soutiens-gorge conçus spécifiquement pour eux. Taux d'œstrogène élevé, cancer du sein, hyperplasie mammaire, tout cela résulte de ce sachet de bagels qu'on partage au bureau.

MALADIE CŒLIAQUE:
UN LABORATOIRE D'ÉTUDE SUR LA PERTE DE POIDS

Comme je l'ai indiqué auparavant, la maladie cœliaque est la seule affection qu'on ait associée avec certitude à la consommation de blé. On conseille à ceux qui en souffrent de bannir ce grain de leur alimentation, à défaut de quoi toutes sortes de complications peuvent en résulter. Que peut donc nous apprendre cette maladie sur les effets de la suppression du blé? En fait, en matière de perte de poids, il y a d'importantes leçons à tirer des études cliniques menées auprès de sujets qui en souffrent.

En plus d'être mal connue des médecins, la maladie cœliaque peut se présenter sous des formes inhabituelles (par exemple, présence de fatigue ou de migraines et absence de symptômes intestinaux). En conséquence de quoi il s'écoule en moyenne 11 ans entre l'apparition des premiers symptômes et le diagnostic[15,16]. À ce moment-là, certains patients se trouvent dans un état de malnutrition grave, du fait d'une mauvaise absorption des nutriments. C'est particulièrement le cas chez les enfants, qui sont souvent maigres et accusent un retard de développement[17].

Au moment où ils apprennent enfin la cause de leur maladie, certains patients sont littéralement émaciés. Dans une étude menée par l'université Columbia auprès de 369 sujets qui en souffraient, 64 d'entre eux (soit 17,3 %) présentaient un IMC de 18,5 ou moins[18]. (Pour une femme de 1,64 m, cela correspond à un poids de 48 kg et pour un homme de 1,80 m, à un poids de 60 kg.) À la longue, la malabsorption et le déficit calorique, que les nombreuses diarrhées aggravent, contribuent à amaigrir les patients, qui doivent lutter sans cesse pour maintenir leur poids.

La suppression du gluten du blé a pour conséquence d'éliminer l'agent qui détruit leur paroi intestinale. Une fois cette dernière régénérée, l'absorption des vitamines, minéraux et calories s'améliore et, en conséquence, les sujets prennent du poids. Ces études ont donc permis d'observer, à la suite de la suppression du blé, un gain de poids chez les sujets d'une maigreur excessive et souffrant de malnutrition.

Pour cette raison, on a longtemps cru que la maladie cœliaque ne touchait que les enfants et les adultes émaciés. Cependant, au cours des 30 ou 40 dernières années, le nombre de sujets en surpoids ou obèses en souffrant s'est accru. Ainsi, la compilation récente de données portant sur une dizaine d'années indique que 39 % des patients nouvellement diagnostiqués sont en surpoids (IMC de 25 à 29,9) et 13 %, obèses (IMC de 30 ou plus)[19], ce qui, au total, correspond à plus de la moitié des nouveaux cas.

Chez ces patients, la suppression du blé entraîne une perte de poids appréciable. Les résultats d'une étude menée par la clinique Mayo et l'université de l'Iowa auprès de 215 sujets atteints de cette maladie indiquent que les sujets obèses ont perdu en moyenne 12,5 kg au bout de six mois[20]. Dans l'étude de l'université Columbia citée ci-dessus, la suppression du blé a permis de diminuer de moitié la fréquence de l'obésité au bout d'un an: plus de 50 % des participants dont l'IMC de départ se situait entre 25 et 29,9 ont perdu en moyenne 12 kilos[21]. Selon le Dr Peter Green, principal gastroentérologue de l'étude et professeur de médecine clinique : «On ne peut savoir avec certitude si la perte de poids observée chez les patients ayant supprimé le blé est due à un apport calorique plus faible ou à un autre facteur alimentaire.» Pourtant, compte tenu de tous les faits avancés jusqu'à présent, n'est-il pas évident qu'elle est due à l'élimination du blé?

On a observé des résultats semblables chez les enfants qui cessent de consommer du blé: leurs muscles se développent et leur croissance reprend. En outre, leur masse adipeuse est moins importante que celle des autres enfants[22]. (Compte tenu du fait que les enfants sont en pleine croissance, il est difficile de suivre de près les changements dans leur poids.) Dans une autre étude, on a démontré que l'IMC de 50 % des enfants obèses qui souffraient de cette maladie se rapprochait de la normale quand on supprimait le gluten de leur alimentation[23].

L'étonnant dans tout cela c'est que, hormis la suppression du gluten, l'alimentation des patients reste la même. Ils ne suivent aucun régime spécial, ne comptent pas leurs calories, ne limitent pas leurs portions, ne font pas d'exercice ni quoi que ce soit d'autre qui pourrait favoriser la perte de poids. On ne leur impose aucune autre restriction quant à leur apport en gras et en glucides. Autrement dit, certains remplacent le blé par des produits sans gluten – pain, gâteaux, biscuits, etc. – réputés pour faire grossir, parfois de manière considérable. (Nous verrons plus loin qu'il est préférable d'éviter ces produits quand on cherche à perdre du poids.) En fait, dans les programmes sans gluten, on encourage souvent les patients à les consommer. Malgré tout, les sujets en surpoids voient leur poids chuter sensiblement quand ils suppriment le gluten du blé.

Bien qu'ils soupçonnent d'«autres facteurs», les chercheurs à la tête de ces études n'émettent jamais l'hypothèse que la perte de poids puisse être due à l'élimination d'un aliment qui fait grossir, c'est-à-dire le blé.

Fait à souligner, bien qu'aucun autre aliment ne leur soit interdit, les sujets qui suppriment le gluten ont un apport calorique beaucoup plus faible que ceux qui continuent d'en consommer. Dans une étude, on a établi qu'il était inférieur de 14 %[24]. Les résultats d'une autre étude indiquent que les patients qui respectaient scrupuleusement leur régime sans gluten ingéraient quotidiennement 418 calories en moins que les autres[25]. Pour une personne dont l'apport est de 2500 calories, cela représente une baisse de 16,7 %. On peut imaginer sans mal les répercussions d'une telle baisse sur le poids.

Les chercheurs de la première étude ont qualifié de «déséquilibré» le régime que suivaient les patients ayant, somme toute, guéri grâce à lui, ce qui est tout à fait symptomatique des préjugés qu'entretient le monde de la nutrition. Leur argument: les pâtes, le pain et la pizza étaient remplacés par de «mauvais aliments naturels» (ce sont exactement leurs termes) tels que la viande, les œufs et le fromage. En fait, bien malgré eux, ils ont prouvé qu'une alimentation exempte de blé et faisant une large part aux «vrais» aliments avait pour effet de diminuer l'appétit. De la même manière, dans une synthèse exhaustive des études portant sur la maladie cœliaque publiée récemment par deux éminents experts en la matière, il n'est fait nulle part mention du fait que la suppression du blé permet de perdre du poids[26]. Et pourtant, les données de la synthèse le confirment. Les chercheurs qui ont mené ces études sont également portés à attribuer la perte de poids observée chez les patients qui adoptent une alimentation sans gluten au manque de variété plutôt qu'à l'élimination de cet ingrédient. (Comme nous le verrons plus loin, le régime sans gluten autorise, au contraire, une très grande variété alimentaire.)

Que cet effet soit dû à l'absence d'exorphines, à des changements dans le cycle insuline-glucose qui déclenche la faim, ou à d'autres facteurs, il reste que la suppression du blé entraîne une diminution de l'apport calorique total de l'ordre de 350 à 400 calories, et ce, sans aucune autre restriction (calories, gras, glucides, portions) ni recommandation particulière (assiette de petite taille, mastication prolongée, hausse de la fréquence des repas, etc.).

Rien ne porte à croire que la perte de poids qu'on observe consécutivement à la suppression du blé soit particulière aux sujets atteints de maladie cœliaque. C'est vrai chez ceux qui sont sensibles au gluten comme chez ceux qui ne le sont pas. Comme j'ai pu l'observer chez des milliers de patients n'en souffrant pas, cette mesure s'accompagne invariablement d'une perte de poids aussi rapide et importante que celle qu'on a observée chez les patients cœliaques obèses.

PERDRE SA BEDAINE DE BLÉ

Quatre kilos et demi en dix jours. Je sais, cela ressemble à un autre de ces publireportages télévisés vantant les mérites du dernier truc miracle pour perdre du poids. Mais je l'ai observé une multitude de fois: supprimez le blé sous sa myriade de formes et vous perdrez facilement un demi-kilo par jour. Il n'y a aucune combine publicitaire derrière ce conseil; personne ne vous proposera un service de repas sur mesure, des substituts de repas liquides ou un régime «nettoyant».

Évidemment, à ce rythme, la perte de poids ne peut se prolonger indéfiniment, mais au début, elle est à ce point remarquable qu'elle s'apparente à celle qui résulte d'un jeûne complet. Fascinant, non? Comment la suppression du blé peut-elle entraîner une perte de poids aussi rapide que la privation de nourriture? À mon avis, ce résultat tient en partie au fait qu'on met ainsi un frein au cycle taux de glycémie élevé-taux d'insuline élevé-accumulation de graisse et, en partie, à la baisse de l'apport calorique qui en résulte. Quoi qu'il en soit, je l'ai observé d'innombrables fois dans ma pratique.

Dans les régimes à faible teneur en glucides, on exclut généralement le blé. Or, les résultats d'études cliniques ne cessent de prouver l'efficacité de ces derniers en matière de perte de poids[27,28]. En fait, à mon avis, leur succès tient en grande partie à l'élimination du blé. Comme ce grain est omniprésent dans l'alimentation de la majorité des adultes, il va de soi que, en le supprimant, on écarte la principale source du problème. (J'ai d'ailleurs été témoin de situations où ces régimes échouaient du fait que la seule source de glucides autorisée était le blé.) Bien sûr, on doit également prendre en compte le sucre et les autres glucides. Si vous éliminez le blé mais prenez des sodas sucrés, des confiseries en barre ou des «chips» de maïs tous les jours, vous annulerez les effets positifs de cette mesure. Cependant, la plupart des adultes le moindrement sensés savent que, pour perdre du poids, ils doivent bannir ces produits. C'est la suppression du blé qui semble contraire à l'intuition.

Et pourtant, c'est une stratégie remarquable pour perdre du poids et éliminer la graisse viscérale. J'ai observé ce phénomène des milliers de fois. Supprimez le blé et, en un an, vous perdrez rapidement et facilement 25 ou 30 kilos, voire 45 ou plus, selon votre poids initial. À titre d'exemple, mes 30 derniers patients ont perdu en moyenne 12,1 kg en 5 à 6 mois.

La suppression du blé a cet effet remarquable que le rapport qu'on entretient avec la nourriture change radicalement: on mange désormais dans le but de répondre à ses besoins physiologiques et non plus parce qu'un drôle d'ingrédient stimule artificiellement l'appétit et pousse littéralement à se gaver. Vous découvrirez que vous avez beaucoup moins faim le midi, que le comptoir des pains et pâtisseries ne présente plus guère d'intérêt et que vous n'avez aucun mal à refuser les beignets que vos collègues auront commandés pour le goûter. Vous serez enfin libéré de ce besoin incontrôlable de manger encore et toujours plus.

47 kilos envolés… plus que 9 à perdre

Lors de ma première rencontre avec Geno, il avait le teint gris et paraissait fatigué et distrait, signes qui m'étaient familiers. L'homme de 1,80 m pesait 146 kg et arborait un abdomen protubérant. Préoccupé par les résultats anormaux d'un scintigramme du cœur – qui indiquaient la présence de plaque athéroscléreuse coronarienne et un risque potentiel de crise cardiaque –, il me consultait pour connaître mon opinion sur un programme de prévention des maladies coronariennes.

Comme il fallait s'y attendre, il présentait, entre autres mesures métaboliques, des taux anormalement élevés de glucose sanguin – il était clairement diabétique – et de triglycérides, ainsi qu'un taux excessivement bas de cholestérol HDL ; tout cela contribuait à l'accumulation de plaque coronarienne et à son risque de crise cardiaque.

J'ai finalement réussi à briser son apparente indifférence, en partie, je pense, grâce à la participation de celle qui cuisinait pour lui et faisait les courses, c'est-à-dire son épouse. Il s'est d'abord montré perplexe quand je lui ai suggéré de supprimer tous les grains complets, y compris ses pâtes adorées, et de les remplacer par des noix, des huiles, des œufs, du fromage et de la viande, aliments qu'il croyait devoir éviter à tout prix.

Quand je l'ai revu six mois plus tard, c'était un homme transformé : éveillé, attentif et souriant. Sa vie, m'a-t-il confié, avait complètement changé. Non seulement avait-il perdu 29 kg et vu son tour de taille fondre de 35 cm, mais il avait retrouvé l'énergie de ses 20 ans ; il avait repris plaisir à la compagnie de ses amis et aux voyages avec son épouse, marchait, faisait du vélo, dormait mieux et abordait l'existence avec un optimisme renouvelé.

Ses analyses sanguines confirmaient ces résultats : son taux de glycémie était revenu à la normale, sont taux de cholestérol HDL avait doublé, et son taux de triglycérides avait chuté de plusieurs centaines de milligrammes, frisant la perfection. Six mois plus tard, il avait perdu 18 kg de plus et en faisait désormais 99. En un an, il avait donc perdu 47 kg. «Je vise les 90 kg, soit mon poids au moment de mon mariage», m'a-t-il confié, ajoutant avec un sourire : «Plus que neuf à perdre.»

Quoi de plus sensé? En supprimant l'aliment qui provoque une hausse excessive des taux de glycémie et d'insuline, on met un frein au cycle de faim-satiété momentanée, on élimine la source des exorphines qui créent une dépendance et on comble son appétit tout en mangeant moins. On perd alors ses kilos superflus et on retrouve un poids physiologique adéquat. Enfin, on se débarrasse de cette brioche qui ceinture l'abdomen: adieu, bedaine de blé!

OUI À L'ALIMENTATION SANS GLUTEN, NON AUX PRODUITS SANS GLUTEN

À première vue, ce conseil peut paraître étrange. Principale protéine du blé, le gluten est responsable de certains, voire de tous les effets adverses associés à sa consommation. Il est à l'origine des lésions inflammatoires du tractus intestinal chez ceux qui souffrent de maladie cœliaque; ces derniers doivent donc s'abstenir à tout prix d'en consommer, de même que d'orge, de seigle, d'épeautre, de triticale, de kamut et, possiblement, d'avoine. Ils se tournent donc naturellement vers les produits sans gluten du commerce, qui sont légion. Pains, gâteaux, pâtes, desserts, etc., ont été créés spécifiquement dans le but de répondre à leurs besoins.

Cependant, de nombreux produits sans gluten sont composés de fécule de maïs et de pomme de terre, d'amidon de riz ou de tapioca (amidon tiré de la racine du manioc). Or, bien qu'ils ne provoquent pas les effets immunitaires ou neurologiques du gluten de blé, ils déclenchent tout de même la réponse glycémique et insulinique qui mène au gain de poids. En fait, ils font partie des rares aliments à élever le taux de glycémie plus que ne le fait le blé.

Il ne s'agit donc pas de produits anodins. D'ailleurs, il faut probablement leur imputer les difficultés que certains patients souffrant de maladie cœliaque éprouvent à perdre du poids. À mon avis, ils n'ont aucune place dans l'alimentation, sauf comme gâterie occasionnelle, étant donné qu'ils exercent, en définitive, les mêmes effets métaboliques qu'un bol de bonbons.

Supprimer le blé ne consiste donc pas simplement à supprimer le gluten, mais aussi l'amylopectine A, ce glucide complexe qui fait grimper le taux de glycémie plus que ne le font le sucre de table ou les confiseries. Il s'ensuit également qu'on ne devrait pas remplacer cette dernière par d'autres glucides rapides qui déclenchent la sécrétion d'insuline et favorisent l'accumulation de graisse viscérale, c'est-à-dire les fécules de maïs et de pomme de terre, l'amidon du riz et le tapioca. Si vous avez décidé d'éviter le gluten, bannissez aussi les produits sans gluten.

Je traiterai un peu plus loin des tenants et aboutissants de la suppression du blé, y compris des aliments sains qui peuvent le remplacer et des symptômes de sevrage. Mon point de vue est celui d'un homme de terrain qui a vu des milliers de personnes mener à bien cette entreprise.

Mais avant d'entrer dans les détails, revenons à la maladie cœliaque. Même si vous ne souffrez pas de cette affection dévastatrice, il est important d'en connaître les causes et le traitement afin de mieux comprendre le rôle que joue le blé dans l'alimentation humaine. En dehors de la perte de poids, cette maladie peut apprendre à ceux d'entre nous qui n'en sont pas atteints un certain nombre de choses en matière de santé. Alors, posez ce Cinnabon et discutons maladie cœliaque.

Chapitre 6

BONJOUR, INTESTINS. C'EST MOI, LE BLÉ. LE BLÉ ET LA MALADIE CŒLIAQUE

Sans se méfier, vos pauvres intestins travaillent chaque jour à faire passer les restes partiellement digérés de votre dernier repas dans les quelque six mètres qui composent le grêle et les 120 centimètres qui forment le côlon, produisant au bout du compte cette matière qui constitue l'un des principaux sujets de conversation des personnes à la retraite. Ils ne font jamais de pause et ne demandent jamais de hausse de salaire ni de prestations pour soins médicaux. Œufs à la diable, poulet rôti, salade d'épinards sont tous transformés en ces déchets semi-solides colorés par la bilirubine et que, dans notre société moderne, on envoie au tout-à-l'égout sans se poser de question. Mais voilà qu'arrive un envahisseur ayant le pouvoir de perturber complètement cet heureux équilibre: le gluten de blé.

Durant des millions d'années, l'*Homo sapiens* et ses prédécesseurs se sont contentés des produits de la chasse et de la cueillette sauvage, le blé n'étant apparu dans l'alimentation qu'il y a 10 000 ans. Cette période relativement brève – qui correspond à 300 générations – a été insuffisante pour que l'organisme s'adapte à cette nouvelle plante. La preuve la plus spectaculaire en est la maladie cœliaque, qui résulte d'une perturbation grave de la santé de l'intestin grêle par le gluten de blé. On connaît d'autres cas d'inadaptation à des aliments, par exemple l'intolérance au lactose, mais la maladie cœliaque s'en distingue par la gravité de la réponse et la très grande variété des réactions qu'elle présente.

Même si vous n'en souffrez pas, je vous conseille vivement de poursuivre votre lecture. Bien que *Pourquoi le blé nuit à votre santé* ne porte pas sur cette maladie, on ne peut parler des effets du blé sur la santé sans le mentionner car elle constitue le prototype de l'intolérance à ce grain. En outre, son incidence croît: en 50 ans, elle a quadruplé. À mon avis, ce fait reflète les changements que le blé a connus durant cette période. Son absence chez un sujet de 25 ans ne signifie pas qu'elle n'apparaîtra pas à 45 ans, sans compter que, en dehors de ses effets perturbateurs sur la fonction intestinale, elle se manifeste sous une foule de nouvelles formes. Autrement dit, même si vous jouissez d'une excellente santé intestinale, rien n'indique que vos autres organes ne sont pas touchés.

En l'an 100, Arétée, médecin grec de l'Antiquité, décrivait dans un langage fleuri les diarrhées qui accompagnent la maladie cœliaque. Comme traitement, il conseillait le jeûne. Par la suite, de nombreuses théories ont été avancées pour expliquer la cause des diarrhées, des crampes et de la malnutrition qui la caractérisent, ce qui a donné lieu à des traitements inefficaces, tels que l'huile de ricin, l'administration fréquente de lavements ou la nécessité de griller son pain. Certains ont connu un certain succès, notamment le régime exclusivement composé de moules proposé par le Dr Samuel Gee dans les années 1880 et celui du Dr Sidney Haas, qui conseillait de consommer huit bananes par jour[1].

Le pédiatre hollandais Willem-Karel Dicke a été le premier, en 1953, à établir un lien entre la maladie cœliaque et la consommation de blé. La mère d'un enfant qui en souffrait avait découvert que ses démangeaisons se calmaient quand elle ne lui donnait pas de pain, ce qui a éveillé les soupçons du médecin. À la fin de la Seconde Guerre mondiale, il avait observé que les symptômes des enfants s'atténuaient durant les pénuries alimentaires, alors que le pain se faisait rare, pour s'aggraver de nouveau après que la Suède ait déversé par avion des milliers de pains sur la Hollande. Il a ensuite mesuré méticuleusement la croissance des enfants et la teneur en graisse de leurs selles pour en arriver à la conclusion que le gluten du blé, de l'orge et du seigle était à l'origine de leurs symptômes. La suppression du gluten a entraîné des guérisons spectaculaires et s'est avérée un traitement nettement plus efficace que le régime à base de bananes ou de moules[2].

Bien qu'elle ne soit pas la manifestation la plus fréquente de l'intolérance au blé, cette maladie illustre de manière remarquable les effets que peut produire ce grain sur un intestin humain mal préparé à le recevoir.

MALADIE CŒLIAQUE : ATTENTION, MIETTE DE PAIN DEVANT !

On s'étonne qu'une affection débilitante et potentiellement fatale puisse être déclenchée par une chose aussi menue et apparemment anodine qu'une miette ou un croûton de pain. Environ 1 % de la population ne peut tolérer le gluten de blé, même en très faibles quantités. Que ces gens en ingèrent, et la paroi de leur intestin grêle se dégrade, causant crampes, diarrhée et selles jaunes chargées de graisses non digérées flottant dans la cuvette. À défaut de prendre les mesures appropriées, le sujet n'absorbe plus les nutriments, perd du poids et souffre de carences nutritionnelles, notamment en protéines, acides gras, vitamines B12, D, E et K, folate, fer et zinc[3].

Comme elle est dégradée, la paroi intestinale laisse passer dans le sang divers composants du blé, ce qui permet d'ailleurs de diagnostiquer la maladie. C'est le cas des anticorps de la gliadine, un composé du gluten. De plus, cette dégradation entraîne la formation d'anticorps contre deux des composants protéinés des muscles de la paroi intestinale, soit la transglutaminase et l'endomysium. Les tests d'anticorps antitransglutaminase et antiendomysium permettent donc de confirmer le diagnostic. Enfin, en cas de maladie cœliaque, les sous-produits des bactéries intestinales, par ailleurs utiles, sont acheminés vers le sang, déclenchant toute une série de réponses inflammatoires et immunitaires anormales[4].

Jusqu'à tout récemment, on croyait que la maladie cœliaque ne touchait qu'une personne sur quelques milliers. Avec l'évolution des méthodes de diagnostic, ce ratio est passé à 1 sur 133. La probabilité d'en souffrir est de 4,5 % pour les proches immédiats et de 17,5 %, pour ceux qui présentent des symptômes intestinaux[5].

De plus, comme nous le verrons plus loin, l'incidence de la maladie s'est accrue. Pourtant, cela reste un secret bien gardé. Selon les statistiques, deux millions d'Américains en souffrent mais seulement 10 % d'entre eux le savent. Si 1 800 000 Américains ignorent leur état, c'est en partie parce qu'il s'agit d'une «grande imitatrice» (expression jadis réservée à la syphilis), c'est-à-dire qu'elle se présente sous de nombreuses formes. Ainsi, crampes, diarrhée et perte de poids touchent 50 % des malades, tandis que l'autre moitié présente des symptômes aussi divers que les suivants : anémie, migraines, arthrite, symptômes neurologiques, infertilité, petite taille (chez les enfants), dépression, fatigue chronique et autres troubles qui, à première vue, n'ont rien à voir avec cette maladie[6]. D'autres ne présentent aucun symptôme dans l'immédiat mais découvrent, plus tard, qu'ils souffrent de troubles neurologiques, d'incontinence, de démence ou du cancer gastro-intestinal.

Ses manifestations changent également. Jusqu'au milieu des années 1980, on la diagnostiquait généralement avant l'âge de deux ans chez les enfants accusant un retard staturo-pondéral (perte de poids, retard de la croissance) et souffrant de diarrhée et de distension abdominale. Aujourd'hui, le diagnostic ne tombe habituellement pas avant l'âge de huit ans, et les enfants qui en souffrent présentent des symptômes d'anémie ou de douleur abdominale chronique, ou encore sont asymptomatiques[7,8,9]. Dans une étude clinique de grande envergure menée à l'hôpital pour enfants Stollery d'Edmonton (Alberta), on a déterminé que le nombre de cas diagnostiqués s'était multiplié par 11 entre 1998 et 2007[10]. Fait à signaler, 53 % des enfants ayant été diagnostiqués grâce aux tests d'anticorps ne présentaient aucun symptôme mais disaient se sentir mieux à la suite de la suppression du gluten.

On a observé des changements semblables chez les adultes : ils sont moins nombreux à se plaindre des symptômes classiques de diarrhée et de douleur abdominale, tandis qu'on compte un nombre plus élevé de cas d'anémie et de démangeaisons cutanées telles que la dermatite herpétiforme ou les allergies, ou de sujets asymptomatiques[11].

Les chercheurs ne s'entendent pas sur les causes de ces changements ou de la hausse de l'incidence de la maladie. Croyez-le ou non, la théorie la plus populaire à l'heure actuelle veut qu'ils soient dus au nombre croissant de mères qui allaitent ! (Oui, il y a vraiment de quoi rigoler !)

On peut certainement les attribuer à un dépistage précoce de la maladie, les tests d'anticorps étant désormais largement disponibles. Mais il semble aussi que la maladie se soit transformée fondamentalement. Se pourrait-il que les modifications qu'on a fait subir au blé soient en cause ? N'en déplaise au professeur Norman Borlaug, qui pourrait bien se retourner dans sa tombe, certaines données indiquent en effet que la nature de ce grain a changé au cours des 50 dernières années.

Une étude fascinante menée par la clinique Mayo donne un excellent aperçu de l'incidence de cette maladie chez les Américains d'il y a 50 ans. Les chercheurs se sont procuré des échantillons de sang congelés qui avaient été prélevés à cette époque sur plus de 9000 recrues masculines de la Warren Air Force Base (WAFB) du Wyoming dans le cadre d'une étude portant sur une infection au streptocoque. Après vérification de leur bon état de conservation, ils ont analysé leur teneur en marqueurs cœliaques (anticorps antitransglutaminase et anti-endomysium) et ont comparé les résultats à ceux d'échantillons prélevés chez deux groupes témoins à compter de 2006. Le premier était composé de 5500 hommes nés à la même époque que les recrues militaires (âge moyen de 70 ans) et le second, de 7200 hommes ayant leur âge (âge moyen de 37 ans) au moment de l'étude initiale[12].

L'analyse a révélé que 0,2 % des recrues de la WAFB portaient les anti-corps marqueurs, contre 0,8 % pour les hommes du groupe d'âge similaire et 0,9 % pour les plus jeunes. Autrement dit, l'incidence de la maladie a quadruplé depuis 1948 tant chez les hommes âgés que chez les plus jeunes. (Elle est probablement plus élevée chez les femmes, qui y sont plus su-jettes, mais pour les fins de l'étude, on s'en est tenu aux hommes étant donné que les recrues militaires de l'étude initiale étaient toutes mascu-lines.) On a aussi découvert que les recrues qui présentaient des mar-queurs positifs couraient quatre fois plus de risques de mourir, habituellement de cancer, au cours des 50 années suivant l'étude.

J'ai demandé au professeur Joseph Murray, chercheur à la tête de l'étude, s'il s'attendait à observer une hausse de l'incidence de la maladie cœliaque. «Non, m'a-t-il répondu. Je supposais qu'elle avait toujours été présente mais que nous étions incapables de l'observer. Bien que ce soit en partie vrai, les données indiquent qu'elle est véritablement en hausse. On sait aussi désormais qu'elle peut apparaître chez les personnes âgées, ce qui confirme le fait qu'elle peut frapper à tout âge et non seulement chez les nourrissons. »

En Finlande, on a mené une étude semblable dans le cadre d'un projet d'envergure visant à suivre les changements de l'état de santé de la popu-lation au fil du temps. Entre 1978 et 1980, on a prélevé des échantillons sanguins chez quelque 7200 hommes et femmes âgés de plus de 30 ans dans le but de voir s'ils présentaient les marqueurs de la maladie cœliaque. Vingt ans plus tard, soit en 2000-2001, on a fait la même chose chez 6700 hommes et femmes du même âge. Or, les taux d'anticorps anti-transglutaminase et anti-endomysium des sujets des deux groupes étaient respectivement de 1,05 et de 1,99 %. C'est dire qu'ils ont presque doublé durant cette période[13].

Nommez ces anticorps

On dispose aujourd'hui de trois groupes de tests d'anticorps largement accessibles qui permettent de diagnostiquer la maladie cœliaque ou au moins de soupçonner fortement une réponse immunitaire au gluten.

Anticorps antigliadines : pour dépister la maladie cœliaque, on a très souvent recours à l'anticorps IgA à vie courte et aux anticorps antigliadines IgG à vie plus longue. Bien que largement accessibles, ces tests sont plutôt imprécis puisque 20 à 50 % des malades cœliaques échappent au dépistage[14].

Anticorps antitransglutaminase : les lésions que cause le gluten à la paroi intestinale mettent au jour des protéines musculaires qui déclenchent la formation d'anticorps. La transglutaminase est l'une d'elles. L'anticorps qui l'antagonise est mesurable dans le sang et permet donc d'évaluer la réponse auto-immune. Comparativement à la biopsie intestinale, ce test permet de dépister 86 à 89 % des cas de maladie cœliaque[15,16].

Anticorps anti-endomysium : comme le précédent, le test d'anticorps anti-endomysium permet d'identifier une autre protéine du tissu intestinal qui déclenche la formation d'anticorps. Mis en place au milieu des années 1990, c'est le plus précis de tous, puisqu'il permet de dépister plus de 90 % des cas de maladie cœliaque[17,18].

Si vous avez déjà renoncé au blé, sachez que ces tests s'avéreront négatifs au bout de quelques mois, en tout cas certainement après six mois. Ils n'ont donc de sens que chez les personnes qui consomment du blé ou qui viennent de le supprimer de leur alimentation. Heureusement, il en existe d'autres.

HLA-DQ2, HLA-DQ8 : il ne s'agit pas d'anticorps mais de marqueurs génétiques des antigènes des leucocytes humains (ou HLA) dont la présence indique un risque accru de souffrir de la maladie cœliaque. Plus de 90 % des sujets diagnostiqués au moyen d'une biopsie intestinale sont porteurs de l'un ou de l'autre de ces deux marqueurs, généralement le DQ2[19].

Voici un joli dilemme : 40 % des gens sont porteurs d'un marqueur HLA ou d'un marqueur d'anticorps les prédisposant à la maladie cœliaque, sans pour autant en présenter les symptômes ni tout autre signe indiquant que leur système immunitaire va de travers. Cependant, on a démontré que l'état de santé de ces sujets s'améliorait quand ils supprimaient le blé[20], ce qui signifie qu'une proportion substantielle de la population pourrait être sensible au gluten.

Challenge rectal : ce test consiste à déposer du gluten sur la muqueuse rectale afin de vérifier s'il y a une réponse inflammatoire. Bien qu'assez précis, sa durée – quatre heures – et les défis qu'il présente en limitent l'utilité[21].

Biopsie de l'intestin grêle : la biopsie du jéjunum, partie supérieure de l'intestin grêle, au moyen d'un endoscope constitue l'étalon-or permettant de mesurer l'efficacité de tous les autres tests. Elle a l'avantage d'être très précise mais nécessite cependant une endoscopie et des biopsies. Dans le but de confirmer le diagnostic, la plupart des gastroentérologues la recommandent quand le sujet présente des symptômes tels que crampes et diarrhée chroniques, et que ses tests d'anticorps indiquent qu'il souffre de maladie cœliaque. Cependant, des experts pensent (et je suis de leur avis) que, compte tenu de la fiabilité des tests d'anticorps, dont le test d'anti-endomysium, elle pourrait être moins utile, voire inutile.

La majorité des experts estiment qu'il vaut mieux faire passer d'abord un test d'anticorps anti-endomysium ou antitransglutaminase, et, s'il est positif, de procéder alors à une biopsie intestinale. Dans les cas rares où les symptômes donnent à penser qu'on est en présence de maladie cœliaque mais que les tests d'anticorps sont négatifs, on devrait envisager la biopsie.

La sagesse populaire veut que si les résultats d'un ou de plus d'un test d'anticorps sont anormaux mais que la biopsie intestinale s'avère négative, il n'y a pas lieu de supprimer le gluten. Je pense que c'est entièrement faux, dans la mesure où nombre de sujets sensibles ou en latence finiront par souffrir de maladie cœliaque ou d'affections apparentées, par exemple de troubles neurologiques ou de polyarthrite rhumatoïde.

En revanche, si vous avez l'intention de supprimer le blé de même que les autres sources de gluten, comme le seigle et l'orge, alors les tests pourraient s'avérer inutiles. Ils ne sont nécessaires qu'en présence de symptômes graves ou de signes potentiels d'intolérance au blé qu'il serait utile de documenter dans le but d'écarter les autres causes possibles. Le fait de savoir qu'on est porteur des marqueurs de la maladie pourrait également renforcer la détermination à s'abstenir entièrement de gluten.

Nous avons donc la preuve que la hausse apparente de l'incidence de la maladie cœliaque (ou, du moins, des marqueurs immunitaires au gluten) ne tient pas seulement à l'accès à de meilleurs tests : elle a quadruplé au cours des 50 dernières années et doublé depuis 20 ans. De plus, elle s'est accompagnée d'une hausse semblable de l'incidence du diabète de type 1, des maladies auto-immunes telles que la sclérose en plaques et la maladie de Crohn, ainsi que des allergies[22].

De nouvelles preuves indiquent que l'exposition accrue au gluten du blé moderne pourrait expliquer en partie cette hausse. Dans une étude menée aux Pays-Bas, des chercheurs ont comparé 36 variétés modernes à 50 autres que l'on cultivait il y a 100 ans et plus. En étudiant les structures protéiniques du gluten qui déclenchent la maladie cœliaque, ils ont découvert qu'elles s'exprimaient plus dans le blé moderne, alors que celles qui sont sans effet s'exprimaient moins[23].

Bref, cette maladie que l'on diagnostiquait habituellement en raison d'une perte de poids, de diarrhée et de douleurs abdominales, touche aujourd'hui autant les sujets en surcharge pondérale et constipés que ceux qui sont minces et ne présentent pas de problèmes intestinaux. Et nous courons plus de risques d'en souffrir que nos grands-parents.

Si, en matière de vin ou d'hypothèque, une période de 25 ans, voire de 50, paraît longue, c'est tout le contraire en ce qui concerne les changements génétiques chez les humains. La période correspondant à l'intervalle entre les deux études qui ont permis de démontrer une hausse des taux d'anticorps cœliaques, soit de 1948 à 1978, coïncide avec celle où le blé a connu les transformations menant à la création des variétés naines que l'on cultive désormais un peu partout dans le monde.

ZONULINE : LA PORTE D'ENTRÉE DU BLÉ DANS LA CIRCULATION SANGUINE

La gliadine, protéine du gluten de blé présente dans tous les produits à base de ce grain – du pain blanc caoutchouteux au multigrain biologique de texture grossière –, possède cette propriété unique de rendre l'intestin perméable. Hôte d'une multitude d'occupants étranges, cet organe n'était pas conçu pour être complètement perméable. L'extraordinaire transformation d'un sandwich au jambon ou d'une pizza au pepperoni en composants de l'organisme – à l'exclusion des déchets éliminés – a véritablement de quoi fasciner. Cependant, ce processus exige une régulation stricte, de sorte que seuls certains éléments des boissons et aliments ingérés soient autorisés à passer dans le sang.

Quand des composés indésirables arrivent à se frayer un passage, il en résulte forcément des conséquences. Parmi celles-ci, l'auto-immunité, c'est-à-dire une réponse immunitaire aberrante qui pousse l'organisme à s'en prendre à ses propres organes, par exemple à la glande thyroïde ou au tissu des articulations. Des affections auto-immunes telles que le goitre lympho-mateux de Hashimoto et la polyarthrite rhumatoïde peuvent en résulter.

Il est donc essentiel de réguler la perméabilité intestinale, ce dont se chargent les cellules qui tapissent la fragile paroi des intestins. Les résultats d'études récentes indiquent que la gliadine du blé déclenche la libération dans l'intestin de zonuline, protéine qui assure normalement cette fonction de régulation[24]. La zonuline a ceci de particulier qu'elle relâche les jonctions serrées qui jouent le rôle de barrière entre les cellules intestinales. Quand son taux est trop élevé, ces jonctions sont perturbées et des protéines indé-sirables, telles que la gliadine et d'autres fractions de la protéine de blé, passent dans le milieu sanguin. Les lymphocytes immunitaires, notam-ment les cellules T, déclenchent alors un processus inflammatoire contre diverses protéines du «soi», entraînant ainsi l'apparition d'affections in-duites par le gluten et la gliadine, dont la maladie cœliaque, la thyroïdite, les affections articulaires et l'asthme. La gliadine est donc en quelque sorte un instrument capable de crocheter la serrure de toutes les portes, livrant ainsi passage aux intrus.

En dehors de la gliadine, peu de composés possèdent ce triste talent d'ouvrir toutes les portes et de perturber les intestins. En fait, elle partage cette propriété avec les agents infectieux qui causent le choléra et la dysen-terie, et déclenchent eux aussi la formation de zonuline[25]. La différence, bien sûr, c'est qu'on contracte ces maladies en ingérant de l'eau ou des ali-ments contaminés par les excréments, tandis qu'on contracte les affections provoquées par le blé en consommant des bretzels présentés dans un joli emballage ou un petit gâteau du diable.

PEUT-ÊTRE REGRETTEREZ-VOUS DE NE PAS AVOIR LA DIARRHÉE
Quand on connaît les effets à long terme de la maladie cœliaque, on en vient parfois à se dire que, au final, la diarrhée constitue un moindre mal.

On l'a toujours associée à la diarrhée ; en l'absence de cette dernière, on n'en souffrait pas, point à la ligne. Mais c'est faux. Cette maladie se manifeste de bien d'autres manières et ne se limite pas nécessairement au tractus intestinal.

L'éventail des affections qui y sont associées est stupéfiant : cela va du diabète de type 1 à la démence, en passant par la sclérodermie. Comme on comprend très mal ces associations, on ne sait pas si la suppression préventive du gluten chez ceux dont on pense qu'ils pourraient y être sensibles permettrait, par exemple, de diminuer ou d'écarter le risque de diabète de type 1, une perspective particulièrement attrayante. Les anticorps qui servent de marqueurs pour la maladie cœliaque sont également présents chez ceux qui souffrent de ces affections. En outre, ces dernières sont déclenchées par les réactions immunitaires et inflammatoires associées à une prédisposition génétique (présence des marqueurs HLA-DQ2 et HLA-DQ8) et à l'exposition au gluten du blé.

Chose particulièrement troublante, dans les affections associées à la maladie cœliaque, il peut ne pas y avoir de symptômes intestinaux. En d'autres mots, le malade pourrait souffrir de troubles neurologiques, par exemple d'une perte d'équilibre et de démence, sans que les crampes, la diarrhée et la perte de poids caractéristiques de la maladie ne se manifestent. Or, en l'absence de ces symptômes, elle est rarement diagnostiquée.

Plutôt que de maladie cœliaque dénuée de symptômes intestinaux, il serait plus juste de parler d'intolérance au gluten médiée par le système immunitaire. Mais comme ces affections ont d'abord été identifiées parce qu'elles présentent les mêmes marqueurs HLA et immunitaires, la convention veut qu'on parle de maladie cœliaque « latente » ou sans symptômes intestinaux. À mon avis, quand le monde médical comprendra que l'intolérance au gluten médiée par le système immunitaire va bien au-delà de la maladie cœliaque, elles porteront ce nom et cette dernière en constituera une sous-catégorie.

Voici quelques-unes des affections associées à la maladie cœliaque, c'est-à-dire à l'intolérance au gluten médiée par le système immunitaire.

• Dermatite herpétiforme : c'est l'une des manifestations les plus courantes. Elle consiste en plaques qui se forment généralement sur les coudes, les genoux ou le dos, et s'accompagnent de démangeaisons. Elle disparaît dès qu'on supprime le blé[26].

Maladie cœliaque ou pas?
Une histoire vraie

Laissez-moi vous raconter l'histoire de Wendy. Pendant plus de dix ans, elle a combattu en vain la rectocolite ulcéreuse. Âgée de 36 ans, cette enseignante et mère de trois enfants souffrait constamment de crampes, diarrhée et saignements qui nécessitaient, à l'occasion, des transfusions sanguines. Elle a subi plusieurs coloscopies et devait prendre trois médicaments d'ordonnance pour soulager ses symptômes, y compris de la méthotrexate, médicament hautement toxique employé également pour soigner le cancer et pour les avortements médicaux.

Elle m'a consulté en raison de palpitations cardiaques légères qui n'avaient rien à voir avec son problème et qui, il s'est avéré, ne demandaient pas de traitement spécifique. Cependant, elle m'a confié que comme la rectocolite ne répondait pas aux médicaments, son gastroentérologue lui conseillait l'ablation du côlon et une iléostomie. Cette intervention consiste à aboucher l'intestin grêle (iléon) à la paroi abdominale dans le but de former un anus artificiel auquel est fixé un sac qui recueille les selles en continu.

Je l'ai pressée de commencer par supprimer le blé. «Je ne sais pas si ça donnera des résultats, lui ai-je dit, mais puisque vous risquez l'ablation du côlon et l'iléostomie, vous devriez tenter le coup.» «Mais pourquoi donc? m'a-t-elle demandé. J'ai passé les tests de dépistage de la maladie cœliaque et mon médecin m'a dit que je n'en souffrais pas.»

«Je sais, mais qu'avez-vous à perdre à essayer durant quatre semaines? À ce moment-là, vous saurez si vous réagissez ou pas.»

Bien que sceptique, elle a accepté de se soumettre à l'expérience. Elle est revenue me voir à mon bureau trois mois plus tard, sans le moindre sac d'iléostomie en vue. «Que s'est-il passé?» lui ai-je demandé.

«D'abord, j'ai perdu 17 kilos, m'a-t-elle dit en se passant la main sur l'abdomen pour illustrer son propos. Et ma rectocolite ulcéreuse est pratiquement guérie. Ni crampes ni diarrhée. Je ne prends plus que de l'Asacol (dérivé de l'aspirine souvent employé dans le traitement de cette maladie). Je me sens extraordinairement bien.»

Durant l'année qui a suivi, elle a soigneusement évité le blé et le gluten. Elle a ensuite renoncé à l'Asacol, sans voir ses symptômes réapparaître. Elle était complètement guérie: ni diarrhée, ni saignements, ni crampes, ni anémie, ni médicaments, ni ablation du côlon, ni iléostomie.

Si les tests d'anticorps étaient négatifs en dépit de la colite et que, malgré tout, le retrait du gluten de blé l'a complètement guérie, comment devrait-on appeler sa maladie? Maladie cœliaque sans anticorps? Intolérance au blé sans anticorps?

Il est très risqué de qualifier de maladie cœliaque une affection comme celle de Wendy. Elle a failli y laisser son côlon et souffrir toute sa vie de problèmes de santé associés à son ablation, sans compter la gêne et les désagréments occasionnés par le port d'un sac d'iléostomie.

Il n'existe pas encore de nom pour ce genre d'affections, malgré son extraordinaire réponse au retrait du gluten du blé. La maladie de Wendy illustre on ne peut mieux les nombreux inconnus de l'univers des sensibilités au blé, dont plusieurs sont aussi dévastatrices que le traitement s'avère simple.

- Maladies du foie: les maladies du foie associées à ce phénomène se présentent sous diverses formes, des anomalies légères apparaissant lors des tests à l'hépatite chronique active en passant par la cirrhose biliaire primitive et le cancer des voies biliaires[27]. Comme pour les autres formes d'intolérance au gluten médiée par le système immunitaire, les symptômes intestinaux sont souvent absents, même si le foie fait partie de l'appareil digestif.
- Maladies auto-immunes: les malades cœliaques souffrent plus souvent que les autres de ces affections qui résultent d'une attaque par le système immunitaire de divers organes. Polyarthrite rhumatoïde, thyroïdite d'Hashimoto, affections du tissu conjonctif telles que lupus et asthme, maladies inflammatoires intestinales telles que rectocolite hémorragique et maladie de Crohn, et autres troubles inflammatoires et immunitaires en font partie. Suite au retrait du gluten, on a observé une amélioration, voire parfois une rémission complète, de la polyarthrite rhumatoïde, forme d'arthrite douloureuse et déformante habituellement traitée aux anti-inflammatoires[28]. Soulignons que l'incidence de l'affection abdominale inflammatoire auto-immune, de la rectocolite hémorragique et de la maladie de Crohn est 68 fois plus élevée chez ceux qui souffrent de maladie cœliaque que chez les autres[29].
- Diabète insulinodépendant: les enfants qui souffrent du diabète de type 1 sont généralement susceptibles de porter les marqueurs anticorps de la maladie cœliaque, et leur risque d'en souffrir est multiplié par 20[30].

On ne sait pas si le gluten de blé cause le diabète mais des chercheurs ont émis l'hypothèse qu'il le déclenchait chez un sous-groupe de sujets atteints du diabète de type 1[31].

- Troubles neurologiques : plus loin, nous étudierons en détail les affections neurologiques associées au gluten. Fait à signaler, les marqueurs cœliaques sont présents chez 50 % de ceux qui sont sujets aux pertes d'équilibre et à l'ataxie (trouble de la coordination) inexpliquées, ou chez ceux qui éprouvent une perte de sensibilité et du contrôle musculaire dans les jambes (neuropathie périphérique)[32]. Il existe même une affection terrifiante, l'entéropathie sensible au gluten, qui se caractérise par des troubles cérébraux accompagnés de maux de tête, ataxie et démence, et qui peut être fatale ; les anomalies de la substance blanche du cerveau sont visibles par IRM[33].
- Carences nutritionnelles : l'anémie par carence en fer touche 69 % des malades cœliaques. De plus, on observe fréquemment des carences en vitamine B12, acide folique, zinc et vitamines A, D, E et K liposolubles[34].

On a associé la maladie cœliaque ou l'intolérance au gluten médiée par le système immunitaire à des centaines d'autres affections, quoiqu'à un moindre degré. On a documenté des réactions au gluten pour chacun des organes du corps, sans exception : œil, cerveau, sinus, poumon, os, etc. Quel qu'il soit, on y a retrouvé des anticorps au gluten.

Bref, l'étendue des effets résultant de la consommation de gluten est ahurissante. Ils peuvent toucher n'importe quel organe, quel que soit l'âge, et se manifester sous une multitude de formes. Ne voir la maladie cœliaque que comme un problème de diarrhée, comme le font bien des médecins, relève d'une simplification excessive qui peut avoir des conséquences potentiellement fatales.

BLÉ ET SAUT À L'ÉLASTIQUE

Tout comme l'escalade de glace, la planche tout-terrain et le saut à l'élastique, la consommation de blé relève du sport extrême. C'est la seule denrée alimentaire de base qui soit associée à un taux de mortalité à long terme.

Certains aliments, comme les crustacés, les mollusques et l'arachide, provoquent chez certains des réactions allergiques graves (par exemple, urticaire et choc anaphylactique) qui, dans de rares cas, peuvent s'avérer fatales pour les personnes sensibles. Mais le blé est le seul aliment de base dont la consommation est associée à un taux de mortalité mesurable. Ainsi, dans une vaste analyse portant sur une période de 8,8 ans, on a déterminé que ce taux était de 29,1 % plus élevé chez ceux qui souffraient de maladie cœliaque ou présentaient les marqueurs d'anticorps au gluten, par rapport à la population en général[35]. Le taux le plus élevé a été observé chez les sujets de 20 ans et moins, suivis de ceux du groupe des 20 à 39 ans. En outre, ce taux s'est accru dans tous les groupes d'âge depuis 2000; celui des sujets porteurs d'anticorps au gluten de blé mais ne souffrant pas de maladie cœliaque a plus que doublé depuis.

La consommation de poivron vert, de citrouille, de bleuets ou de fromage n'entraîne pas une mortalité à long terme. Seule celle du blé le fait, y compris chez ceux qui ne présentent pas les symptômes de la maladie cœliaque.

Malgré tout, c'est l'aliment que le USDA nous encourage à consommer. Personnellement, je ne pense pas que ce serait excessif de la part de la FDA (qui réglemente désormais le tabac) d'exiger que les produits à base de blé comportent un avertissement comme celui-ci: « MISE EN GARDE DU SERVICE FÉDÉRAL DE LA SANTÉ PUBLIQUE: La consommation de blé sous toutes ses formes présente des risques potentiellement graves pour la santé humaine. »

En juin 2010, la FDA a adopté une réglementation exigeant que les fabricants de tabac retirent des emballages des cigarettes les qualificatifs trompeurs tels que « légères » ou « douces » étant donné que ces produits sont tout aussi nocifs que les autres. Ne serait-il pas intéressant de voir une réglementation semblable rappelant que le blé reste du blé, qu'il soit complet, sous forme de multigrain ou riche en fibres?

Nos amis d'outre-mer ont publié une analyse extraordinaire portant sur huit millions de résidents du Royaume-Uni dont 4700 étaient atteints de maladie cœliaque. On a assorti à chacun des malades cinq sujets témoins, puis on a suivi tous les participants durant trois ans et demi afin de dépister, le cas échéant, les cas de cancers. Or, on a observé que les malades cœliaques couraient 30 % plus de risques que les autres de souffrir d'un cancer; un sur 33 en a effectivement développé un durant cette période d'observation relativement courte. Dans la plupart des cas, il s'agissait de tumeurs gastro-intestinales malignes[36].

L'observation de plus de 12 000 Suédois atteints de maladie cœliaque a révélé une hausse semblable du risque de cancer gastro-intestinal. Étant donné l'importance du nombre de participants, on a pu constater les nombreuses formes sous lesquelles il se manifeste, dont le lymphome malin de l'intestin grêle et les cancers de la gorge, de l'œsophage, du gros intestin, de l'appareil hépatobiliaire (foie et voies biliaires) et du pancréas[37]. Sur une période de 30 ans, les chercheurs ont estimé que le taux de mortalité des sujets atteints avait doublé comparativement à ceux qui ne souffraient pas de maladie cœliaque[38].

On se rappellera que, en cas de maladie cœliaque latente, le sujet est porteur d'au moins un anticorps positif sans que l'endoscopie et la biopsie ne révèlent pour autant une inflammation intestinale – ce que je qualifie d'intolérance au gluten médiée par le système immunitaire. L'observation, durant environ 8 ans, de 29 000 sujets atteints de maladie cœliaque a montré que le risque de souffrir d'affections fatales telles que cancer, cardiopathie et maladies respiratoires augmentait de 30 à 49 % chez ceux qui présentaient la forme latente[39]. Peut-être est-elle latente, mais elle existe bel et bien.

En l'absence de diagnostic, la maladie cœliaque et l'intolérance au gluten médiée par le système immunitaire peuvent dégénérer en lymphome non hodgkinien de l'intestin grêle, affection difficile à traiter et souvent fatale. Les malades cœliaques courent 40 fois plus le risque d'en souffrir que les autres, mais ce risque régresse cinq ans après qu'on a supprimé le gluten. Ceux qui ne le bannissent pas risquent jusqu'à 70 fois plus d'en souffrir et 22 fois plus de contracter un cancer de la bouche, de la gorge ou de l'œsophage[40].

Voilà qui donne à réfléchir : le blé cause la maladie cœliaque ou l'intolérance au gluten médiée par le système immunitaire, problèmes qui sont largement sous-diagnostiqués, seulement 10 % de ceux qui en sont atteints le sachant. Autrement dit, 90 % l'ignorent. Le cancer en est une conséquence relativement fréquente. Bref, le blé cause le cancer, bien souvent chez ceux qui n'ont aucune raison de s'en méfier.

Au moins, quand on saute d'un pont et se retrouve suspendu au bout d'un câble élastique de 60 mètres, on sait qu'on fait l'imbécile. Mais qui croirait que, par comparaison à la consommation de « bons grains complets », le saut à l'élastique s'apparente plutôt à la marelle ?

N'AVALEZ PAS D'HOSTIES SI VOUS PORTEZ DU ROUGE À LÈVRES

Les malades cœliaques qui connaissent les conséquences pénibles et potentiellement graves de la consommation de gluten ont un mal fou à éviter les produits de blé tellement ces derniers sont omniprésents dans les aliments transformés, les médicaments d'ordonnance et même les cosmétiques. Le blé est devenu la règle plutôt que l'exception.

Songez à ce qu'on consomme normalement au petit-déjeuner : crêpes, gaufres, pain doré, céréales, muffins anglais, bagels, pain grillé, etc. Essayez seulement de trouver pour le goûter des amuse-gueule qui ne soient pas des bretzels, craquelins ou biscuits. Si vous prenez un nouveau médicament, la petite quantité de blé qu'il renferme pourrait provoquer de la diarrhée et des crampes. Même chose pour la gomme à mâcher qui, pour éviter qu'elle n'adhère au palais, est enrobée de farine. Votre pâte dentifrice pourrait contenir de la farine, votre rouge à lèvres, de la protéine de blé hydrolysée : il suffit parfois de se lécher les lèvres pour déclencher une irritation de la gorge ou des douleurs abdominales. Et si vous êtes catholique pratiquant, l'hostie pourrait vous rendre malade.

Chez certains, la quantité infime de gluten que renferment quelques miettes de pain ou de crème pour les mains qui s'est déposée sous les ongles suffit à déclencher de la diarrhée et des crampes. Le défaut de prendre toutes les mesures nécessaires pour éviter le blé peut entraîner à long terme des conséquences désastreuses, comme le lymphome de l'intestin grêle.

Dans ces circonstances, les malades cœliaques sont souvent perçus comme de véritables casse-pieds, que ce soit au restaurant, au supermarché ou à la pharmacie. Bien souvent, les vendeurs payés au salaire minimum ou les pharmaciens débordés sont incapables de leur dire lesquels des produits offerts renferment, ou pas, du gluten. La serveuse de 19 ans qui vous sert votre aubergine panée ne sait probablement pas ce que signifie « sans gluten », ou bien elle s'en fiche. Vos amis, vos voisins et les membres de votre famille vous perçoivent comme un fanatique.

À la grande consternation de ces malades, le nombre de produits à base de blé s'est accru au cours des dernières années, ce qui témoigne d'une ignorance de la gravité et de la fréquence de la maladie, ainsi que de la popularité croissante des « bons grains complets ».

Heureusement, de nombreux organismes ont pour rôle de leur venir en aide, parmi lesquels l'Association canadienne de la maladie cœliaque (www.celiac.ca), la Fondation québécoise de la maladie cœliaque (www.fqmc.org), l'Association Française des Intolérants au Gluten (www.afdiag.fr), la Société belge de la cœliaquie (www.sbc-asbl.be), l'Association romande de la cœliakie (www.coeliakie.ch), etc. Il faut toutefois se méfier de ceux qui tirent leurs revenus de la promotion des produits sans gluten, lesquels pourraient présenter des risques dans la mesure où ils se comportent comme des «glucides vides». Mais, en règle générale, ce genre d'organisme est utile et fournit aux malades des listes d'aliments exempts de gluten, de groupes de soutien régionaux, etc.

MALADIE CŒLIAQUE « ALLÉGÉE »

Bien que la maladie cœliaque comme telle ne touche que 1 % de la population, il existe deux affections intestinales beaucoup plus répandues qui peuvent être considérées comme des formes moins graves et que je qualifie de «maladies cœliaques allégées», soit le syndrome du côlon ou de l'intestin irritable (SCI ou SII) et le reflux gastro-œsophagien (pathologique, quand l'inflammation de l'œsophage est avérée).

Malgré sa fréquence, le SCI reste mal compris. Il s'accompagne de crampes, de douleurs abdominales et de diarrhée, ou de selles molles alternant avec de la constipation. Selon la définition qu'on en donne, il touche 5 à 20 % de la population[41]. Voyez-le comme un état de confusion intestinale résultant d'un programme mal conçu qui complique l'existence. Il donne généralement lieu à des endoscopies et coloscopies à répétition. Comme aucune pathologie n'est visible, on en nie souvent l'existence ou on le traite aux antidépresseurs.

Dans le cas du reflux gastro-œsophagien, le contenu acide de l'estomac remonte dans l'œsophage en raison d'une «incompétence» du sphincter inférieur de l'œsophage, sorte de valve circulaire qui est censée le confiner dans l'estomac. Comme l'œsophage n'est pas protégé contre l'acidité, le reflux agit sur sa paroi de la même manière qu'un acide attaquerait la peinture d'une voiture: il la dissout. Il se manifeste généralement par des brûlures qui s'accompagnent d'un goût amer dans le fond de la bouche.

Chacune de ces deux affections se présente sous deux formes, soit avec ou sans marqueurs positifs de la maladie cœliaque. Les sujets atteints de SCI sont susceptibles, dans 4 % des cas, d'avoir un ou plus d'un marqueurs positifs[42] tandis que, chez ceux qui souffrent de reflux, ce taux est de 10 %[43].

À l'inverse, 55 % des malades cœliaques ont des symptômes apparentés à ceux du SCI, tandis que 7 à 19 % d'entre eux font du reflux gastro-œsophagien[44,45,46]. Fait à souligner, chez 75 % des malades cœliaques, la suppression du blé permet de soulager le reflux, alors que les sujets non cœliaques qui ne le bannissent pas font presque toujours une rechute à l'issue d'un traitement médicamenteux[47]. Se pourrait-il que le blé soit en cause ?

Supprimez-le, et le reflux ainsi que les symptômes du SCI s'atténuent. Malheureusement, cet effet n'a pas été quantifié, bien que des chercheurs se soient penchés sur l'importance du rôle que jouait le gluten chez les sujets souffrant de l'une de ces deux affections, mais non de maladie cœliaque[48]. J'ai été personnellement témoin de centaines de cas où la suppression du blé entraînait un soulagement complet ou partiel de leurs symptômes, qu'il y ait présence ou non de marqueurs cœliaques anormaux.

ET SI LA MALADIE CŒLIAQUE ÉTAIT LIBÉRATRICE ?

Cette maladie est incurable. Même à l'issue de nombreuses années sans gluten, ses symptômes ou ceux des autres formes d'intolérance au gluten médiée par le système immunitaire réapparaissent en cas de réexposition.

Comme le risque d'en souffrir est, du moins en partie, déterminé par les gènes, l'alimentation saine, l'exercice, la perte de poids, les suppléments alimentaires, les médicaments, les lavements quotidiens, les pierres curatives ou les excuses à votre belle-mère ne la feront pas disparaître. Elle persistera tant que vous resterez un être humain et ne serez pas en mesure d'échanger certains de vos gènes contre ceux d'un autre organisme. Bref, vous en souffrirez à vie.

Toute exposition au gluten, même occasionnelle, aura des répercussions chez le sujet qui en souffre ou qui est sensible au gluten, même en l'absence de symptômes immédiats tels que la diarrhée.

Mais tout n'est pas perdu. On peut apprécier les plaisirs de la table malgré l'absence de blé, voire grâce à elle. Qu'on souffre ou non de cette maladie, la suppression du blé et du gluten a pour conséquence qu'on apprécie mieux la nourriture. On mange dans le but de se sustenter tout en sachant apprécier la saveur et la consistance des aliments. On n'est plus sous l'effet des pulsions incontrôlables et furtives que déclenche ce grain.

Bref, ne voyez pas la maladie cœliaque comme un fardeau mais comme une libération.

CHAPITRE 7

UNE NATION DE DIABÉTIQUES :
LE BLÉ ET L'INSULINORÉSISTANCE

Je l'ai frappé au visage, battu et traité de tous les noms. Maintenant, regardons droit dans les yeux cette chose qu'on appelle le diabète.

LE PRÉSIDENT DU CLUB DES OS À SOUPE

Durant mon enfance à Lake Hiawatha, au New Jersey, ma mère avait l'habitude de montrer du doigt tel ou tel autre en le qualifiant de « président du club des os à soupe ». Elle décernait ce titre à ceux qui, dans notre petite ville de 5000 âmes, faisaient les importants. Ainsi, elle l'a décerné un jour au mari d'une de ses amies qui expliquait à qui voulait l'entendre comment il réglerait tous les problèmes du pays si seulement il était élu président, alors qu'il était au chômage, qu'il lui manquait deux dents de devant et qu'il avait été appréhendé à deux reprises au cours des dernières années pour conduite en état d'ébriété.

De la même manière, le blé se retrouve à la tête d'un groupe peu enviable, le pire glucide de la bande et celui qui est le plus susceptible de mener droit au diabète. Bref, le président du club des os à soupe des glucides. Malgré son état d'ivresse, son haleine fétide, ses vêtements sales et ses ongles crasseux, il est élevé au rang de glucide complexe « riche en fibres » et de « bon grain complet » par toutes les organisations qui dispensent des conseils diététiques.

Étant donné sa propension à faire grimper le taux de glycémie, à déclencher les hauts et les bas du cycle glucose-insuline qui commandent l'appétit, à produire des exorphines qui créent une dépendance et à favoriser l'accumulation de graisse viscérale, c'est le principal aliment à supprimer si on veut réellement prévenir, soulager ou faire régresser le diabète. Si vous bannissez la noix, la noix de pécan, l'épinard, le concombre, le bœuf ou le porc, votre risque de souffrir du diabète restera le même. Mais supprimez le blé et vous assisterez à un formidable effet d'entraînement : votre taux de glycémie se stabilisera, vous échapperez aux effets addictifs des exorphines ainsi qu'à la faim insatiable déclenchée par le cycle glucose-insuline. En l'absence de ce cycle, peu de choses risquent de stimuler votre appétit en dehors du besoin physiologique naturel de vous sustenter et duquel les excès sont exclus. Quand l'appétit diminue, l'apport calorique baisse, la graisse viscérale fond, l'insulinorésistance s'atténue et le taux de glycémie chute. En conséquence, le diabète et le prédiabète régressent, et tous les phénomènes associés à un mauvais métabolisme du glucose s'estompent, y compris l'hypertension artérielle, les manifestations inflammatoires et la glycation. Enfin, les taux de petites particules de LDL et de triglycérides diminuent.

Bref, supprimez le blé et vous ferez régresser une foule de phénomènes qui, autrement, mèneraient droit au diabète et à toutes ses conséquences sur la santé, à l'obligation de prendre trois, quatre, voire sept médicaments, et à voir votre vie amputée de plusieurs années.

Songez à l'importance des coûts personnels et sociaux du diabète. En moyenne, il faut compter 180 000 à 250 000 $ en frais de soins médicaux directs et indirects quand la maladie est diagnostiquée à l'âge de 50 ans[1], et le sujet meurt 8 ans avant les autres[2]. En d'autres termes, vous consacrez à cette maladie un quart de million de dollars et la moitié du temps que dure la croissance de vos enfants. Tout cela en grande partie à cause d'une alimentation inadéquate, plus précisément d'aliments indésirables. Le président de ce club des os à soupe, c'est, bien sûr, le blé.

Les données cliniques permettant de documenter les répercussions de la suppression du blé sur l'incidence du diabète sont quelque peu obscurcies par le fait que, dans les études, il est généralement regroupé avec les autres glucides. Cependant, chez les personnes soucieuses de leur santé qui suivent le conseil de consommer moins de matières grasses et plus de «bons grains complets», les produits du blé comptent pour environ 75 % des calories apportées par les glucides. Autrement dit, elles fraient suffisamment avec le club des os à soupe pour prendre le chemin du diabète, avec les coûts médicaux, les complications et l'espérance de vie réduite qui en résultent. En revanche, faites tomber la tête du président et le club se dispersera.

DES URINES AU GOÛT DE MIEL

Le blé et le diabète sont intimement liés. À bien des égards, leur histoire se confond : là où il y a du blé, il y a du diabète, et vice versa. Ils entretiennent une relation aussi étroite que McDonald's et le burger. Jadis l'apanage des riches oisifs, cette maladie touche désormais toutes les couches de la société et est devenue celle de Monsieur Tout-le-monde.

Au Néolithique, époque où les Natoufiens commençaient à récolter l'engrain sauvage, le diabète était pratiquement inconnu. Chose certaine, il n'existait pas au Paléolithique, durant ces millions d'années qui ont précédé les ambitions agricoles des Natoufiens. Les rapports archéologiques et l'observation des sociétés de chasseurs-cueilleurs modernes indiquent que, avant l'introduction des grains dans leur alimentation, les êtres humains n'en souffraient pas ni ne mouraient de ses complications[3,4].

En revanche, les études archéologiques nous apprennent que, à la suite de leur introduction, on a assisté à une hausse des infections et de la mortalité infantile, à une baisse de l'espérance de vie et à l'apparition de maladies osseuses comme l'ostéoporose, de même que du diabète[5].

Ainsi, le papyrus Ebers, découvert dans la nécropole de Thèbes et qui date de 1534 avant notre ère, soit de l'époque où les Égyptiens ont intégré le blé ancien dans leur alimentation, décrit clairement l'excès d'excrétion d'urine caractérisant cette maladie. Sushruta, médecin indien du Ve siècle avant notre ère, avait donné au diabète de type 2 le nom de *madhumeta*, ou « urine semblable au miel », du fait de la saveur sucrée de cette dernière (eh oui, goûter l'urine faisait partie des méthodes de diagnostic) et parce qu'elle attirait les fourmis et les mouches. En outre, il attribuait avant l'heure le diabète à l'obésité et à l'inactivité, et son traitement comprenait de l'exercice.

C'est le médecin grec Arétée qui a donné à cette étrange affection le nom de *diabetes*, dont le sens est « traverser ». De nombreux siècles plus tard, le Dr Thomas Willis, un autre médecin qui n'hésitait pas à goûter l'urine afin de porter son diagnostic, lui a ajouté l'épithète de *mellitus*, c'est-à-dire « doux comme le miel ». Bref, de l'eau douce comme le miel qui traverse le corps. Je parie que vous ne verrez jamais plus votre tante diabétique du même œil.

À compter des années 1920, le traitement de cette maladie s'est nettement amélioré grâce à l'insuline, qui s'est avérée vitale pour les enfants souffrant du diabète de type 1. Chez eux, les cellules bêta du pancréas sont endommagées et ne peuvent sécréter cette hormone. S'ils ne sont pas traités, leur taux de glycémie grimpe dangereusement, agissant comme un diurétique. Comme le glucose ne peut passer dans les cellules en conséquence du déficit d'insuline, leur métabolisme s'en trouve perturbé. À défaut de leur en administrer, l'acidocétose apparaît, maladie qui mène au coma et à la mort. Sa découverte par le médecin canadien Sir Frederick Banting a valu à celui-ci, en 1923, le prix Nobel de médecine. Dès lors, on en a administré systématiquement aux enfants et adultes diabétiques.

Bien que la découverte de l'insuline ait permis de sauver la vie à de nombreux enfants, elle a contribué à retarder de plusieurs décennies notre compréhension du diabète, la distinction entre le type 1 et le type 2 restant floue. D'où l'étonnement quand, dans les années 1950, on a découvert que ce n'était qu'à un stade avancé que les adultes souffrant du type 2 manquaient d'insuline. De fait, la plupart d'entre eux en sécrètent beaucoup plus qu'il n'en faut (plusieurs fois plus que la normale). Il faudra attendre les années 1980 pour qu'on mette en avant le concept d'insulinorésistance, qui permettait d'expliquer le taux d'insuline anormalement élevé chez ces malades[6].

Malheureusement, ce concept a échappé au monde médical quand, au cours de la même décennie, le conseil de consommer moins de lipides a entraîné une surconsommation de glucides. On préférait entretenir la croyance que les « bons grains complets » sauveraient les Américains dont on pensait que la santé était menacée par la surabondance de corps gras. Les 30 années qui ont suivi nous ont montré ce qui se produit quand on supprime ces derniers et les remplace par des grains comme le blé.

Les résultats sont on ne peut plus clairs : gain de poids, obésité, abdomens protubérants, graisse viscérale, prédiabète et diabète à une échelle jamais observée jusqu'à présent et qui touchent les hommes comme les femmes, les riches comme les pauvres, les végétariens comme les carnivores, les jeunes comme les vieux, les Noirs comme les Blancs. Aucune tranche de la population n'échappe à cette « eau douce comme le miel qui traverse le corps ».

NATION DE GRAINS COMPLETS

Dans le passé, le diabète adulte (de type 2) restait le privilège de ceux qui n'avaient pas à chasser pour se procurer de la nourriture, cultiver leur terre ou préparer leurs propres repas. Pensez à Henri VIII, qui souffrait de goutte, était obèse, affichait un tour de taille de 135 cm et, tous les soirs, se gavait de massepain, miches de pain, flans sucrés et bière. C'est seulement entre la moitié du XIXe siècle et le XXe siècle, quand la consommation du sucre de table s'est accrue dans toutes les classes sociales, que le diabète s'est répandu[7].

À la suite de cette première hausse, l'incidence du diabète adulte aux États-Unis est restée relativement constante durant tout le XXe siècle ou, du moins, jusqu'au milieu des années 1980.

Puis, soudainement, les choses ont pris une mauvaise tournure.

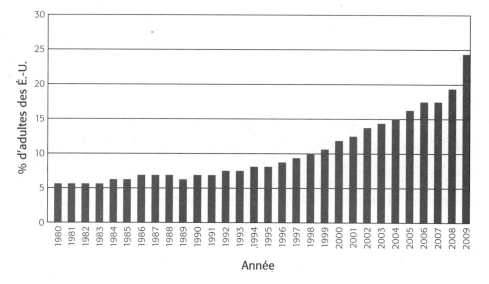

Pourcentage d'adultes américains souffrant du diabète de 1980 à 2009. La tendance à la hausse s'accentue nettement à compter de la fin des années 1980, les hausses les plus spectaculaires s'étant produites en 2009 et 2010 (cette dernière ne figure pas au tableau). Source : Centers for Disease Control and Prevention.

Aujourd'hui, cette maladie prend l'allure d'une épidémie. En 2009, 24 millions d'Américains en souffraient, ce qui représente une hausse exponentielle par rapport aux quelques années précédentes. C'est l'affection dont l'incidence croît le plus rapidement, à l'exception de l'obésité (si l'on considère cette dernière comme une maladie). Si vous n'en souffrez pas vous-même, il y a de fortes chances que vous connaissiez quelqu'un qui en soit atteint. Étant donné sa très grande incidence chez les personnes âgées, il est probable que vos parents soient (ou aient été) diabétiques.

Qui plus est, le diabète ne constitue que la pointe de l'iceberg. Pour chaque diabétique, il faut compter trois ou quatre prédiabétiques (glycémie à jeun anormale, intolérance au glucose et syndrome métabolique). Selon la définition dont on tient compte, 22 à 39 % de tous les adultes américains le sont[8]. En 2008, les diabétiques et les prédiabétiques comptaient pour 81 millions d'Américains, soit un adulte de plus de 18 ans sur trois[9]. C'est plus que la population entière des États-Unis en 1900.

Ajoutez à ce nombre ceux qui ne réunissent pas tous les critères permettant de les qualifier de prédiabétiques, mais qui présentent des taux élevés de glycémie postprandiale, de triglycérides et de petites particules de LDL, et font de l'insulinorésistance – phénomènes qui peuvent tous mener à la cardiopathie, la formation de cataracte, la maladie rénale, voire au diabète – et vous trouverez peu de personnes, y compris chez les enfants, qui ne figurent pas dans ce groupe.

Loin de se résumer à l'embonpoint et à la nécessité de prendre des médicaments, cette affection entraîne de sérieuses complications, telles l'insuffisance rénale (dans 40 % des cas, elle est causée par le diabète) et l'amputation des membres inférieurs (on attribue plus d'amputations à cette affection qu'à toute autre cause non traumatique). Il s'agit d'une maladie grave.

N'y a-t-il pas quelque chose de terrifiant à assister à la démocratisation d'une maladie jadis rare ? Et quel conseil nous donne-t-on pour y mettre un terme ? Faites plus d'exercice, prenez moins de goûters et consommez plus de « bons grains complets ».

LE PANCRÉAS ATTAQUÉ

L'explosion du nombre de cas de diabète et de prédiabète s'est accompagnée d'une hausse du nombre de sujets en surpoids et obèses.

En fait, il serait plus juste de dire que cette explosion a été en grande partie causée par le surpoids et l'obésité, étant donné que le gain de poids a pour effet de diminuer la sensibilité à l'insuline et de favoriser l'accumulation de graisse viscérale, les deux principaux facteurs de diabète[10]. Plus les Américains grossissent, plus ils sont nombreux à faire du prédiabète et du diabète. En 2009, 26,7 % des adultes – soit 75 millions – étaient considérés comme obèses (IMC de 30 ou plus), et un nombre encore plus élevé d'entre eux étaient en surpoids (IMC de 25 à 29,9)[11]. À ce jour, aucun État américain ne peut se vanter d'avoir atteint, ni même de s'être approché de l'objectif de 15 % d'obésité qui a été fixé par le Chef du service fédéral de la santé publique dans son *Call to Action to Prevent and Decrease Overweight and Obesity* (appel à l'action pour prévenir et diminuer le surpoids et l'obésité). (En conséquence de quoi, le bureau de ce service fédéral a réitéré à plusieurs reprises son message incitant les Américains à faire plus d'exercice, à consommer moins de matières grasses et, bien sûr, plus de grains complets.)

S'il est vrai que l'excès de poids s'accompagne de diabète et de prédiabète, on ne peut dire à compter de quel poids ces problèmes apparaissent puisqu'il s'agit là d'un facteur génétique. Chez deux femmes de 1,60 mètre, par exemple, ils pourraient se manifester chez la première quand elle pèse 109 kilos, et chez la seconde, quand elle atteint 64.

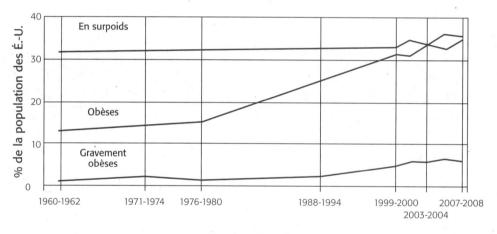

Tendances dans l'évolution de l'obésité et du surpoids chez les Américains, de 1960 à 2008. On définit le surpoids par un IMC de 25 à 30, l'obésité, par un IMC de ≥ 30 et l'obésité grave, par un IMC de ≥ 35. Alors que le pourcentage d'Américains en surpoids n'a pas changé, celui des obèses a explosé et celui des gravement obèses s'est accru à un rythme alarmant. Source : Centers for Disease Control and Prevention.

Les coûts économiques de cette tendance sont exorbitants. Il en coûte très cher de prendre du poids, tant du point de vue des soins médicaux que des effets néfastes sur la santé de l'individu[12]. Certains estiment que, au cours des 20 prochaines années, 16 à 18 % des sommes consacrées aux soins médicaux seront imputables aux problèmes résultant de l'excès de poids. Non pas aux anomalies génétiques ou congénitales, aux maladies mentales, aux brûlures ou à l'état de stress posttraumatique résultant des horreurs de la guerre, mais simplement au fait que les gens sont trop gros. Les coûts engendrés par l'obésité diminuent d'autant les sommes qui sont dévolues au cancer. On consacrera plus d'argent à soigner les conséquences de l'obésité qu'à l'éducation.

Un autre facteur accompagne cette tendance à la hausse : la consommation de blé, comme vous l'aurez deviné. Par commodité, par goût ou au nom de la santé, les Américains sont devenus accros à ce grain, la consommation annuelle *per capita* des produits qui en dérivent (pain blanc, de blé entier et pâtes) s'étant accrue de 12 kg depuis 1970[13]. Tous âges confondus, l'Américain moyen consomme 60 kg de blé par année. (À noter que 60 kg de farine correspondent à environ 200 pains, soit un peu plus d'un demi par jour.) Bien entendu, cela signifie que de nombreux adultes en ingèrent beaucoup plus puisqu'on a tenu compte dans la pondération des nourrissons et des jeunes enfants.

Cela dit, nourrissons, enfants, adolescents, adultes, personnes âgées, tous consomment du blé. Chaque groupe a ses formes préférées. Qu'il s'agisse de purée pour bébés, biscuits en forme d'animaux, craquelins, sandwichs au beurre d'arachide, pizza, pâtes et pain de blé entier, biscottes, biscuits Oreo ou Ritz, au final, c'est la même chose. Parallèlement à la hausse de cette consommation, il faut tenir compte du remplacement discret du *T. aestivum* de 1,30 mètre par les variétés naines à haut rendement et de l'apparition de glutens aux structures modifiées que les humains n'avaient jamais ingérés auparavant.

Sur le plan physiologique, le lien entre blé et diabète est tout à fait plausible. D'une part, il règne sur notre alimentation, d'autre part, il élève le taux de glycémie pratiquement plus que tout autre aliment et, par conséquent, les valeurs telles que la HbA1c (concentration de glucose dans le sang sur 60 à 90 jours). La hausse excessive, plusieurs fois par jour, des taux de glycémie et d'insuline entraîne la formation de graisse viscérale. Cette graisse, celle de la bedaine de blé, est étroitement liée à l'insulinorésistance qui, à son tour, provoque une élévation encore plus marquée des taux de glycémie et d'insuline[14].

Quand la graisse commence à s'accumuler dans les viscères et que le diabète menace, le taux de cellules bêta – dont le rôle dans le pancréas est de produire l'insuline – s'accroît de 50 %. Cette adaptation physiologique est rendue nécessaire par les énormes besoins d'un organisme devenu insulinorésistant. Cependant, elle est limitée.

La hausse excessive du taux de glycémie, par exemple celle qui résulte de la consommation d'un muffin aux canneberges, provoque une glucotoxicité, c'est-à-dire des lésions aux cellules bêta[15]. Plus il est élevé, plus elles sont prononcées. L'effet commence à se manifester à un taux de 100 mg/dl, valeur que bien des médecins considèrent comme normale. Chez l'adulte non diabétique, la consommation d'un sandwich composé de deux tranches de pain de blé entier et de poitrine de dinde à faible teneur en gras le portera entre 140 et 180 mg/dl, soit plus qu'il n'en faut pour détruire quelques précieuses cellules bêta, qui ne se renouvelleront jamais.

Dans leur grande vulnérabilité, ces cellules sont également sujettes à la lipotoxicité, qui résulte d'une hausse des taux de triglycérides et d'acides gras, telle celle qui se produit en conséquence d'une ingestion répétée de glucides. Ne perdons pas de vue qu'un régime riche en glucides entraîne une élévation soutenue des taux de particules VLDL et de triglycérides, exacerbant davantage encore les effets de la lipotoxicité sur les cellules bêta.

De plus, les lésions au pancréas sont aggravées par des facteurs inflammatoires, par exemple le stress oxydatif, les leptines, les interleukines et le facteur onconécrosant, qui résultent tous de cette pépinière inflammatoire qu'est la graisse viscérale et qui caractérisent le prédiabète et le diabète[16].

À la longue et sous l'action répétée de la glucotoxicité, de la lipotoxicité et de l'inflammation, les cellules bêta s'affaiblissent et meurent, jusqu'au moment où il n'en reste plus que la moitié du nombre initial[17]. Le diabète est alors irréversible.

Bref, les glucides, particulièrement ceux qui, comme le blé, provoquent les plus fortes hausses du taux de glycémie et d'insuline, déclenchent une série de phénomènes métaboliques qui mènent à l'incapacité irréversible du pancréas à produire de l'insuline, autrement dit, au diabète.

COMBATTRE LES GLUCIDES PAR LES GLUCIDES ?

Le petit-déjeuner d'un homme du Paléolithique ou du Néolithique comprenait probablement du poisson, des reptiles, du gibier à plumes ou à poils (parfois cru), des feuilles, des racines, des baies ou des insectes. À notre époque, ce repas est généralement composé de céréales faites de farine de blé, de fécule de maïs, d'avoine, de sirop de maïs à haute teneur en fructose, et de sucrose. Bien sûr, cette liste d'ingrédients ne figurera pas dans le nom des produits, qui sera plutôt accrocheur, par exemple Crunchy Health Clusters ou Fruity Munchy Squares. À moins qu'on opte pour des crêpes ou des gaufres au sirop d'érable, un muffin anglais grillé tartiné de confiture ou un bagel pumpernickel au fromage à la crème à faible teneur en gras. Pour la majorité des Américains, la journée débute par un excès de glucides qui ne s'interrompra qu'à la tombée de la nuit.

Il n'y a rien d'étonnant à ce que l'allégement de nos tâches physiques (nul animal à abattre et à dépecer, nul bois de chauffage à débiter pour l'hiver, nul pagne à laver dans la rivière), conjugué à l'abondance d'aliments tout préparés et de douceurs se métabolisant rapidement, débouche sur des maladies liées aux excès.

On ne devient pas diabétique en se gavant de la chair du sanglier qu'on a chassé ou de l'ail et des baies sauvages qu'on a cueillis. Ni d'ailleurs en conséquence d'un excès d'omelettes aux légumes, de saumon, de chou frisé, de tranches de poivrons ou de sauce au concombre. En revanche, des tonnes de gens le deviennent après avoir fait abus de muffins, bagels, céréales, crêpes, gaufres, bretzels, craquelins, gâteaux, petits gâteaux, croissants, beignets, tartes, etc.

Comme nous l'avons vu, les aliments provoquant la hausse la plus importante du taux de glycémie sont ceux qui causent le diabète. Le processus est simple : les glucides déclenchent la libération d'insuline par le pancréas, entraînant la formation de graisse viscérale, laquelle provoque de l'insulinorésistance et de l'inflammation. À taux élevés, le glucose sanguin, les triglycérides et les acides gras causent des lésions au pancréas. À l'issue d'années de surmenage, ce dernier succombe sous les assauts de la glucotoxicité, de la lipotoxicité et de l'inflammation ; il en résulte un déficit d'insuline et une hausse du taux de glycémie, bref, le diabète.

Les traitements antidiabétiques reflètent cette progression. Dans les premiers stades, on prescrit des médicaments comme la pioglitazone (Actos), qui atténue l'insulinorésistance, et la metformine, qui freine la production de glucose par le foie. Quand le pancréas est surmené et ne peut plus produire d'insuline, alors on administre cette hormone sous forme d'injections.

Pour la prise en charge ou la prévention du diabète, maladie qui résulte en grande partie de la consommation de glucides, on conseille, entre autres choses, d'accroître cette consommation.

Il y a des années, je conseillais à mes patients diabétiques de suivre le régime riche en glucides mis de l'avant par l'American Diabetes Association (ADA). Résultat : ils prenaient du poids, voyaient leur taux de glycémie grimper, devaient prendre de plus en plus de médicaments et souffraient de maladie rénale, de neuropathie et d'autres complications. Tout comme le simple lavage des mains a permis à Ignaz Semmelweis d'écarter le risque de fièvres puerpérales, il a suffi d'ignorer les conseils de l'ADA et de diminuer l'apport en glucides pour obtenir une meilleure maîtrise du taux de glycémie, une baisse du taux d'HbA1c, une perte de poids considérable et un soulagement de tous les troubles métaboliques associés au diabète, dont l'hypertension artérielle et l'hypertriglycéridémie.

L'ADA conseille aux diabétiques de réduire leur consommation de lipides totaux et saturés, et de prendre 45 à 60 grammes de glucides – de préférence sous forme de «bons grains complets» – à chacun de leurs repas, soit l'équivalent de 135 à 180 grammes par jour, goûters exclus. Dans ce régime, qui entretient la phobie des lipides, les glucides doivent fournir 55 à 65 % de l'apport calorique total. Si on devait résumer le point de vue de l'ADA, ça donnerait ceci : allez-y, consommez des sucres et des aliments hyperglycémiants, mais assurez-vous d'ajuster votre médication en conséquence.

Cependant, si la méthode consistant à combattre le feu par le feu a une certaine utilité dans la lutte antiparasitaire ou contre des voisins passifs-agressifs, on ne se débarrasse pas de ses dettes en s'endettant, ni du diabète en se gavant de glucides.

L'ADA exerce une grande influence sur les habitudes alimentaires de la population. Le patient qui reçoit un diagnostic de diabète est référé à un éducateur en diabète ou à une infirmière qui le conseillera dans le respect des principes établis par l'ADA. Au diabétique hospitalisé, le médecin prescrira le régime de l'ADA. En fait, ces lignes directrices diététiques ont parfois valeur de loi. J'ai vu des infirmières et des éducateurs avisés qui, après avoir compris que les glucides causaient le diabète, se rebiffaient contre cette vision et conseillaient aux patients de restreindre leur apport en glucides. Mais comme un tel conseil consiste à défier l'autorité, l'establishment médical réagit en congédiant ces employés indociles. Ne sous-estimez jamais les convictions des conformistes, particulièrement en médecine.

La liste des aliments recommandés par l'ADA comprend :

- pain de grains entiers, par exemple blé ou seigle ;
- céréales de grains entiers à haute teneur en fibres ;
- céréales cuites, telles que flocons d'avoine, gruau ou bouillie de maïs, ou crème de blé ;
- riz, pâtes, tortilla ;
- haricots et pois cuits, tels que haricots pinto ou doliques à œil noir ;
- pommes de terre, petits pois, maïs, fèves de Lima, patates douces, courges d'hiver ;
- biscottes, craquelins et «chips» à faible teneur en gras, bretzels et maïs éclaté sans gras.

Bref, consommez du blé, du blé, du maïs, du riz et du blé.

Adieu blé, adieu diabète

Maureen m'a consulté pour connaître mon opinion sur un programme de prévention de la cardiopathie. Au cours des deux années précédentes, cette femme de 63 ans, mère de trois grands enfants et grand-mère de cinq petits-enfants, avait subi deux cathétérisations cardiaques et trois angioplasties avec pose d'une endoprothèse vasculaire, et ce, malgré le fait qu'elle prenait des statines contre l'hypercholestérolémie.

L'analyse de son profil lipidique indiquait que, en plus d'un taux de cholestérol HDL de 39 mg/dl et de triglycérides de 233 mg/dl, 85 % de ses particules de LDL étaient petites, une anomalie grave.

Deux ans plus tôt, alors qu'elle était hospitalisée, on avait aussi diagnostiqué un diabète. On lui a alors conseillé de suivre le régime «bon pour le cœur» que préconisait l'American Heart Association et l'American Diabetes Association, et on lui a prescrit de la metformine. Cependant, au bout de quelques mois, elle a dû prendre un second médicament, puis un troisième (qui nécessitait deux injections par jour) afin de maîtriser sa glycémie. Récemment, son médecin avait commencé à lui parler de la possibilité de passer aux injections d'insuline.

Étant donné qu'un taux élevé de petites particules de LDL, un taux faible de HDL et un taux élevé de triglycérides sont associés au diabète, je lui ai conseillé le régime qu'il lui fallait pour corriger toutes ces anomalies et dont la pierre angulaire consistait à supprimer le blé. Compte tenu de la gravité de son état, je lui ai également conseillé de limiter sa consommation des autres glucides, particulièrement de la fécule de maïs et des sucres, de même que de l'avoine, des légumes secs, du riz et des pommes de terre. (La plupart des gens n'ont pas à suivre un régime aussi strict.)

Au bout des trois premiers mois de ce régime, Maureen avait perdu près de 13 kg sur un poids initial de 112 kg. Elle a pu dès lors interrompre ses injections biquotidiennes. Au bout de trois autres mois, elle avait perdu 7 kg de plus et a pu supprimer ses autres médicaments pour ne conserver que la metformine.

Un an plus tard, elle avait perdu 23 kg. C'était la première fois en 20 ans qu'elle en faisait moins de 90. Comme son taux de glycémie ne dépassait pas 100 mg/dl, je lui ai conseillé d'interrompre la metformine. Elle est restée fidèle à son régime et a continué à perdre graduellement du poids, maintenant un taux de glycémie bien au-dessous des valeurs de niveau diabétique.

Un an et 23 kg en moins plus tard, Maureen a donc pu dire adieu au diabète. Si elle ne reprend pas ses vieilles habitudes, y compris celle de consommer quantité de «bons grains complets», on peut considérer qu'elle est guérie.

Demandez à n'importe quel diabétique de vous décrire les effets d'une approche comme celle de l'ADA, et il vous dira invariablement que tous ces aliments portent le taux de glycémie entre 200 et 300 mg/dl ou plus. L'ADA ne voit là aucun problème, à la condition que vous suiviez de près les variations de votre glycémie et discutiez avec votre médecin des changements éventuels à apporter à votre médication ou à votre traitement à l'insuline.

Le régime de l'ADA contribue-t-il à guérir le diabète? On affirme, tout à fait gratuitement, que c'est un pas dans la bonne direction. Mais parle-t-on d'un vrai remède?

À leur décharge, je ne pense pas que les gens de l'ADA soient mal intentionnés. En fait, nombre d'entre eux souhaitent réellement trouver un remède au diabète infantile. Mais je crois qu'ils se sont laissés piéger par l'illusion des régimes pauvres en gras qui a fait dévier de son cap le pays au grand complet.

À ce jour, on persiste dans l'idée que le traitement du diabète passe d'abord par une hausse de la consommation des aliments qui le provoquent, puis par l'administration de médicaments qui corrigeront le gâchis glycémique qui en résulte.

Avec le recul, nous pouvons observer les effets de cet énorme faux pas diététique qui donne l'impression de regarder un mauvais film de série B. Rembobinons-le et revoyons entièrement le scénario : supprimons les glucides, particulièrement ceux des « bons grains complets », et une foule d'affections modernes régresseront d'elles-mêmes.

DÉJÀ-VU PLUSIEURS FOIS

Au Ve siècle avant notre ère, à une époque où ses collègues fondaient leurs diagnostics sur des présages naturels ou la position des étoiles, le médecin indien Sushruta prescrivait à ses patients diabétiques obèses de faire de l'exercice. Apollinaire Bouchardat, médecin français du XIXe siècle, avait observé que le taux de sucre de l'urine de ses patients était plus faible durant l'occupation de Paris par l'armée prussienne en 1870, qui avait entraîné une pénurie de pain. Une fois le siège levé, il a voulu reproduire cet effet en conseillant à ses patients diabétiques de réduire leur consommation de pain et d'autres féculents, et de jeûner à l'occasion, à l'opposé de ses collègues qui recommandaient aux leurs d'en consommer plus.

Au XXe siècle, dans son célèbre *Principles and Practice of Medicine*, le Dr William Osler, éducateur médical hautement respecté et l'un des quatre fondateurs de l'hôpital Johns Hopkins, recommandait à ses patients diabétiques un régime limitant l'apport de glucides à 2 %. En 1922, dans sa publication originale sur l'insuline, le Dr Frederick Banting soulignait que, dans le but de maîtriser le taux de glycémie des patients, le régime alimentaire de l'hôpital limitait leur apport en glucides à 10 g par jour[18].

À une époque où les méthodes étaient primitives et avant qu'on ne dispose des outils modernes que sont les tests de glycémie et d'hémoglobine A1c, la découverte d'un remède au diabète relevait peut-être de l'impossibilité. Si on en avait disposé, je pense que l'amélioration de l'état des patients qu'on mettait sous régime hypoglycémique aurait été évidente. L'approche moderne voulant qu'on limite l'apport en lipides et augmente celui des grains complets nous a fait oublier les leçons apprises par les fins observateurs qu'étaient Osler et Banting. Comme bien d'autres, celle qu'on a tirée d'une restriction des glucides pour soigner le diabète devra être réapprise.

Je vois tout de même le bout du tunnel. L'idée que cette maladie résulte d'une intolérance aux glucides commence à faire son chemin au sein de la communauté médicale. Elle est notamment mise en avant par des médecins et chercheurs tels que le Dr Eric Westman de l'université Duke, le Dr Mary Vernon, ex-directrice médicale du programme de surveillance du poids de l'université du Kansas et ex-présidente de l'American Society of Bariatric Physicians, et le Dr Jeff Volek, chercheur prolifique de l'université du Connecticut. Les Drs Vernon et Westman rapportent, en particulier, qu'ils doivent habituellement diminuer de moitié la dose d'insuline de leurs patients le premier jour où ils entreprennent un régime pauvre en glucides, à défaut de quoi leur taux de glycémie chute dangereusement[19]. Quant au Dr Volek et à son équipe, ils ont démontré de manière répétée, tant chez les humains que chez les animaux, qu'une diminution importante de l'apport en glucides faisait régresser l'insulinorésistance, les fluctuations postprandiales et la graisse viscérale[20,21].

Les résultats de plusieurs études menées au cours des dix dernières années indiquent qu'une baisse de l'apport en glucides entraîne une perte de poids et une amélioration du taux de glycémie chez les diabétiques[22,23,24]. Dans l'une d'elles, où il était limité à 30 g par jour, la perte de poids moyenne au bout d'un an a été de 5 kg, et le taux de HbA1c (taux de glycémie moyen au cours des 60 à 90 jours précédents) est passé de 7,4 à 6,6 %[25]. Dans une étude menée par l'université Temple auprès de diabétiques obèses, on a observé qu'en limitant leur apport glucidique à 21 g par jour, les sujets ont perdu en moyenne 1,63 kg en deux semaines, tandis que leur taux de HbA1c passait de 7,3 à 6,8 % et que leur réponse à l'insuline s'améliorait de 75 %[26].

Blé et diabète de type 1

Avant la découverte de l'insuline par le Dr Frederick Banting, le diabète de type 1 s'avérait fatal quelques mois après qu'il s'était déclaré. Mais pourquoi les enfants font-ils du diabète?

Les anticorps de l'insuline, des cellules bêta et des autres protéines du soi entraînent une destruction auto-immune du pancréas. Les enfants diabétiques sécrètent également des anticorps qui s'attaquent à d'autres organes. Les résultats d'une étude indiquent que 24 % d'entre eux affichent un taux élevé d'« autoanticorps », c'est-à-dire d'anticorps aux protéines du soi, comparativement à seulement 6 % chez les enfants n'en souffrant pas[27].

L'incidence du diabète de type 2 (ou diabète adulte) croît chez les enfants en raison du surpoids, de l'obésité et de l'inactivité, soit pour les mêmes raisons qu'il monte en flèche chez les adultes. Mais celle du diabète de type 1 s'accroît également. Sous l'égide des National Institutes of Health et des Centres de contrôle et de prévention des maladies des États-Unis, on a mis sur pied l'étude SEARCH for Diabetes in Youth qui a fait la preuve que, de 1978 à 2004, l'incidence des nouveaux cas diagnostiqués croissait de 2,7 % par année, la hausse la plus rapide s'observant chez les enfants de moins de 4 ans[28]. Selon les registres de santé, de 1990 à 1999, une augmentation similaire s'est produite en Europe, en Asie et en Amérique du Sud[29].

Comment expliquer cette hausse ? Nos enfants sont certainement exposés à quelque chose qui induit chez eux une réponse immunitaire importante. Certains experts ont émis l'hypothèse que le processus était déclenché par une infection virale, d'autres qu'il s'agirait de facteurs favorisant l'expression des réponses auto-immunes chez les sujets génétiquement prédisposés.

Se pourrait-il que ce soit le blé ?

Il est concevable que les changements génétiques qu'on a fait subir à ce grain depuis 1960, notamment en vue d'obtenir des variétés naines à haut rendement, expliquent la hausse de l'incidence de ce diabète. Son apparition coïncide avec l'augmentation de l'incidence de la maladie cœliaque et d'autres affections.

Chose certaine, il existe un lien très clair entre les deux affections : les enfants cœliaques sont dix fois plus susceptibles de faire du diabète de type 1, et ceux qui sont atteints de ce diabète sont 10 à 20 fois plus susceptibles des présenter des anticorps au blé ou de souffrir de maladie cœliaque[30,31]. Elles ont donc beaucoup plus en commun que ce que ne laisserait supposer le hasard.

En outre, la relation intime qu'elles entretiennent se renforce au fil du temps. Si certains enfants diabétiques montrent des signes évidents de maladie cœliaque au moment du diagnostic, ils sont plus nombreux à le faire dans les années subséquentes[32].

La question suivante s'impose d'elle-même : si on évitait de donner du blé aux enfants dès leur naissance, pourrait-on prévenir le diabète de type 1 ? Après tout, les résultats d'études menées sur des souris génétiquement prédisposées à cette affection ont montré que la suppression de ce grain avait pour effet de faire passer son incidence de 64 à 15 %[33] et de prévenir les lésions intestinales caractéristiques de la maladie cœliaque[34]. Comme aucune étude semblable n'a été menée chez les nourrissons ou les enfants humains, cette question reste sans réponse.

Bien que je sois en désaccord avec de nombreuses politiques de l'American Diabetes Association, j'entérine celle-ci : les enfants ayant reçu un diagnostic de diabète de type 1 devraient subir un test de dépistage de la maladie cœliaque. Et j'ajouterais qu'ils devraient le subir régulièrement, à quelques années d'intervalle, afin de déterminer s'ils en souffriront plus tard dans l'enfance, voire à l'âge adulte. En outre, bien qu'aucun organisme officiel ne le conseille, je pense que les parents d'enfants diabétiques devraient envisager sérieusement la possibilité de bannir le blé et les autres sources de gluten de leur alimentation.

Les familles dont un ou plusieurs membres souffrent de diabète de type 1 devraient-elles éviter le blé dès la naissance afin d'éliminer le risque de déclencher les effets auto-immunitaires qui mènent à cette maladie incurable ? Personne ne le sait, mais c'est certainement une question sur laquelle on devrait se pencher. La hausse de son incidence nous obligera certainement à le faire au cours des prochaines années.

Le Dr Westman a confirmé ce que plusieurs d'entre nous découvrons dans notre pratique clinique : la suppression des glucides, y compris du blé, ce « bon » grain qui prédomine dans notre alimentation, a pour effet non seulement d'améliorer le taux de glycémie mais de permettre aux sujets souffrant de diabète de type 2 d'interrompre leur traitement à l'insuline ou aux antidiabétiques. Bref, il s'agit bien ici de guérison.

Dans l'une de ses études récentes, 84 diabétiques obèses ont suivi un régime strict à faible teneur en glucides, c'est-à-dire exempt de blé, fécule de maïs, sucre, pomme de terre, riz ou fruits, ce qui portait leur apport quotidien à 20 g (quantité semblable à celle que conseillaient les Drs Osler et Banting au début du XXe siècle). Au bout de six mois, leur tour de taille (représentatif de la graisse viscérale) avait diminué de plus de 12,5 cm, leur taux de triglycérides avait baissé de 70 mg/dl, ils avaient perdu 11 kg et leur taux de HbA1c était passé de 8,8 à 7,3 %. En outre, 95 % des participants ont pu réduire leurs doses d'antidiabétiques, tandis que 25 % ont pu interrompre complètement leur médication ou leur traitement à l'insuline[35].

En d'autres mots, le protocole du Dr Westman, qui se fondait sur la diététique et non sur la médication, a permis à 25 % des participants de guérir de leur diabète ou, à tout le moins, d'améliorer leur taux de glycémie suffisamment pour le prendre en charge grâce à l'alimentation uniquement.

Bien que toujours diabétiques, les autres sujets maîtrisaient mieux leur taux de glycémie et ont pu diminuer leur traitement à l'insuline ou aux médicaments.

Ces études ont permis de prouver qu'une baisse de l'apport en glucides améliorait le taux de glycémie et faisait régresser le diabète. Poussée à la limite, cette approche permet d'interrompre les antidiabétiques en aussi peu que six mois. Dans certains cas, je pense qu'on peut parler d'une véritable guérison, en autant que les patients ne fassent pas de nouveaux abus de glucides. Permettez-moi de me répéter : si un pourcentage suffisant de cellules bêta a été épargné des effets de la glucotoxicité, de la lipotoxicité et de l'inflammation, un certain nombre de prédiabétiques et de diabétiques, sinon tous, peuvent espérer guérir, ce qui est pratiquement impossible avec les régimes à faible teneur en gras, tel celui que l'ADA met en avant.

Ces résultats donnent également à penser qu'on pourrait prévenir le diabète en adoptant un régime moins strict. Après tout, certains aliments glucidiques, par exemple le bleuet, la framboise, la pêche et la patate douce, fournissent des nutriments importants et n'élèvent pas le taux de glycémie autant que le font les plus détestables. (Vous savez de qui je parle…)

Ainsi, qu'arriverait-il si, au lieu de suivre un régime aussi strict que celui du Dr Westman, on se contentait de supprimer cet aliment omniprésent qui, plus que tout autre, élève le taux de glycémie ? D'après mon expérience, les taux de glycémie et de HbA1c baisseraient, la graisse viscérale (ou bedaine de blé) fondrait et on pourrait biffer son nom de la liste de ceux qui participent à l'épidémie nationale d'obésité, de prédiabète et de diabète. Appliquée à l'échelle nationale, cette mesure devrait permettre de ramener l'incidence du diabète à ce qu'elle était avant 1985, et de retrouver les tailles des robes et pantalons des années 1950. Enfin, on pourrait de nouveau prendre l'avion sans crainte d'être écrasé par un voisin obèse.

« SI LE GANT NE LUI VA PAS, VOUS DEVEZ L'ACQUITTER. »

Quand je pense à la responsabilité du blé dans le dossier de l'obésité et du diabète, je ne peux m'empêcher d'évoquer le procès pour meurtre d'O.J. Simpson : la découverte de preuves accablantes sur la scène du crime, le comportement suspect de l'accusé, le gant ensanglanté reliant le meurtrier à sa victime, le motif, l'occasion… et malgré tout, son acquittement grâce à un ingénieux tour de passe-passe judiciaire.

Tout indique que le blé est coupable de l'apparition du diabète : il élève le taux de glycémie plus que pratiquement tout autre aliment, favorisant ainsi la glucotoxicité, la lipotoxicité et l'inflammation, de même que l'accumulation de graisse viscérale. La corrélation entre sa consommation et le gain de poids et l'obésité qu'on a observée au cours des 30 dernières années est indéniable et, pourtant, il est absous de tous ses crimes par la «Dream Team», composée de l'USDA, l'American Diabetes Association, l'American Dietetic Association, etc., qui s'entendent tous pour dire qu'on devrait en consommer de généreuses quantités. Je doute que Johnnie Cochran ait pu faire mieux.

Peut-on parler d'un procès entaché d'un vice de procédure?

Quoi qu'il en soit, en matière de santé humaine, on a la possibilité de redresser les torts en condamnant le coupable et en le bannissant de son existence.

CHAPITRE 8

LE BLÉ, CE GRAND PERTURBATEUR DU pH

Le corps humain est un vaisseau au pH rigoureusement contrôlé. Réglé à 7,4, il suffit d'une variation de 0,5 pour entraîner la mort.

L'équilibre acido-basique de l'organisme est régulé et maintenu avec plus de rigueur que ne l'est le taux d'escompte par la Réserve fédérale américaine. Il importe qu'il en soit ainsi, à défaut de quoi les sous-produits acides résultant des infections bactériennes graves pourraient excéder la capacité de l'organisme à neutraliser la charge acide ; en conséquence, ces dernières pourraient s'avérer fatales. C'est vrai aussi des maladies rénales : les reins étant incapables d'éliminer ces sous-produits acides, des complications risquent d'apparaître.

Le pH est normalement verrouillé à 7,4 grâce à des systèmes de contrôle élaborés. Quand les sous-produits acides du métabolisme, tels que l'acide lactique, le font baisser, l'organisme réagit aussitôt. Pour rétablir l'équilibre, il prélèvera des alcalis là où il y en a, que ce soit le bicarbonate présent dans le sang ou le carbonate et le phosphate de calcium entreposés dans les os. Étant donné l'importance des enjeux, il ira jusqu'à sacrifier la santé osseuse afin de le préserver : les os seront transformés en bouillie avant que le pH ne soit autorisé à changer de direction. Quand l'équilibre alcalin net est atteint, les os et le cartilage sont préservés.

S'il faut craindre les variations extrêmes du pH dans un sens ou dans l'autre, l'organisme se porte mieux quand il est légèrement alcalin. La différence est tellement subtile qu'elle ne se reflète pas dans le pH sanguin ; par contre, l'analyse des sous-produits acides et alcalins de l'urine permet de la mettre en évidence.

Les acides qui perturbent le pH peuvent également provenir des aliments. Certaines sources d'acidité sont évidentes, par exemple les sodas gazéifiés, qui renferment de l'acide carbonique et, dans certains cas, notamment le Coca-Cola, de l'acide phosphorique. Les charges extrêmement acides de ces boissons poussent au maximum la capacité de l'organisme à neutraliser les acides. Ainsi, chez les collégiennes qui consomment le plus de boissons gazeuses, le taux de fractures est cinq fois plus élevé que chez les autres, du fait du prélèvement constant de calcium dans leurs os[1].

Mais ce ne sont pas les seuls aliments ou boissons à fournir des acides. Quelle qu'en soit la source, l'organisme doit « tamponner » l'acidité. La composition de l'alimentation permet de déterminer si l'effet net sera acide ou alcalin.

Les protéines animales sont censées être les principales sources d'acides dans l'alimentation humaine. Dans celle de l'Américain moyen, le poulet, le rôti de porc et le sandwich au bœuf grillé exercent cette action acidifiante ; l'acide urique et l'acide sulfurique (le même que celui qu'on retrouve dans la batterie des voitures et les pluies acides) qu'ils fournissent doivent être tamponnés par l'organisme. Le fromage, particulièrement s'il est pauvre en matières grasses et riche en protéines, exerce une action semblable. Bref, tout aliment d'origine animale, qu'il soit frais, fermenté, saignant, cuit à point, servi ou non avec une sauce, est acidifiant[2].

Cependant, il se pourrait que les aliments d'origine animale ne perturbent pas l'équilibre du pH autant qu'il ne le paraît. Les résultats d'études récentes indiquent que les viandes exercent d'autres effets qui annulent partiellement la charge acide. Ainsi, les protéines animales stimulent la production du facteur de croissance insulinomimétique de type I (IGF-1), hormone qui contribue au développement et à la minéralisation des os. (« Insulinomimétique » signifie une parenté de structure, et non d'effets, avec l'insuline.) En dépit de leurs propriétés acidifiantes, elles favorisent donc la santé osseuse. Chez les enfants, les adolescents et les personnes âgées qui augmentent leur apport en protéines carnées, la teneur des os en calcium s'accroît, de même que leur résistance[3].

Les légumes et les fruits sont nos principales sources d'alcalis. Pratiquement tout ce que vous trouverez au rayon des fruits et légumes exercera un effet alcalinisant sur le pH. Par conséquent, une consommation élevée permet de neutraliser la charge acide des produits d'origine animale.

MÉTIER : CASSEUR D'OS

L'effet net d'une alimentation de type chasseur-cueilleur, soit à base de viandes, de légumes et de fruits, mais comprenant aussi des fruits à coque et des racines relativement neutres, est alcalin[4]. Bien sûr, le chasseur-cueilleur ne se souciait guère de son équilibre acido-basique, ses préoccupations consistant surtout à se protéger des flèches d'un envahisseur ou des ravages de la gangrène. Cet équilibre ne jouait donc peut-être pas un rôle fondamental dans la santé et la longévité des premiers humains qui, de toute façon, ne vivaient guère plus de 35 ans. Quoi qu'il en soit, leurs habitudes alimentaires ont préparé le terrain biochimique de notre alimentation moderne.

Il y a environ 10 000 ans, l'alimentation, jusque-là plutôt alcaline, est passée du côté acide avec l'introduction des grains, particulièrement du blé. Aujourd'hui, elle fait place à quantité de «bons grains complets» et à relativement peu de fruits et de légumes; elle est donc fortement acidifiante et, par conséquent, déclenche l'acidose. À la longue, cet état nuit à la santé osseuse.

Comme la Réserve fédérale, les os servent de banque centrale, non pas pour l'argent, mais pour les sels de calcium. Ce minéral, qui se retrouve également dans la pierre et le coquillage des crustacés, préserve la solidité et la rigidité des os. Il s'y trouve en équilibre dynamique avec le sang et les tissus, et constitue une source immédiate de matières alcalinisantes contrebalançant l'acidité. Cependant, tout comme l'argent, ces réserves ne sont pas inépuisables.

Si, durant les 18 premières années de la vie, on développe sa masse osseuse, on passe le reste de son existence à la piller, processus qui est régulé par le pH de l'organisme. L'état d'acidose légère mais chronique qu'induit notre alimentation s'aggrave avec l'âge, débutant à l'adolescence et se poursuivant jusque dans les 80 ans[5,6]. Afin de maintenir son pH à 7,4, l'organisme prélève du carbonate et du phosphate de calcium dans les os. En outre, du fait que le milieu interne est généralement acide, les ostéoclastes, cellules responsables de la résorption osseuse, doivent redoubler d'efforts pour dissoudre le tissu osseux et en libérer le précieux calcium.

Le problème vient de ce que l'ingestion régulière de produits acides oblige l'organisme à prélever constamment du calcium dans les os afin de les neutraliser. Bien que les réserves en calcium des os soient importantes, elles ne sont pas inépuisables et, à la longue, ces derniers se décalcifient.

Apparaissent alors l'ostéopénie (déminéralisation légère) et l'ostéoporose (déminéralisation grave), la fragilité et les fractures[7]. (La fragilité et l'ostéoporose vont généralement main dans la main, densité osseuse et masse musculaire évoluant parallèlement.) Incidemment, on ne peut pas renverser la perte osseuse en prenant des suppléments de calcium, pas plus qu'on peut espérer obtenir un patio en mélangeant au hasard quelques sacs de ciment et des briques.

À la longue, une alimentation excessivement acidifiante entraînera des fractures. Les résultats d'une analyse de l'incidence mondiale des fractures de la hanche montrent un lien saisissant : plus le ratio protéines végétales : protéines animales est élevé, plus l'incidence des fractures de la hanche est faible[8]. La différence est substantielle : un ratio de 1:1 ou moins est associé à 200 fractures par tranche de 100 000 habitants, alors que celui qui se situe entre 2:1 et 5:1 est associé à moins de 10 fractures pour le même nombre d'habitants, soit une baisse de plus de 95 %. (Chez les sujets consommant le plus de protéines végétales, l'incidence des fractures de la hanche est pratiquement nul.)

Les fractures causées par l'ostéoporose ont ceci de particulier qu'elles ne surviennent pas nécessairement à l'occasion d'une chute ou d'un autre accident. Ainsi, une fracture vertébrale peut résulter d'un simple éternuement, une fracture de la hanche, d'un geste maladroit du pied, et une fracture du bras, du simple maniement du rouleau à pâtisserie.

L'alimentation moderne crée donc un état d'acidose qui mène à l'ostéoporose, à la fragilité osseuse et aux fractures. À 50 ans, 53,2 % des femmes et 20,7 % des hommes peuvent s'attendre à subir une fracture dans le futur[9]. En comparaison, le risque, au même âge, de souffrir du cancer du sein est de 10 % et du cancer de l'endomètre, de 2,6 %[10].

Jusqu'à tout récemment, on croyait que l'ostéoporose touchait essentiellement les femmes ménopausées, qui ne bénéficiaient plus des effets protecteurs de l'œstrogène. Aujourd'hui, on pense plutôt que la perte osseuse débute des années avant la ménopause. Dans une étude canadienne multicentrique menée auprès de 9400 participants, les femmes présentaient une perte osseuse dans la hanche, les vertèbres et le fémur dès l'âge de 25 ans et une accélération du processus à compter de 40 ans ; chez les hommes, la perte était moins importante et débutait à 40 ans[11]. À compter de 70 ans, elle s'accélérait tant chez les hommes que chez les femmes. À 80 ans, 97 % des femmes souffrent d'ostéoporose[12].

Par conséquent, même le jeune âge ne constitue pas une assurance contre la perte osseuse, qui devient toutefois la norme en vieillissant, et ce, en grande partie à cause de l'acidose chronique résultant de l'alimentation.

QU'ONT EN COMMUN LES PLUIES ACIDES, LA BATTERIE DES VOITURES ET LE BLÉ?

Les grains se démarquent de tous les autres aliments d'origine végétale par le fait qu'ils génèrent des sous-produits acides. Le blé étant, de loin, celui qu'on consomme le plus en Amérique, il contribue de manière substantielle à la charge acide résultant d'une alimentation carnée.

C'est l'une des principales sources d'acide sulfurique; à poids égal, il en fournit plus que les viandes[13]. (Seule l'avoine en apporte plus.) Or, l'acide sulfurique est un produit dangereux. Au contact de la peau, il provoque une brûlure grave, et de l'œil, la cécité. (Il suffit pour s'en convaincre de lire les mises en garde figurant sur la batterie des voitures.) C'est lui qui, dans les pluies acides, érode les monuments en pierre, tue les arbres et les autres plantes, et perturbe les habitudes de reproduction des animaux marins. Bien sûr, la consommation de blé n'en génère que des quantités infimes mais, même très dilué, cet acide extrêmement puissant peut contrecarrer les effets neutralisants des alcalis.

Dans l'alimentation nord-américaine, le blé et les autres grains comptent pour 38 % de la charge acide, soit plus que ce qu'il en faut pour faire passer le pH du côté acide. Même quand les produits d'origine animale ne représentent pas plus de 35 % de l'apport calorique, le blé fait passer le pH alimentaire de nettement alcalin à nettement acide[14].

Pour évaluer la ponction de calcium osseux associée aux acides, on mesure la teneur en calcium de l'urine. C'est ce qu'ont fait des chercheurs de l'université de Toronto qui voulaient mesurer les effets d'une hausse de la consommation de gluten sous forme de pain. Or, le taux de calcium dans l'urine s'est accru de 63 %. On a également observé une hausse des marqueurs sanguins de la résorption osseuse, c'est-à-dire de la fragilité qui mène à l'ostéoporose et aux maladies apparentées[15].

Par conséquent, quand la consommation de viande est élevée et qu'on ne compense pas la charge acide qui en résulte par des légumes tels que l'épinard, le chou et le poivron vert, l'organisme s'acidifie. Quand, de surcroît, on ajoute dans l'équation des grains tels que le blé, l'alimentation devient fortement acidifiante.

Il en résulte une charge acide chronique qui a pour effet de gruger littéralement les os.

BLÉ, POSTICHE ET VOITURE DÉCAPOTABLE

On se rappellera d'Ötzi, cet homme dont on a retrouvé le corps momifié dans les Alpes et dont la mort remonterait à plus de 5000 ans. Bien qu'on ait trouvé dans le contenu de ses intestins des restes de pain d'engrain, la viande et les plantes sauvages y prédominaient. À l'époque où il vivait, on consommait des grains tels que le petit épeautre depuis près de 4700 ans, mais ces derniers occupaient peu de place dans l'alimentation de ces montagnards. La plupart du temps, Ötzi chassait et cueillait des plantes sauvages. Il était d'ailleurs probablement en train de chasser à l'arc quand il a été tué.

L'alimentation carnée des chasseurs-cueilleurs tels qu'Ötzi entraînait une charge acide importante. Comme la viande y jouait un rôle plus important que dans l'alimentation moderne (35 à 55 % de l'apport calorique), elle fournissait une plus grande quantité d'acide sulfurique et d'autres acides organiques.

Malgré tout, l'abondance de produits d'origine végétale autres que les grains leur fournissait une bonne quantité de sels alcalinisants, notamment du citrate et de l'acétate de potassium, qui contrebalancent la charge acide. On estime que, chez les peuples primitifs, l'apport des aliments alcalins était six à neuf fois plus élevé qu'il ne l'est aujourd'hui[16]. Leur urine était d'ailleurs alcaline, son pH se situant entre 7,5 et 9 alors que, aujourd'hui, il oscille plutôt entre 4,4 et 7, soit du côté acide[17].

Quand le blé et les autres grains sont entrés dans l'alimentation, le pH est passé du côté acide et s'est accompagné d'une perte de calcium osseux. Comme sa consommation de petit épeautre était modeste, l'alimentation d'Ötzi était probablement alcaline une bonne partie de l'année. En comparaison, l'abondance de produits bon marché à base de blé qui caractérise la nôtre a pour effet de l'acidifier.

En conséquence, il suffit de supprimer le blé de notre alimentation et de le remplacer par d'autres produits d'origine végétale, tels les légumes, les fruits, les légumineuses et les fruits à coque pour faire passer le pH du côté alcalin, comme c'était le cas chez les chasseurs-cueilleurs[18].

Le blé est donc le grand perturbateur. C'est en quelque sorte la maîtresse de l'homme en pleine crise de la cinquantaine qui déchire les familles unies. Il transforme une alimentation qui devait être alcaline en acide, entraînant une ponction constante de calcium dans les os.

Pour contrer l'acidité résultant de la consommation de «bons grains complets» et ses effets nuisibles sur les os, on prescrit habituellement du Fosamax ou du Boniva, médicaments censés diminuer le risque de fractures ostéoporotiques, particulièrement celles de la hanche. Ces médicaments génèrent des revenus de plus de dix milliards de dollars par année, ce qui est beaucoup, même aux yeux des actionnaires blasés de l'industrie pharmaceutique.

Une fois de plus, le blé entre dans le décor. Bien qu'il soit cautionné par le USDA, il perturbe la santé et contribue ainsi à enrichir Big Pharma.

BEDAINE DE BLÉ, HANCHES DE BLÉ

Avez-vous déjà remarqué que les gens qui affichent une bedaine de blé font presque tous de l'arthrite? Si ce n'est pas le cas, ouvrez grand les yeux et voyez combien ceux qui trimbalent un gros abdomen boitent, clopinent ou grimacent de douleur du fait que leur hanche, leur genou ou leur dos les fait souffrir.

L'arthrose est la forme la plus fréquente d'arthrite dans le monde, dépassant la polyarthrite rhumatoïde, la goutte ou toute autre. Aux États-Unis, en 2010 seulement, on a pratiqué 773 000 arthroplasties de la hanche ou du genou[19].

Le problème n'est pas anodin. Plus de 46 millions de personnes, soit un Américain sur sept, ont reçu un diagnostic d'arthrose[20]. C'est sans compter les nombreux autres qui n'ont pas été diagnostiqués mais qui en souffrent.

Pendant des années, on a cru que l'arthrite de la hanche et du genou résultait d'une usure excessive, un peu comme les pneus d'une voiture ayant trop roulé. Il était entendu qu'une femme pesant 50 kg n'aurait aucun problème articulaire durant son existence tandis que celle de 100 kg verrait ses articulations s'user prématurément. On supposait que l'excès de poids dans quelque partie du corps que ce soit – fesses, abdomen, poitrine, jambes, bras – constituait un stress mécanique pour les articulations.

Or, la chose est plus complexe. L'inflammation provoquée par la graisse viscérale, et qui mène au diabète, à la cardiopathie et au cancer, s'attaque aussi aux articulations. On a fait la preuve que les hormones médiant l'inflammation, telles que le facteur onconécrosant alpha, les interleukines et la leptine, enflammaient et érodaient leur tissu[21]. La leptine, en particulier, exerce des effets destructeurs directs : plus on est en surpoids (c.-à-d. plus l'IMC est élevé), plus le taux de leptine du liquide synovial est élevé et plus les lésions du cartilage et des articulations sont graves[22]. La teneur en leptine des articulations correspond exactement à celle du sang.

Par conséquent, la graisse viscérale qui accompagne la bedaine de blé accroît le risque d'arthrite : en effet, les sujets à l'abdomen démesuré sont trois fois plus susceptibles de subir une arthroplastie du genou ou de la hanche que les autres[23]. C'est ce qui explique aussi que les articulations non porteuses, comme celles des mains et des doigts, soient tout de même sujettes à l'arthrite.

La perte de poids et, par conséquent, de graisse viscérale, permet de soulager l'arthrite, proportionnellement plus que ce que ne laissent supposer les kilos éliminés[24].

Ainsi, dans une étude menée auprès de sujets obèses souffrant d'arthrose, on a observé que pour chaque 1 % de graisse corporelle qu'ils perdaient, leurs symptômes diminuaient et leur fonction articulaire s'améliorait de 10 %[25].

La prévalence de l'arthrite est telle qu'on a l'impression qu'elle accompagne inévitablement le vieillissement, qu'elle est aussi inéluctable que la mort, les impôts et les hémorroïdes. Mais c'est faux. Nos articulations sont conçues pour nous servir fidèlement durant les quelque huit décennies de notre existence, sauf si nous portons atteinte à leur intégrité en leur imposant un excès d'acidité et de molécules inflammatoires, telles la leptine générée par les cellules adipeuses des viscères.

La glycation est un autre phénomène qui, en conséquence de la consommation de blé, contribue au pilonnage des articulations. Plus on en ingère, plus l'hyperglycémie est fréquente et plus il y a de glycation à l'œuvre. Ce processus consiste en une transformation irréversible des protéines du sang et des tissus corporels dont, notamment, ceux des articulations du genou, de la hanche et de la main.

Les cellules qui composent le cartilage des articulations jouissent d'une très grande longévité mais ne se multiplient pas. Par conséquent, celles qui sont lésées ne se régénèrent pas. Ces mêmes cellules qui se trouvent dans votre genou à l'âge de 25 ans y seront (espérons-le) à 80 ans. Elles sont donc sujettes à tous les hauts et les bas biochimiques de l'existence, y compris aux fluctuations de la glycémie. Quand les protéines du cartilage, tels le collagène et l'agrécane, se glyquent, elles durcissent anormalement. Les lésions causées par la glycation sont cumulatives : le cartilage s'effrite, durcit et finit par se désagréger[26]. Il en résulte l'inflammation, la douleur et la destruction de l'articulation caractéristiques de l'arthrite.

Ainsi, l'hyperglycémie, qui favorise l'apparition de la bedaine de blé, couplée à l'activité inflammatoire des cellules de la graisse viscérale et à la glycation du cartilage, entraîne la destruction du tissu osseux et cartilagineux des articulations. À la longue, il en résulte de la douleur et une enflure de la hanche, du genou et de la main.

Un homme recommence à marcher après avoir supprimé le blé

Jason est un programmeur de logiciel de 26 ans d'une grande intelligence et vivacité d'esprit. Il m'a consulté avec sa jeune épouse simplement parce qu'il voulait « être en bonne santé ».

Quand il m'a dit que, bébé, il avait subi une intervention pour corriger une anomalie cardiaque congénitale, je l'ai immédiatement interrompu : « Je pense, Jason, que vous ne consultez pas la bonne personne. Ce n'est pas mon domaine d'expertise. »

« Je sais, a-t-il répondu. Je veux simplement être en meilleure santé. On m'a dit que j'aurais peut-être à subir une transplantation cardiaque. Je suis toujours essoufflé et j'ai été hospitalisé pour une insuffisance cardiaque. Je voudrais savoir si vous pouvez m'aider à éviter la transplantation ou, sinon, à rester en santé par la suite. »

Cela m'a semblé raisonnable et je l'ai donc invité à s'installer sur la table d'examen. « D'accord. Laissez-moi écouter votre cœur. »

Grimaçant de douleur, il s'est levé péniblement de sa chaise et s'est dirigé lentement vers la table.

« Qu'est-ce qui ne va pas ? » lui ai-je demandé.

Après s'être assis, il a répondu avec un soupir : « J'ai mal partout. Toutes mes articulations me font mal. Je peux à peine marcher et, parfois, j'ai même du mal à sortir du lit. »

« Avez-vous consulté un rhumatologue ?

- Oui, trois. Aucun n'a pu établir un diagnostic. Alors on m'a prescrit des anti-inflammatoires et des analgésiques.

- Avez-vous pensé à modifier votre alimentation? J'ai connu de nombreuses personnes que la suppression du blé a soulagées.

- Le blé? Vous voulez dire comme le pain et les pâtes? a-t-il demandé, déconcerté.

- Exactement: pain blanc, de blé complet, multigrain, bagel, muffin, bretzel, craquelins, céréales, pâtes, nouilles, crêpes et gaufres. Même si vous semblez consommer beaucoup de toutes ces choses, croyez-moi, il y a plein d'autres aliments.» Je lui ai tendu un dépliant comprenant des indications pour suivre un régime sans blé.

«Faites-en l'essai. Supprimez tous les produits à base de blé durant quatre semaines. Si vous allez mieux, vous aurez votre réponse. Sinon, il vous faudra peut-être explorer une autre piste.»

Il est revenu me voir trois mois plus tard. J'ai d'abord été frappé par le fait qu'il a traversé la pièce sans montrer le moindre signe de douleur articulaire.

L'amélioration qu'il a connue a été profonde et presque immédiate. «Je n'arrivais pas à le croire: au bout de cinq jours, je n'avais plus la moindre douleur, m'a-t-il confié. Incrédule, je pensais que c'était une coïncidence. Alors, j'ai pris un sandwich. Cinq minutes plus tard, près de 80% de ma douleur a réapparu. Cela m'a servi de leçon.»

Mieux encore, il n'y avait plus la moindre trace de la légère insuffisance cardiaque que j'avais observée lors du premier examen. De plus, il disait respirer mieux, au point qu'il pouvait désormais courir sur de courtes distances et même lancer quelques paniers faciles à l'occasion, toutes choses qu'il ne pouvait plus faire depuis des années. Nous avons commencé à réduire ses doses de médicaments contre l'insuffisance cardiaque.

De toute évidence, je crois beaucoup à une existence exempte de blé. Mais quand je suis témoin de changements aussi spectaculaires que ceux qu'a connus Jason, je frémis à l'idée qu'il existe une solution aussi simple pour guérir un problème qui avait littéralement transformé ce jeune homme en infirme.

En dépit de son air innocent, cette baguette est donc plus nocive pour vos articulations que vous ne le croyez.

BEDAINE DE BLÉ ET ARTICULATION DE LA HANCHE

Tout comme pour la perte de poids et les effets sur le cerveau, la maladie cœliaque peut nous apprendre un certain nombre de choses à propos des effets du blé sur les os et les articulations.

L'ostéopénie et l'ostéoporose sont fréquentes chez les sujets souffrant de cette maladie, qu'ils présentent ou non des symptômes intestinaux : 70 % de ceux qui ont des anticorps cœliaques en sont atteints[27,28]. Étant donné cette incidence, des investigateurs en ont conclu que tous ceux qui faisaient de l'ostéoporose devraient passer un test de dépistage de la maladie cœliaque. Lors d'une étude menée à la Bone Clinic de l'université de Washington, des chercheurs ont découvert que 3,4 % des sujets ostéoporotiques souffraient de maladie cœliaque non diagnostiquée, contre seulement 0,2 % de ceux qui n'étaient pas atteints d'ostéoporose[29]. À elle seule, la suppression du gluten a permis d'améliorer la densité osseuse des premiers, sans qu'il ne soit nécessaire de recourir aux médicaments contre l'ostéoporose.

La perte osseuse est due à une malabsorption des nutriments, particulièrement de la vitamine D et du calcium, et à l'inflammation, qui déclenche la libération de cytokines déminéralisantes, dont les interleukines[30]. Ainsi, la suppression du blé a permis d'atténuer l'inflammation et d'améliorer l'absorption des nutriments.

Rien n'illustre mieux la fragilité osseuse que les cas horribles de gens qui en sont affligés, par exemple cette femme de 57 ans qui, au cours des 21 années subséquentes, s'est fracturé la colonne vertébrale et les extrémités à 10 reprises. Alors qu'elle était désormais infirme, on a finalement diagnostiqué la maladie cœliaque[31]. D'ailleurs, le risque de fractures est trois fois plus élevé chez ceux qui en souffrent[32].

Le problème épineux qui touche les sujets porteurs d'anticorps de la gliadine mais qui ne présentent aucun symptôme intestinal s'applique également à l'ostéoporose. Lors d'une étude, 12 % des sujets ostéoporotiques en étaient porteurs sans présenter aucun des symptômes de maladie cœliaque, c'est-à-dire d'intolérance au blé[33].

En outre, mises à part l'ostéoporose et les fractures, le blé exerce d'autres effets inflammatoires sur les os. Ainsi, les sujets souffrant de polyarthrite rhumatoïde – maladie débilitante et douloureuse qui peut entraîner une déformation des articulations de la main, du genou, de la hanche, du coude et de l'épaule – peuvent aussi être sensibles au blé. Lors d'une étude, on a fait suivre un régime végétarien sans gluten à des sujets qui en étaient atteints mais ne souffraient pas de maladie cœliaque. Or, on a observé une amélioration chez 40 % d'entre eux, de même qu'une chute des taux d'anticorps à la gliadine[34]. C'est peut-être aller un peu loin que d'affirmer que le gluten du blé est la cause première de l'arthrite, mais on peut supposer qu'il exerce des effets inflammatoires sur les articulations par ailleurs sujettes à d'autres affections, telles que la polyarthrite rhumatoïde.

D'après mon expérience, l'arthrite qui ne s'accompagne pas d'anticorps cœliaques répond souvent bien à la suppression du blé. Le soulagement de la douleur articulaire invalidante est certainement l'un des changements les plus spectaculaires que j'ai observés. Comme les tests d'anticorps habituels ne permettent généralement pas d'identifier ces sujets, il est difficile de quantifier et de vérifier les résultats au-delà de l'amélioration subjective de leur état. Mais cela pourrait nous mettre sur la piste d'une des approches les plus prometteuses dans la prise en charge de l'arthrite.

Le risque plus élevé d'ostéoporose et de maladie inflammatoire des articulations chez les malades cœliaques illustre-t-il celui que courent les consommateurs de blé qui n'en souffrent pas et ne présentent pas d'anticorps au gluten? Je pense que oui, ce grain exerçant, à mon sens, des effets destructeurs directs et indirects sur les os et les articulations de toute personne qui en consomme; ils sont simplement plus intenses chez les malades cœliaques et ceux qui présentent des anticorps au gluten.

Et si, au lieu de devoir vous faire remplacer l'articulation de la hanche ou du genou par une prothèse, vous remplaciez le blé par d'autres aliments?

On commence à peine à mesurer l'ampleur des effets d'une perturbation de l'équilibre acido-basique. Quiconque a suivi un cours de chimie élémentaire sait combien le pH est déterminant dans les réactions chimiques. Un petit changement peut influer grandement sur l'équilibre d'une réaction. C'est également vrai pour le corps humain.

Les « bons grains complets » tels que le blé sont en grande partie responsables de la nature acide de l'alimentation moderne. Au-delà de la santé osseuse, les résultats d'études récentes indiquent qu'une alimentation plutôt alcalinisante pourrait atténuer la perte musculaire liée à l'âge, les calculs rénaux, l'hypertension associée au sel, l'infertilité et les maladies rénales.

Supprimez le blé et vos articulations seront moins enflammées, vous connaîtrez moins de pics glycémiques et, par conséquent, votre cartilage sera moins exposé à la glycation, et votre pH retrouvera son équilibre alcalin. C'est sûrement mieux que de prendre du Vioxx.

CHAPITRE 9

CATARACTE, RIDES ET BOSSE DE SORCIÈRE :
LE BLÉ ET LE VIEILLISSEMENT

« Le secret de la jeunesse consiste à mener une vie honnête,
manger lentement et mentir sur son âge. »
– Lucille Ball

Si le vin et le fromage gagnent à vieillir, chez les humains, l'âge peut entraîner toutes sortes de réactions, des mensonges pieux à la chirurgie plastique radicale.

Mais en quoi consiste exactement le vieillissement ?

Si beaucoup s'attachent à en déterminer les caractéristiques spécifiques, nous serions probablement tous d'accord pour dire que, comme la pornographie, on reconnaît la vieillesse quand on la voit.

Cependant, tous ne vieillissent pas au même rythme. Qui n'a pas connu un homme ou une femme de, disons, 65 ans qui passait pour en avoir 45, préservant sa souplesse et sa dextérité mentale, présentant peu de rides, une colonne bien droite et une chevelure épaisse ? Le contraire est vrai : nous connaissons probablement tous des gens qui paraissent plus vieux que leur âge. Bref, l'âge biologique ne correspond pas toujours à l'âge chronologique.

Quoi qu'il en soit, le vieillissement est inévitable. Personne n'y échappe, bien que tous ne progressent pas au même rythme. Si, pour déterminer l'âge chronologique, il suffit de consulter le certificat de naissance, il en va tout autrement de l'âge biologique. Comment savoir si l'organisme est resté jeune ou si, au contraire, il a subi les ravages du temps ?

Supposons que vous rencontrez une femme pour la première fois et que, à la question de savoir quel âge elle a, elle répond : « Vingt-cinq ans. » Étant donné que ses yeux sont marqués de rides profondes, qu'elle a des taches de vieillesse sur le dos des mains et que celles-ci tremblent légèrement, vous y regardez à deux fois. D'autant plus qu'elle a le dos voûté (problème qu'on qualifie de manière peu flatteuse de « bosse de sorcière ») et que sa chevelure est grise et clairsemée. Elle donne plutôt l'impression d'être bonne pour la maison de retraite. Pourtant, elle insiste : elle n'a pas de certificat de naissance ou d'autres preuves légales de son âge mais répète qu'elle a 25 ans. Voyez, elle s'est même fait tatouer les initiales de son mec sur le poignet !

Pouvez-vous prouver qu'elle ment ?

Pas si simple. Si c'était une femelle caribou, vous pourriez mesurer l'étendue de ses bois. Si c'était un arbre, vous pourriez l'abattre et compter ses anneaux.

Mais, chez les humains, il n'y a ni bois, ni anneaux, ni aucun autre marqueur biologique objectif qui permettrait de prouver que cette femme est âgée de 75 ans et non de 25, tatouage ou pas.

Pour l'heure, on ne dispose d'aucun marqueur permettant de déterminer, à un an près, l'âge d'un sujet. Ce n'est pas faute d'essayer. Les scientifiques qui étudient le vieillissement cherchent depuis longtemps des indices qui changeraient parallèlement à l'âge chronologique. On a identifié des indicateurs rudimentaires, par exemple l'apport maximal d'oxygène ; la quantité d'oxygène consommée durant l'exercice mené jusqu'à quasi-épuisement ; le rythme cardiaque maximal durant l'exercice maîtrisé ; la vitesse de l'onde de pression artérielle ; le temps de transmission de la pression pulsée le long d'une artère, phénomène qui reflète la souplesse des artères. Toutes ces variables diminuent avec l'âge mais aucune n'y est corrélée directement.

Et si les chercheurs qui étudient le vieillissement découvraient une mesure de l'âge biologique à prendre soi-même ? Par exemple, si on pouvait savoir à 55 ans que, grâce à une bonne alimentation et à l'exercice, on en fait biologiquement 45. Ou encore qu'une vingtaine d'années de tabagisme, de consommation d'alcool et de frites fait grimper son âge biologique à 67 ans, et qu'il est temps de changer ses habitudes. Bien qu'il existe des procédures et des tests élaborés censés donner un bon indice de l'âge, il n'y en a pas qu'on puisse passer soi-même et qui permettrait de dire avec certitude combien son âge biologique se rapproche de son âge chronologique.

Si l'on cherche des marqueurs adéquats, c'est que, pour manipuler et retarder le processus du vieillissement, on doit pouvoir se fier à un paramètre mesurable et non seulement à ce que l'on voit. Il faut un marqueur biologique objectif dont on puisse suivre l'évolution au fil des ans.

Il existe un certain nombre d'opinions et de théories diverses – certains disent complémentaires – sur les marqueurs biologiques qui pourraient constituer les meilleurs indicateurs du degré de vieillissement biologique. Par exemple, certains croient que les dommages causés par l'oxydation en sont les principales causes et que tout marqueur de l'âge doit comprendre une mesure des lésions oxydatives cumulatives. D'autres pensent qu'il est dû à l'accumulation de débris cellulaires résultant d'une mauvaise lecture du code génétique; par conséquent, il faudrait pouvoir les mesurer. Enfin, d'autres avancent l'idée que le vieillissement est génétiquement programmé et inévitable, résultant d'une diminution des taux d'hormones et d'autres phénomènes physiologiques.

La plupart des chercheurs qui étudient le vieillissement pensent qu'il n'existe pas de théorie unique permettant d'expliquer les transformations qui se produisent entre les années je-sais-tout-je-peux-tout-faire-et-j'ai-de-l'énergie-à-revendre de l'adolescence et celles que traversent les octogénaires, marquées par la raideur, la fatigue et les défaillances de la mémoire. Pas plus qu'il n'existerait, selon eux, une mesure unique permettant de déterminer avec précision l'âge biologique, plusieurs processus étant à l'œuvre.

On comprendrait peut-être mieux ce phénomène si on étudiait les effets du vieillissement accéléré. Or, c'est possible sans devoir mener pour autant des études sur des souris de laboratoire: il suffit d'observer ceux qui souffrent de diabète. Cette maladie constitue un véritable laboratoire vivant du vieillissement accéléré, tous les phénomènes caractérisant le grand âge apparaissant prématurément: cardiopathie, AVC, hypertension artérielle, maladie rénale, ostéoporose, arthrite, cancer. De fait, la recherche sur le diabète a permis d'établir un lien entre l'hyperglycémie, celle-là même qui résulte de la consommation de glucides, et l'accélération des processus qui conduisent un sujet à la chaise roulante et à la résidence assistée.

NULLE PATRIE POUR LES VÉTÉRANS DU PAIN

Récemment, les Américains ont été bombardés de nouveaux termes complexes, de l'«obligation adossée à des actifs» aux «contrats dérivés standardisés», le genre de choses que vous préféreriez laisser aux experts, par exemple à votre ami des services bancaires d'investissement. En voici un autre dont vous entendrez beaucoup parler dans le futur : produits terminaux de la glycation, ou PTG.

C'est le nom qu'on donne à ces substances qui durcissent les artères (athérosclérose), voilent le cristallin de l'œil (cataracte) et perturbent les liaisons nerveuses du cerveau (démence), et qui se retrouvent en abondance dans l'organisme des personnes âgées[1]. Plus on vieillit, plus ils se concentrent dans les reins, les yeux, le foie, la peau et les autres organes.

Bien que certains des effets des PTG soient visibles, par exemple les rides de notre prétendue femme de 25 ans qui suit les conseils de Lucille Ball, ils ne fournissent pas une mesure de l'âge assez précise pour permettre de le démasquer. La peau qui s'affaisse, les rides, l'opacité laiteuse de la cataracte, les mains noueuses de l'arthrite, voilà autant de signes de leurs effets, mais ils ne sont pas véritablement quantitatifs. Néanmoins, les PTG, dont on peut déceler la présence par biopsie, de même que certains signes apparents au premier coup d'œil, fournissent à tout le moins un indice qualitatif de la dégénérescence biologique.

Les PTG sont des débris inutiles qui, en s'accumulant, dégradent les tissus. Ils ne jouent aucun rôle : ils ne fournissent pas d'énergie, n'ont aucune fonction lubrifiante ou de transmission, ne sont d'aucune utilité aux enzymes et hormones, et on ne peut même pas compter sur eux pour nous tenir au chaud durant les nuits froides. Au-delà de leurs effets visibles, ils en exercent bien d'autres : ils s'attaquent aux reins, qui perdent leur capacité à filtrer les déchets et à retenir les protéines, favorisent l'accumulation de plaque athérosclérotique dans les artères, provoquent le durcissement et la détérioration du cartilage des articulations, comme celles du genou et de la hanche, et se substituent aux neurones fonctionnels du cerveau. Comme les grains de sable dans la salade d'épinards ou les morceaux de liège dans un verre de vin, les PTG gâchent le plaisir.

En plus d'être présents dans divers aliments, ils se forment dans l'organisme en conséquence de l'hyperglycémie, phénomène qui définit le diabète.

La séquence d'événements qui mènent à leur formation est la suivante : on ingère des aliments hyperglycémiants ; du fait d'une plus grande disponibilité dans les tissus, le glucose réagit avec les protéines, formant des molécules glycoprotéinées. Les chimistes parlent de produits réactifs complexes tels les produits d'Amadori ou les bases de Schiff, qui donnent diverses molécules glycoprotéinées portant collectivement le nom de PTG. Une fois formés, ils sont irréversibles et indestructibles. Ils se réunissent également en chaînes de molécules, formant des polymères aux effets particulièrement perturbateurs[2]. Quand ils se déposent sur un site, rien ne peut plus les en déloger ; ils forment des amas de débris inutiles qui résistent à tous les processus de digestion ou d'élimination de l'organisme.

Leur formation résulte donc d'un effet d'entraînement qui se met en branle chaque fois que le taux de glycémie s'élève. Partout où va le glucose (c'est-à-dire pratiquement dans tout l'organisme), ils suivent de près. Plus le taux de glycémie est élevé, plus il s'en accumule et plus le vieillissement s'accélère.

Le diabète constitue un exemple concret de ce qui se produit quand le taux de glycémie reste élevé. En effet, chez les diabétiques, il oscille généralement entre 100 et 300 mg/dl, selon le moment de la journée où ils prennent leurs médicaments oraux ou leur insuline. (À jeun, il est normalement de 90 mg/dl ou moins.) Dans certaines situations, par exemple suite à la consommation d'un bol de flocons d'avoine à cuisson lente, il peut osciller entre 200 et 400 mg/dl, ce qui est énorme.

Si une élévation répétée du taux de glycémie entraîne des problèmes de santé, ces derniers devraient être amplifiés chez les diabétiques, ce qui est précisément le cas. Ainsi, leur risque de maladie coronarienne et de crise cardiaque est cinq fois plus élevé que chez les autres, 44 % d'entre eux feront une athérosclérose de la carotide ou d'autres artères circulant hors du cœur, et 20 à 25 % verront leur fonction rénale se détériorer, voire feront de l'insuffisance rénale en moyenne 11 ans après le diagnostic[3]. En fait, il est pratiquement certain qu'une élévation du taux de glycémie se prolongeant sur plusieurs années entraînera des complications.

Cette élévation répétée s'accompagne d'un taux sanguin de PTG excessivement élevé : chez les diabétiques, il est de 60 % plus haut que chez les non diabétiques[4].

Les PTG résultant de l'hyperglycémie sont responsables de la plupart des complications diabétiques, de la neuropathie (lésions nerveuses entraînant une perte de sensibilité dans les pieds) à la rétinopathie (troubles de la vision et cécité) en passant par la néphropathie (maladie et insuffisance rénales). Plus le taux de glycémie est élevé et plus longtemps il le reste, plus les PTG s'accumulent et plus les organes sont lésés.

PTG, maladies et vieillissement

Hormis les complications diabétiques, des maladies graves ont été associées à la production excessive de PTG.

- **Maladie rénale :** l'administration de PTG à des animaux de laboratoire a entraîné l'apparition de tous les signes de maladie rénale[5]. De plus, on en trouve dans les reins des personnes qui en souffrent.

- **Athérosclérose :** l'administration orale de PTG tant chez les animaux que chez les humains provoque la constriction des artères, c'est-à-dire un tonus artériel excessif (dysfonction endothéliale) associé aux lésions fondamentales qui mènent à l'athérosclérose[6]. De plus, les PTG modifient les particules de cholestérol LDL, bloquant leur utilisation normale par le foie et les dirigeant vers les cellules inflammatoires de parois artérielles, processus qui entraîne la formation de plaque athérosclérotique[7]. On en retrouve dans les tissus et leur concentration est corrélée à l'importance de la plaque : plus les tissus en renferment, plus l'athérosclérose artérielle est grave[8].

- **Démence :** chez les patients souffrant du syndrome démentiel associé à la maladie d'Alzheimer, la teneur du cerveau en PTG est trois fois celle des sujets normaux ; ils s'accumulent dans les plaques amyloïdes et les enchevêtrements neurofibrillaires qui la caractérisent[9]. Étant donné l'accroissement marqué de la formation de PTG chez les diabétiques, on ne s'étonnera pas que la démence soit 500 fois plus fréquente chez eux[10].

- **Cancer :** bien que les données soient incomplètes, il se pourrait que le lien entre PTG et cancer s'avère l'un des plus importants en la matière. On a observé une accumulation anormale de PTG dans les cas de cancer du pancréas, du sein, du poumon, du côlon et de la prostate[11].

- **Dysfonction érectile :** voici de quoi attirer l'attention des lecteurs masculins, au cas où je n'aurais pas réussi à le faire jusqu'à présent. Les PTG affaiblissent la fonction érectile. Ils se déposent dans la partie du tissu du pénis qui est responsable de la réponse érectile (le corps caverneux), empêchant le pénis de se gorger de sang et, par conséquent, l'érection[12].

- **Santé de l'œil :** les PTG causent des lésions aux tissus de l'œil, que ce soit au cristallin (cataracte), à la rétine (rétinopathie) ou aux glandes lacrymales (sécheresse oculaire)[13].

La plupart des lésions causées par les PTG se font par le biais d'une augmentation du stress oxydatif et de l'inflammation, deux processus qui sous-tendent de nombreuses maladies[14]. En revanche, on a prouvé lors d'études récentes qu'une diminution de l'exposition aux PTG entraînait une baisse des taux des marqueurs inflammatoires tels que la protéine C-réactive et le facteur onconécrosant[15].

L'accumulation de PTG explique l'apparition des nombreux phénomènes liés à l'âge. Par conséquent, en freinant le processus de glycation et la formation de ces composés, on peut atténuer toutes les conséquences qui en résultent.

Les diabétiques qui maîtrisent mal leur glycémie – taux trop élevé durant une période excessivement longue – sont particulièrement sujets aux complications diabétiques, qui résultent toutes de l'abondance des PTG, même en bas âge. (Avant qu'on comprenne l'importance d'une maîtrise serrée du taux de glycémie dans la prise en charge du diabète de type 1, ou infantile, il n'était pas rare que l'insuffisance rénale et la cécité apparaissent avant l'âge de 30 ans. Maintenant qu'on sait à quoi s'en tenir, ces complications sont beaucoup moins fréquentes.) On a montré au cours d'études d'envergure, notamment le Diabetes Control and Complications Trial (DCCT)[16], qu'une baisse radicale du taux de glycémie s'accompagnait d'un risque réduit de complications diabétiques.

On aura compris que le taux de PTG dépend du taux de glycémie: plus ce dernier est élevé, plus il s'en forme dans l'organisme.

Soulignons que les PTG se forment même en présence d'une glycémie normale, mais à un rythme beaucoup plus lent; leur formation correspond alors au processus de vieillissement normal qui fait qu'une personne de 60 ans paraît son âge. En revanche, leur accumulation chez les diabétiques maîtrisant mal leur glycémie accélère grandement ce processus. Voilà pourquoi le diabète sert de modèle vivant aux chercheurs qui étudient le vieillissement et souhaitent observer les effets de l'hyperglycémie sur son accélération. Il en résulte que les complications diabétiques, telles que l'athérosclérose, la maladie rénale et la neuropathie, sont également des affections associées au vieillissement. Fréquentes chez les gens de 60, 70 et 80 ans et plus, elles sont rares chez les jeunes dans la vingtaine et la trentaine. Bref, le diabète illustre ce qui se produit quand le processus de glycation s'amplifie et que les PTG s'accumulent. Ce n'est pas joli à voir.

Mais ce n'est pas tout. À taux élevés, les PTG déclenchent l'expression des marqueurs du stress oxydatif et de l'inflammation[17]. Le récepteur R-PTG (aussi appelé R-AGE par emprunt à l'anglais) est associé à une série de réponses oxydatives et inflammatoires, sous forme de cytokines inflammatoires, du facteur de croissance de l'endothélium vasculaire et du facteur onconécrosant[18]. Ainsi, les PTG déclenchent une foule de réponses oxydatives et inflammatoires qui conduisent toutes à la cardiopathie, au cancer, au diabète, etc.

L'absence de diabète ne constitue pas une garantie qu'on ne sera pas exposé aux effets néfastes de ces composés, qui accélèrent le vieillissement même chez les non-diabétiques. Il suffit que le taux de glycémie soit de quelques mg au-dessus de la normale pour qu'ils fassent leur sale boulot et bousillent les organes. À la longue, leur accumulation peut entraîner chez tout un chacun l'apparition des maladies auxquelles sont sujets les diabétiques.

Aux États-Unis, en plus des 25,8 millions de diabétiques, on dénombre actuellement 79 millions de prédiabétiques[19]. Et il y a une foule d'autres Américains qui ne satisfont pas aux critères établis par l'ADA pour être qualifiés de prédiabétiques mais qui voient leur taux de glycémie s'élever à répétition à la suite de la consommation de glucides hyperglycémiants, c'est-à-dire qui déclenchent la formation excessive de PTG. (Si vous doutez que votre taux de glycémie s'élève après avoir consommé, disons, une pomme ou une pointe de pizza, procurez-vous un simple glucomètre à la pharmacie et mesurez votre taux une heure après avoir consommé l'aliment en question. Vous serez étonné de voir à quel point il s'élève. Rappelez-vous ma petite expérience quand j'ai pris deux tranches de pain de blé entier : mon taux a grimpé à 167 mg/dl, ce qui n'est pas rare.)

Si l'œuf, les noix crues, l'huile d'olive, la côtelette de porc ou le saumon n'élèvent pas le taux de glycémie, tous les glucides le font, qu'il s'agisse d'une pomme, d'une orange, de céréales multigrains ou de bonbons haricot. Comme je l'ai expliqué précédemment, du point de vue de la glycémie, les produits à base de blé sont, à cet effet, pires que pratiquement tous les autres aliments, la portant à un taux qui rivalise avec celui d'un diabétique, alors même qu'on ne l'est pas.

Gardez à l'esprit que les glucides «complexes» du blé sont constitués d'amylopectine A, dont la structure diffère de celle des autres amylopectines présentes, par exemple, dans le haricot noir et la banane. C'est la forme la plus rapidement digérée par l'amylase, ce qui explique que les produits de blé exercent une action hyperglycémiante plus marquée et que le taux de glycémie sera comparativement plus élevé durant les deux heures qui suivent leur consommation. En conséquence, ils déclencheront la formation d'une plus grande quantité de PTG. Si un concours de PTG existait, le blé gagnerait pratiquement à tout coup, déclassant les autres sources de glucides telles que la pomme, l'orange, la patate douce, la crème glacée et la tablette de chocolat.

Il en découle que ce grain, compte tenu de ses effets hyperglycémiants particuliers, accélère le vieillissement, c'est-à-dire qu'il favorise l'apparition précoce des signes de vieillissement cutanés, de la dysfonction rénale, de la démence, de l'athérosclérose et de l'arthrite.

PTG internes et externes

Si j'ai surtout insisté sur les PTG qui se forment dans l'organisme et résultent en grande partie de la consommation de glucides, il faut savoir qu'il en existe une autre source, soit ceux qui viennent directement des aliments, plus spécifiquement, des produits d'origine animale. Voyons en détail de quoi il s'agit.

Les PTG proviennent de deux grandes sources.

PTG endogènes : ce sont ceux qui se forment dans l'organisme en conséquence de la consommation d'aliments hyperglycémiants, en l'occurrence, les glucides. Autrement dit, tous les glucides provoquent, à divers degrés, leur formation. Fait à signaler, la barre Snickers ne cause qu'une accumulation modeste de ces composés, tandis que le pain de blé entier, compte tenu qu'il élève considérablement plus le taux de glycémie, entraîne une accumulation nettement plus importante.

Soulignons que le fructose, sucre qu'on retrouve de plus en plus dans les produits transformés, accroît la formation de PTG dans l'organisme quelques centaines de fois plus que le glucose[20]. Sous forme de sirop de maïs à haute teneur en fructose, il est fréquemment employé pour la fabrication du pain et des pâtisseries à base de blé. Il vous faudra chercher longtemps pour trouver des produits transformés qui ne renferment pas de fructose sous une forme ou une autre, de la sauce barbecue aux cornichons à l'aneth. À noter que le sucre de table, ou sucrose, est composé à parts égales de fructose et de glucose. Le sirop d'érable, le miel et le sirop d'agave en sont également riches.

PTG exogènes: ces composés ne se forment pas dans l'organisme mais sont plutôt présents dans divers aliments.

La teneur en PTG varie grandement selon les aliments. Les produits d'origine animale, tels que la viande et le fromage, en renferment plus que les autres, particulièrement quand on les cuit à haute température, par exemple sous forme de grillade ou de friture; ils en fournissent alors au moins 1000 fois plus[21]. En outre, plus la cuisson d'un produit d'origine animale est longue, plus sa teneur en PTG est élevée.

On a fait une démonstration saisissante des effets nuisibles des PTG exogènes sur la fonction artérielle quand on a soumis deux groupes de volontaires diabétiques à un régime comprenant les mêmes aliments, soit de la poitrine de poulet, des pommes de terre, des carottes, des tomates et de l'huile végétale. Seule différence: ceux qu'on a donnés au premier groupe avaient été cuits 10 minutes à la vapeur ou à l'eau bouillante, tandis que les autres avaient été frits ou rôtis 20 minutes à 230 °C. Chez ce deuxième groupe, la détente artérielle a diminué de 67 % tandis que leurs taux sanguins de PTG et de marqueurs oxydatifs étaient plus élevés[22].

Les PTG exogènes sont également présents dans les viandes riches en gras saturés. De ce fait, on a injustement accusé ces derniers d'être nocifs pour le cœur parce qu'ils étaient souvent accompagnés des véritables coupables, soit les PTG. Les viandes traitées aux nitrites comme le bacon, la saucisse et les autres charcuteries en sont inhabituellement riches. Bref, les viandes ne sont pas intrinsèquement mauvaises, mais elles peuvent le devenir si on leur fait subir des transformations qui contribuent à en élever la teneur en PTG.

En plus de supprimer le blé et de limiter l'apport en glucides, je pense donc qu'il serait avisé d'éliminer les sources de PTG exogènes, c'est-à-dire les viandes traitées aux nitrites ou cuites à haute température (>175 °C) durant de longues périodes, ainsi que les fritures. Optez de préférence pour les viandes saignantes ou à point plutôt que bien cuites. (Les sashimis constitucraient-ils donc la «viande» idéale?) De plus, la cuisson à l'eau plutôt qu'à l'huile permet de limiter l'exposition aux PTG.

Cela dit, la science des PTG en est encore dans l'enfance, de nombreux éléments restant à découvrir. Mais étant donné ce que nous savons déjà à propos de leurs effets à long terme sur la santé et le vieillissement, je ne crois pas qu'il soit prématuré de commencer dès aujourd'hui à prendre les mesures nécessaires pour diminuer votre exposition à ces composés.

Peut-être me remercierez-vous quand vous fêterez votre centième anniversaire.

LA GRANDE COURSE À LA GLYCATION

Il existe un test largement accessible qui, bien que ne fournissant pas un indice de l'âge biologique, donne une mesure du rythme de vieillissement biologique attribuable à la glycation. En sachant à quelle vitesse l'organisme glyque les protéines, on peut dire si un sujet avance en âge biologique plus rapidement ou plus lentement qu'en âge chronologique. Bien qu'on puisse mesurer la teneur en PTG au moyen d'une biopsie du tissu des organes internes, la plupart des gens sont, on le comprendra, peu enthousiastes à l'idée qu'on leur prélève un morceau de tissu au moyen d'une paire de forceps insérée dans une cavité corporelle. Heureusement, il suffit de connaître le taux sanguin d'hémoglobine glyquée (A1c ou HbA1c) pour déterminer le rythme auquel se forment les PTG. Ce test, qui est habituellement destiné aux diabétiques, peut également servir d'indice de la glycation.

L'hémoglobine, protéine complexe des globules rouges ayant pour rôle de transporter l'oxygène, est, comme toutes les autres protéines de l'organisme, sujette à la glycation, c'est-à-dire à une transformation moléculaire par le glucose. La réaction est rapide et, à l'instar des autres réactions de PTG, irréversible. Plus le taux de glycémie est élevé, plus celui de l'hémoglobine glyquée l'est.

Les globules rouges ont une durée de vie de 60 à 90 jours. La mesure du pourcentage de molécules d'hémoglobine glyquées permet de déterminer à quelle hauteur le taux de glycémie s'est aventuré durant les 60 à 90 jours précédents. C'est un outil utile pour évaluer si le diabétique réussit à maîtriser sa glycémie ou pour diagnostiquer le diabète.

Chez le sujet mince dont la réponse insulinique est normale et qui consomme une quantité limitée de glucides, le taux d'HbA1c oscillera entre 4,0 et 4,8 % ; ce taux relativement faible rend compte de l'inévitable processus de glycation. Chez les diabétiques, il grimpe à 8, 9, voire à 12 ou plus, soit au moins le double de la normale. Chez la majorité des Américains non diabétiques, il se situe à mi-chemin, c'est-à-dire entre 5,0 et 6,4 %. C'est plus que la normale mais moins que le taux de 6,5 % qui est « officiellement » considéré comme indicateur du diabète[23,24]. De fait, un nombre considérable d'Américains adultes, soit 70 %, présentent un taux se situant entre 5,0 et 6,9 %[25].

La HbA1c entraîne des conséquences adverses à un taux inférieur à 6,5 %. Même si ce dernier se situe dans ce qui est considéré comme la fourchette « normale », toute augmentation de 1 % est associée à une incidence accrue de crise cardiaque et de cancer, et à une hausse de 28 % du risque de décès[26,27].

Dis, c'est pas un peu flou par ici?

Le cristallin de l'œil est un dispositif optique d'une grande précision appartenant à l'appareil oculaire qui permet de voir le monde. Les mots que vous êtes en train de lire se présentent sous forme d'images qui se concentrent dans le cristallin de la rétine et sont transposées en signaux nerveux que le cerveau interprète comme des images de lettres noires sur fond blanc. Le cristallin s'apparente à un diamant: en l'absence de défauts, il est parfaitement clair et laisse passer la lumière sans entraves. Vraiment impressionnant!

Mais s'il présente des défauts, la lumière sera distordue.

Cet organe est composé de cristallines, protéines structurelles qui, à l'instar des autres protéines de l'organisme, sont sujettes à la glycation. Les PTG résultant de ce processus forment une double liaison et s'y accumulent. En les frappant, la lumière se diffuse. À la longue, les amas de PTG opacifient le cristallin et la cataracte apparaît.

Le lien entre taux de glycémie, PTG et cataracte est évident. Chez les animaux de laboratoire, on peut provoquer la formation de cataracte en aussi peu que 90 jours, simplement en maintenant leur glycémie à un taux élevé[28]. Les diabétiques sont particulièrement sujets à ce problème, leur risque étant cinq fois plus élevé que celui des non-diabétiques[29].

Aux États-Unis, la cataracte touche 42% des hommes et femmes âgées de 52 à 64 ans, et 91% de ceux de 75 à 85 ans[30]. En fait, aucune structure de l'œil n'échappe aux effets dommageables des PTG, y compris la rétine (dégénérescence maculaire), le corps vitré (substance gélatineuse du globe de l'œil) et la cornée[31].

Par conséquent, tout aliment qui provoque une hausse du taux de glycémie peut contribuer à glyquer les protéines du cristallin. Il vient un moment où les lésions sont telles que cet organe n'arrive plus à résorber les amas et à renouveler ses réserves de protéines. Vous en êtes à ce stade quand la voiture devant vous se perd dans une sorte de brouillard et que la situation ne s'améliore pas même si vous plissez les yeux ou mettez vos lunettes.

Ainsi, la grosse assiette de pâtes, accompagnée de deux tranches de pain italien et d'un petit pudding de pain perdu, que vous prenez au repas portera votre taux de glycémie entre 150 et 250 mg/dl et l'y maintiendra durant trois ou quatre heures, ce qui est amplement suffisant pour que le glucose sanguin glyque l'hémoglobine et, par conséquent, élève le taux d'HbA1c.

Ce taux constitue donc un indice fiable de la maîtrise plus ou moins bonne de la glycémie. Il indique également le degré de glycation des protéines autres que l'hémoglobine, c'est-à-dire celles du cristallin, des tissus rénaux, des artères et de la peau[32]. De fait, c'est un bon indicateur du rythme de vieillissement : plus il est élevé, plus vite on vieillit. Par conséquent, il ne s'agit pas que d'un simple outil de rétroaction à l'usage des diabétiques, puisqu'il permet de mesurer le rythme auquel toute personne vieillit. S'il se maintient à 5 % ou moins, le vieillissement est normal, s'il dépasse ce pourcentage, il est prématuré, ce qui signifie qu'on risque aussi de passer prématurément dans l'autre monde.

Aux aliments les plus hyperglycémiants et les plus consommés correspondent des taux élevés d'HbA1c, qui à leur tour traduisent une accélération des lésions aux organes et du vieillissement. Si vous détestez votre patron et souhaitez hâter son déclin et sa décrépitude, préparez-lui un bon gâteau.

ADIEU BLÉ, BONJOUR LES ANNÉES !

On le sait, les produits de blé font grimper le taux de glycémie plus que pratiquement tout autre aliment, y compris le sucre de table. Si on devait les comparer à la majorité des autres aliments, cela reviendrait à mettre face à face sur le ring le boxeur Mike Tyson et l'écrivain Truman Capote : pas de compétition, un K.O. instantané de la glycémie. À moins d'être une coureuse de fond dans la jeune vingtaine qui, du fait d'une quasi-absence de graisse viscérale, d'une excellente insulinosensibilité et d'une abondance d'œstrogène, ne risque guère de voir son taux de glycémie grimper, la consommation de deux tranches de blé complet élèvera le vôtre minimalement à 150 mg/dl, soit plus qu'il n'en faut pour déclencher la formation de PTG et des problèmes qui s'ensuivent.

Si la glycation accélère le vieillissement, son absence pourrait-elle le ralentir ?

On a vérifié la chose sur des souris de laboratoire : celles dont l'alimentation était riche en PTG souffraient davantage d'athérosclérose, de cataracte, de maladie rénale et de diabète, et vivaient moins longtemps que celles qui en ingéraient peu[33].

On n'a pas encore mené d'étude semblable chez les humains. C'est la pierre d'achoppement de presque tous les travaux portant sur le vieillissement. Imaginez la chose suivante: «Monsieur, vous ferez partie de l'un des deux groupes: celui dont le régime est riche en PTG ou celui dont il en est pauvre. Au bout de cinq ans, nous évaluerons votre âge biologique.» Seriez-vous prêt à courir le risque de faire partie du premier groupe? Et comment, de toute façon, évaluer l'âge biologique?

On a de bonnes raisons de penser que si la glycation et la formation de PTG sous-tendent nombre de phénomènes associés au vieillissement et que si certains aliments les déclenchent plus que d'autres, un régime qui en serait pauvre retarderait ce processus, ou du moins les signes du vieillissement qui y sont liés. Un faible taux d'HbA1c indique qu'il y a moins de glycation endogène à l'œuvre. Autrement dit, moins de cataracte, de maladies rénales, de rides, d'arthrite, d'athérosclérose, et des autres manifestations de la glycation qui frappent les humains, particulièrement ceux qui consomment du blé.

Peut-être même que cela permettrait à tout le monde de dire la vérité sur son âge.

CHAPITRE 10

MES PARTICULES SONT PLUS GROSSES
QUE LES TIENNES : LE BLÉ ET LA CARDIOPATHIE

En biologie, tout est affaire de taille.

Les petites crevettes de quelques centimètres à peine se nourrissent d'algues microscopiques et de plancton en suspension dans l'eau. À leur tour, les gros poissons prédateurs consomment les crevettes.

Dans le règne végétal, les plantes les plus hautes, comme les kapokiers de 70 mètres de la forêt tropicale, possèdent l'avantage de la taille, ce qui leur permet d'absorber les rayons solaires nécessaires à la photosynthèse. En revanche, ils font de l'ombre sur les autres espèces, qui s'en trouvent désavantagées.

Ainsi va la vie, des prédateurs carnivores aux proies herbivores. Ce principe simple, qui a précédé l'arrivée des humains et des premiers primates, remonte à plus d'un milliard d'années, quand, dans leur traversée des mers primordiales, les organismes multicellulaires ont acquis un avantage évolutif sur les unicellulaires. Dans le monde naturel, le grand gabarit est souvent un avantage… de taille.

Cette loi s'applique également au microcosme du corps humain. Dans le sang, les lipoprotéines de faible densité (LDL), qu'on appelle à tort «cholestérol LDL», suivent la même règle que les crevettes et le plancton.

Les grosses particules de LDL fournissent un avantage de survie à leur hôte humain. Il s'agit d'une différence qui se mesure en nanomètres (nm), soit en milliardièmes de mètre, les plus grosses faisant 25,5 nm ou plus, les petites, moins de 25,5 nm. (Ce qui signifie que les particules de LDL, quelle que soit leur taille, sont mille fois plus petites qu'un globule rouge mais plus grosses qu'une molécule de cholestérol. On pourrait en loger près de 10 000 dans le point qui clôture cette phrase.)

Bien entendu, la taille des particules de LDL n'a rien à voir avec le statut de prédateur ou de proie. Elle détermine plutôt si elles s'accumuleront ou non sur la paroi des artères du cœur (artères coronariennes), du cou (carotide) et du cerveau (artères cérébrales). Bref, elle détermine en bonne part votre risque de faire une crise cardiaque ou un AVC avant l'âge de 50 ans, ou vos chances d'être encore capable de tirer sur la manette des machines à sous à 87 ans.

La présence de petites particules de LDL est, en fait, une des causes les plus fréquentes de cardiopathie, c'est-à-dire de crise cardiaque, d'angioplastie ou d'autres manifestations de l'athérosclérose coronarienne qui nécessitent la pose d'une endoprothèse vasculaire ou le recours au pontage[1]. D'après mon expérience auprès de milliers de patients souffrant de cardiopathie, près de 90 % d'entre eux présentent des petites particules de LDL en nombre faible à modéré, voire très élevé.

L'industrie pharmaceutique a jugé plus pratique et plus profitable de classer ce phénomène dans la catégorie « taux de cholestérol élevé ». Mais le cholestérol a peu à voir avec l'athérosclérose ; on y réfère parce que c'est une mesure simple, vestige d'une époque où il n'était pas possible de caractériser et de mesurer les diverses lipoprotéines (c'est-à-dire les protéines qui transportent les lipides) du sang qui provoquent des lésions, l'accumulation de plaque athérosclérotique et, en définitive, la crise cardiaque et l'AVC.

Muffins et petites particules de LDL

« Avale-moi ! »

Alors, Alice but la potion et découvrit qu'elle ne faisait plus que 25 cm de haut et pouvait désormais passer par la porte et s'ébattre avec le Chapelier et le chat du Cheshire.

L'effet qu'exerce sur les particules de LDL le muffin au son ou le bagel aux dix grains que vous avez avalé le matin est assimilable à la potion d'Alice, c'est-à-dire qu'il réduit la taille de ces particules. Si, par exemple, elles font 29 nm, les produits du blé les réduiront à 23 ou 24 nm[2].

Tout comme Alice pouvait désormais passer par la petite porte, les petites particules de LDL se lanceront dans une série de mésaventures uniques auxquelles les particules normales n'ont pas accès.

À l'instar des humains, les particules LDL présentent divers types de personnalités. Les plus grosses s'apparentent au fonctionnaire flegmatique qui fait ses heures et récolte son salaire dans l'attente de la retraite confortable que lui fournira l'État. Quant aux petites, elles rappellent plutôt le délinquant frénétique, antisocial et cocaïnomane qui refuse de se soumettre aux règles et prend plaisir à tout détruire autour de lui. En fait, si on devait créer de toutes pièces une particule diabolique capable de se transformer en plaque athérosclérotique dans les artères, ce serait celle-là.

Les grosses particules de LDL se fixent sur le récepteur LDL du foie, qui en dispose selon le processus physiologique normal du métabolisme de cette catégorie de particules. À l'inverse, le récepteur LDL du foie reconnaît mal les petites, si bien que ces dernières séjournent beaucoup plus longtemps dans le sang.

Comme elles s'y attardent en moyenne cinq jours, comparativement à trois pour les grosses particules, elles sont nettement plus susceptibles d'y entraîner la formation de plaque athérosclérotique[3]. Même si elles se forment au même rythme, les plus petites dépasseront en nombre les plus grosses du simple fait de leur plus grande longévité. En outre, elles sont absorbées par les globules blancs inflammatoires (macrophages) résidant sur les parois des artères, processus qui accélère la formation de plaque.

Nous connaissons tous les bienfaits des antioxydants, n'est-ce pas? L'oxydation joue un rôle dans le processus du vieillissement, laissant dans son sillage des protéines et d'autres structures oxydées qui peuvent mener au cancer, à la cardiopathie et au diabète. Or, quand elles se retrouvent en milieu oxydé, les petites particules sont 25 % plus sujettes à l'oxydation que les plus grosses et, une fois oxydées, elles sont plus susceptibles de causer l'athérosclérose[4].

Le processus de glycation, dont il a été question au chapitre 9, intervient également. Comparativement aux grosses particules, les petites sont huit fois plus sujettes à la glycation endogène et jouent ainsi un rôle plus actif dans la formation de plaque[5]. Par conséquent, l'action des glucides est double: en abondance, ils favorisent la formation de petites particules de LDL; en outre, ils élèvent le taux de glycémie, ce qui contribue à leur glycation. On peut donc dire que les aliments aux effets hyperglycémiants les plus prononcés sont ceux qui provoquent la formation du plus grand nombre de petites particules de LDL et contribuent le plus à leur glycation.

La cardiopathie et l'AVC n'ont donc pas seulement à voir avec un taux de cholestérol élevé. Elles sont causées par l'oxydation, la glycation, l'inflammation, la présence de petites particules de LDL… bref, les processus déclenchés par les glucides, particulièrement le blé.

Par conséquent, ce n'est pas de cholestérol qu'il s'agit mais des particules qui causent l'athérosclérose. Aujourd'hui, nous pouvons quantifier et caractériser les lipoprotéines, et reléguer le cholestérol, avec la lobotomie frontale, au rayon des pratiques médicales dépassées.

Les lipoprotéines à très faible densité (ou VLDL, terme qui s'explique par le fait que, en abondance, les lipides rendent les particules moins denses que l'eau) constituent un groupe crucial de particules, en quelque sorte les ancêtres de toutes les autres. Elles se forment dans le foie à partir de diverses protéines (comme l'apoprotéine B) et de lipides (essentiellement des triglycérides), puis sont libérées dans le sang. Ce sont les premières lipoprotéines à se retrouver dans le milieu sanguin.

Une série de changements détermineront alors si les VLDL donneront naissance à de grosses ou de petites particules de LDL. Fait à signaler, l'alimentation influe grandement sur ce processus de transformation. S'il est impossible de choisir les membres de sa famille, on peut, en tout cas, décider de qui seront les descendants des particules de VLDL et, dès lors, déterminer son risque d'athérosclérose.

LA VIE BRÈVE ET FABULEUSE DES PARTICULES DE LDL

Au risque de paraître ennuyeux, laissez-moi vous apprendre certaines choses à propos de ces lipoprotéines qui se trouvent dans votre sang. Tout cela deviendra clair au bout de quelques paragraphes et vous en saurez alors plus à ce sujet que 98 % des médecins.

Une fois libérées, les lipoprotéines VLDL passent dans le sang, pressées d'y semer leurs petits, c'est-à-dire les particules de LDL. En quittant le foie, elles sont chargées de triglycérides, substances énergétiques intervenant dans de nombreux processus métaboliques. Selon l'alimentation, le foie produira plus ou moins de VLDL qui, de leur côté, seront plus ou moins chargées de triglycérides. Dans le bilan lipidique standard, l'excès de VLDL se traduit par un taux plus élevé de triglycérides, une anomalie fréquente.

Les VLDL sont des êtres particulièrement sociaux, celles qui, parmi les lipoprotéines, animent la soirée et se lient facilement d'amitié avec les autres. Quand elles circulent dans le sang, elles cèdent des triglycérides aux LDL et aux HDL (lipoprotéines de haute densité) en échange d'une molécule de cholestérol. Désormais enrichies de triglycérides, les LDL sont soumises à une autre réaction (par le biais de la lipase hépatique) qui a pour effet de les en priver.

Ainsi, les particules de LDL, dont le diamètre initial était de 25,5 nm et plus, reçoivent des triglycérides en échange de cholestérol, pour ensuite en être dépouillées. Résultat : elles mincissent de quelques nanomètres[6,7].

Il faut peu de triglycérides en excès pour que se déclenche le processus menant à la formation de petites particules de LDL. À un taux de 133 mg/dl ou plus, soit dans la limite des 150 mg/dl qui est considérée comme «normale», 80 % des gens en élaborent[8]. Lors d'une vaste enquête menée auprès d'Américains âgés de 20 ans et plus, on a découvert que 33 % d'entre eux présentaient un taux de triglycérides de 150 mg/dl ou plus, ce qui est plus que suffisant pour entraîner la formation de petites particules de LDL. Chez les personnes de 60 ans, ce taux passe à 42 %[9]. Chez les sujets qui souffrent de maladie coronarienne, la présence de petites particules de LDL éclipse tous les autres troubles ; c'est, de loin, le schéma le plus fréquent[10].

Les taux dont il est question ici correspondent à ceux de sujets à jeun. Étant donné que le taux de triglycérides qui suit normalement un repas (la période postprandiale) est deux à quatre fois plus élevé et le reste durant quelques heures, on peut en conclure que la formation de petites particules de LDL est encore plus importante[11]. C'est ce qui pourrait expliquer en bonne partie le fait que le taux de triglycérides tel que mesuré en dehors des heures de jeûne soit un excellent prédicteur de la crise cardiaque : à des taux élevés, le risque est multiplié par 5 à 17 fois[12].

Les lipoprotéines VLDL constituent donc le principal déclencheur de la cascade d'événements qui mènent à la formation des petites particules LDL. Tout ce qui en accroît la production par le foie ou en élève la teneur en triglycérides déclenchera le processus. Tout aliment qui contribue à hausser les taux de triglycérides et de VLDL, et à les maintenir élevés durant la période postprandiale, favorisera la formation de petites particules de LDL.

ALCHIMIE NUTRITIONNELLE :
LA TRANSFORMATION DU PAIN EN TRIGLYCÉRIDES

Qu'est-ce qui déclenche tout ce processus entraînant une hausse du taux de VLDL/triglycérides et, en conséquence, la formation de petites particules de LDL qui, à leur tour, provoquent l'accumulation de plaque athérosclérotique ?

Les glucides, bien sûr, et à la tête de ce groupe, le blé.

Prendre ou ne pas prendre du Lipitor : le rôle du blé

Tel que mentionné auparavant, la consommation de blé accroît le taux de cholestérol LDL. En le supprimant, on fait baisser ce dernier, plus précisément celui des petites particules de LDL. Mais, à première vue, il pourrait ne pas en paraître ainsi.

C'est ici que les choses se compliquent un peu.

Le bilan lipidique sur lequel se fonde votre médecin pour estimer sommairement votre risque de cardiopathie tient compte d'une valeur de cholestérol calculée et non mesurée. Pour obtenir votre taux de cholestérol total, il suffit de résoudre l'équation suivante (qui porte le nom d'équation de Friedewald) :

Taux de cholestérol LDL = taux de cholestérol total − taux de cholestérol HDL − (taux de triglycérides ÷ 5).

Les trois valeurs à droite de l'équation (LDL, total, HDL) sont effectivement mesurées, mais le taux de cholestérol LDL est calculé.

Le problème, c'est qu'on a mis cette équation au point en se fondant sur un certain nombre de présomptions. Ainsi, pour que ses résultats soient fiables, le taux de HDL doit être de 40 mg/dl ou plus et celui des triglycérides, de 100 mg/dl ou moins. Toute déviation de ces valeurs entraînera une erreur dans le calcul du taux de cholestérol LDL[13,14]. Le diabète, en particulier, fausse les résultats, souvent de manière importante ; il n'est pas rare qu'ils soient erronés de 50 %.

Les variantes génétiques peuvent également être source d'erreurs (par exemple, les génotypes de l'apoE).

Autre problème : si les particules de LDL sont petites, le taux de LDL calculé sous-estimera le taux réel, et si elles sont grosses, il le surestimera.

Pour rendre les choses encore plus confuses, si, grâce à une meilleure alimentation, vous faites passer les petites particules indésirables du côté des grosses particules souhaitables, la valeur calculée du LDL paraîtra souvent plus élevée alors que, dans les faits, elle est plus basse. Bien que la baisse de votre taux de petites particules vous soit bénéfique, votre médecin tentera de vous persuader de prendre des statines, ce qu'il voit lui apparaissant comme un taux de cholestérol élevé. (Voilà pourquoi je dis que le cholestérol LDL est fictif, critique qui n'a pas empêché la très dynamique industrie pharmaceutique de tirer de la vente des statines des revenus annuels de 27 milliards de dollars. Peut-être en bénéficiez-vous, mais peut-être pas. Le taux de cholestérol calculé pourrait ne pas vous l'indiquer même si c'est la méthode approuvée par la FDA pour déterminer qu'un sujet fait de l'hypercholestérolémie.)

La seule méthode qui vous permettra, ainsi qu'à votre médecin, de savoir vraiment de quoi il en retourne consiste à mesurer effectivement le taux de particules de LDL, par exemple par spectroscopie RMN (résonance magnétique nucléaire), ou le taux d'apoprotéine B. (Comme il y a une molécule d'apoprotéine B pour chaque particule de LDL, la mesure est juste.) C'est simple mais cela exige du patricien qu'il acquière les quelques connaissances requises pour comprendre la question.

Pendant des années, ce simple fait a éludé les experts en nutrition. Après tout, les gras alimentaires, méprisés et craints, sont composés de triglycérides. Logiquement, si on en consomme plus, par exemple sous forme de viandes riches et de beurre, leur taux sanguin devrait s'élever. C'est le cas, mais de manière transitoire et à un faible degré.

Plus récemment, il est devenu évident que si une consommation accrue de lipides alimentaires a pour effet de libérer une plus grande quantité de triglycérides dans le foie et le sang, elle contribue par contre à en freiner la production par l'organisme. Comme il peut en produire beaucoup plus que les quantités modestes qu'on ingère normalement au cours d'un repas, l'effet net sur le taux sanguin d'un apport alimentaire élevé est faible, voire nul[15].

En revanche, bien qu'ils renferment des quantités négligeables de triglycérides, les glucides comme le pain de blé entier, les bagels ou les bretzels stimulent la production d'insuline, qui à son tour déclenche la synthèse des acides gras par le foie, processus ayant pour résultat d'inonder le sang de triglycérides[16]. Selon la susceptibilité génétique de chacun, les glucides peuvent porter ce taux à des centaines, voire des milliers, de mg/dl. L'organisme les élabore avec une telle efficacité qu'il peut en maintenir le taux à 300, 500, voire 1000 mg/dl ou plus sans interruption, et ce, durant des années, du moment qu'il dispose d'un apport constant de glucides.

En fait, la découverte récente du processus de lipogenèse, ou synthèse de novo, cette alchimie hépatique qui convertit les sucres en triglycérides, a complètement changé la manière dont les nutritionnistes voient les effets des aliments sur les lipoprotéines et le métabolisme. Ainsi, on sait que cette cascade est notamment déclenchée quand le taux sanguin d'insuline est élevé[17,18]. En effet, cette hormone stimule la lipogenèse par le foie, mécanisme permettant de transformer avec efficacité les glucides en triglycérides et, par la suite, de charger les VLDL de ces derniers.

De nos jours, environ la moitié des calories que l'Américain moyen ingère provient des glucides[19]. Le début du XXIe siècle sera sûrement considéré dans l'histoire comme l'Âge des glucides. Ce profil alimentaire favorise la lipogenèse à un degré tel que les lipides en excès infiltrent le foie. D'où le fait que la stéatose non alcoolique (SNA) et la stéato-hépatite non alcoolique (SHNA) ont atteint des proportions épidémiques, au point que les gastroentérologues ont inventé des abréviations pour les désigner. La SNA et la SHNA mènent à la cirrhose du foie, une maladie irréversible apparentée à celle qui touche les alcooliques[20].

Les canards et les oies stockent les graisses dans leur foie, ce qui leur permet de voler sur de longues distances sans se sustenter. Durant leurs migrations annuelles, ils puisent dans leurs réserves en fonction de leurs besoins énergétiques. Il s'agit là d'un processus évolutionnaire d'adaptation, dont les éleveurs tirent parti pour produire le foie gras qui entrera dans la composition du célèbre pâté du même nom. La technique est simple : il suffit de gaver les oiseaux de grains. Cependant, chez les humains, l'infiltration graisseuse du foie est une conséquence perverse et artificielle de la hausse de la consommation de glucides qui a été sciemment encouragée. À moins de dîner en compagnie d'Hannibal Lecter, il n'y a aucune raison de vous balader avec un foie gras dans l'abdomen.

Tout cela se tient debout : les glucides favorisent le stockage de la graisse, permettant en quelque sorte de préserver les récoltes abondantes en vue d'un usage ultérieur. Supposons que vous êtes un humain primitif et que vous venez de prendre un riche repas composé de sanglier et de baies sauvages. Vous avez tout intérêt à ce que votre organisme stocke le surplus de calories que vous avez ingérées en vue de la disette qui pourrait survenir si vous n'arrivez pas à tuer d'autre gibier au cours des prochains jours ou des prochaines semaines. Grâce à l'insuline que vous sécrétez, ces calories seront stockées sous forme de graisse et transformées en triglycérides par votre foie. Ces lipides se répandront ensuite dans votre sang pour constituer des réserves dans lesquelles votre organisme puisera au cas où vous reveniez de la chasse les mains vides. Toutefois, dans notre siècle d'abondance, l'apport de calories, particulièrement de celles qui sont fournies par les glucides tels les grains, ne s'interrompt jamais.

La situation s'aggrave quand la graisse viscérale est en excès. Elle agit comme une réserve de triglycérides, mais une réserve mobile, c'est-à-dire que ces lipoprotéines entrent et sortent constamment des cellules adipeuses et passent dans le sang[21]. Il en résulte une surexposition du foie à des taux élevés de triglycérides, ce qui favorise la production de VLDL.

Le diabète constitue un terrain pratique pour observer les effets d'un apport élevé en glucides, par exemple en «bons grains complets». Dans bien des cas, le diabète de type 2 résulte d'une consommation excessive de ces nutriments. À l'inverse, une diminution de leur apport permet bien souvent de le faire régresser, de même que l'hyperglycémie[22].

Cette maladie est associée à une «triade lipidique» qui se caractérise par un faible taux de HDL, un taux élevé de triglycérides et la présence de petites particules de LDL, et qui correspond exactement à ce qui se produit en conséquence d'une consommation excessive de glucides[23].

Ainsi, les lipides alimentaires ne contribuent que très modérément à la production de VLDL, les glucides étant nettement plus déterminants. Voilà pourquoi les régimes riches en «bons grains complets» et à faible teneur en lipides ont acquis la réputation de provoquer une hausse du taux de triglycérides, fait sur lequel passent volontiers ceux qui en font la promotion. (Quand, il y a plusieurs années, j'ai suivi un régime dans lequel les matières grasses – d'origine animale ou autre – comptaient pour moins de 10 % de mon apport calorique, bref, un régime végétarien très strict à la Ornish, mon taux de triglycérides a grimpé à 350 mg/dl, et ce, grâce à l'abondance de grains complets qui remplaçaient la viande et les gras.) Les régimes maigres ont généralement pour effet de l'élever à 150, 200 ou 300 mg/dl et, chez les sujets génétiquement prédisposés pour qui le métabolisme des triglycérides pose problème, à quelques milliers de mg/dl, soit suffisamment pour causer une infiltration graisseuse de type SNA ou SHNA, de même que des lésions au pancréas.

Les régimes maigres ne sont donc pas anodins. L'apport élevé en grains complets qui est la conséquence inévitable d'une baisse de la consommation de lipides provoque l'hyperglycémie, une hausse du taux d'insuline, l'accumulation de graisse viscérale et une hausse des taux de VLDL et de triglycérides. En conséquence, le nombre de petites particules de LDL s'accroît.

Si les glucides déclenchent l'effet d'entraînement VLDL/triglycérides/ petites particules de LDL, alors une baisse de leur consommation, particulièrement du blé, devrait provoquer l'effet contraire.

« SI TON ŒIL DROIT EST POUR TOI UNE OCCASION DE CHUTE… »

« Si ton œil droit est pour toi une occasion de chute,
arrache-le et jette-le loin de toi ; car il est avantageux pour toi
qu'un seul de tes membres périsse, et que ton corps entier
ne soit pas jeté dans la géhenne. »
– MATHIEU 5 :29

Le Dr Ronald Krauss et ses collègues de l'université de la Californie à Berkeley ont fait œuvre de pionniers en établissant le lien entre l'apport de glucides et la formation des petites particules de LDL[24]. Dans une série d'études, ils ont démontré que lorsqu'il passait de 20 à 65 % et que l'apport en lipides diminuait, on assistait à une explosion du nombre de petites particules LDL. Même chez les sujets qui n'en présentent pas au départ, elles peuvent apparaître quand leur apport s'accroît. À l'inverse, chez les sujets qui en présentent en abondance, une baisse de l'apport en glucides et une hausse de la consommation de lipides en feront baisser le nombre substantiellement (environ 25 %) au bout de quelques semaines à peine.

Une statine, vraiment ?

Chuck m'a consulté parce qu'il avait entendu dire qu'on pouvait faire baisser son taux de cholestérol sans prendre de médicaments.

On l'avait informé que le sien était trop élevé, mais l'analyse par RMN a plutôt révélé un taux de petites particules de LDL de 2440 nmol/l (idéalement, il devrait être nul ou très faible). Le test classique, quant à lui, indiquait des taux de cholestérol total, de cholestérol HDL et de triglycérides respectivement de 190, 39 et 173 mg/dl.

Trois mois après qu'il eut supprimé le blé (qu'il avait remplacé par de «vrais» aliments, soit des noix crues, des œufs, du fromage, des légumes, des avocats et de l'huile d'olive), son taux de petites particules LDL était descendu à 320 nmol/l. En surface, cela s'est traduit par des taux de cholestérol total, de cholestérol HDL et de triglycérides respectivement de 123, 45 et 45 mg/dl. De plus, il avait perdu 6,35 kg, essentiellement au niveau de l'abdomen.

Bref, une baisse rapide et marquée du taux de cholestérol, tout cela sans recours aux statines.

Le professeur Jeff Volek et ses collègues de l'université du Connecticut ont également publié un certain nombre d'études dans lesquelles ils démontraient les effets d'une baisse de l'apport en glucides sur les lipoprotéines. Dans l'une d'entre elles, ils ont supprimé de l'alimentation des sujets la farine de blé, les boissons gazeuses, la farine et la fécule de maïs, la pomme de terre et le riz, de sorte que les glucides ne représentaient plus que 10 % de leur apport calorique. Les sujets avaient pour consigne de consommer autant de bœuf, volaille, poisson, œufs, fromage, noix, graines, légumes à faible teneur en glucides et sauce à salade qu'ils le voulaient. Au bout de 12 semaines, leur taux de petites particules de LDL avait baissé de 26 %[25].

Du point de vue des petites particules de LDL, il est pratiquement impossible de faire la différence entre les effets du blé et ceux des autres glucides, tels que bonbons, boissons gazeuses et « chips », puisqu'ils déclenchent tous leur formation à un degré ou à un autre. On peut, par contre, affirmer avec certitude que les aliments qui contribuent le plus à hausser les taux de glycémie et d'insuline sont aussi ceux qui stimulent le plus la lipogenèse, favorisent la plus grande accumulation de graisse viscérale, et élèvent massivement les taux de VLDL/triglycérides et de petites particules de LDL. Le blé, naturellement, correspond parfaitement à cette description.

À l'inverse, sa suppression ou une baisse de sa consommation entraîne une diminution considérable du nombre de petites particules de LDL, à la condition de le remplacer par des légumes, des protéines et des lipides.

BON POUR LE CŒUR OU CAUSE DE CARDIOPATHIE ?

Qui n'aime pas écouter un épisode de *Mission impossible* dans lequel le compagnon ou l'amant fidèle trahit l'agent secret, révélant que, tout ce temps, il travaillait pour l'ennemi ?

Ce qui m'amène à parler du côté vil du blé. On nous l'a présenté comme un aliment cardioprotecteur, bien que les résultats de la plupart des études récentes indiquent le contraire. (Le film *Salt*, dont le rôle principal est tenu par Angelina Jolie, illustre les multiples couches de l'espionnage et de la trahison. Et si on faisait un film semblable intitulé *Blé* dans lequel jouerait, par exemple, Russell Crowe et qui raconterait l'histoire d'un homme d'affaires de 50 ans, convaincu de consommer des aliments sains, mais qui découvre soudain que… D'accord, peut-être pas.)

Alors que son fabricant affirme que le pain de mie industriel Wonder Bread permet d'obtenir un corps robuste de 12 manières différentes, le pain et les autres produits de blé « bons pour le cœur » se présentent sous de nombreux déguisements. Mais, au final, que le pain soit moulu sur pierre, germé, au levain, biologique, équitable, artisanal ou « cuit maison », il contient toujours du blé. C'est-à-dire un mélange de protéines de gluten, de gluténines et d'amylopectine qui déclenche l'inflammation et la formation d'exorphines à action neurologique, et élève excessivement le taux de glycémie.

Ne vous laissez pas leurrer par les autres allégations santé qu'on y accole. Qu'il soit enrichi de vitamines B de synthèse ou d'oméga-3 d'origine naturelle, le pain reste un produit de blé. Il pourrait améliorer votre régularité intestinale et vous faire sortir de la salle de bains le sourire accroché aux lèvres, mais cela reste du blé. Sous forme d'hostie, il pourrait être béni par le pape mais, sacré ou non, cela reste du blé.

Vous me suivez sûrement. Si j'insiste tant sur ce point, c'est que les fabricants n'hésitent aucunement à ajouter un ou des ingrédients réputés pour être bons pour le cœur dans leurs muffins, leurs biscottes ou leurs pains, et à décréter que ces derniers sont cardioprotecteurs. Les fibres, par exemple, apportent certains bienfaits, de même que l'acide linolénique des graines et de l'huile de lin. Mais aucun ingrédient réputé pour être bon pour le cœur ne compensera les effets adverses du blé. Même s'il est riche en fibres et en oméga-3, le pain provoquera l'hyperglycémie, la glycation, l'accumulation de graisse viscérale, la formation de petites particules de LDL, la libération d'exorphines et l'inflammation.

SI TU NE TOLÈRES PAS LE BLÉ, SORS DE LA CUISINE

En résumé, les aliments aux effets hyperglycémiants les plus prononcés déclenchent la production de VLDL par le foie. La disponibilité de ces dernières, par le biais de leur interaction avec les particules de LDL, favorise la formation de petites particules qui séjournent plus longtemps dans le sang. L'hyperglycémie entraîne leur glycation, particulièrement si elles sont oxydées.

Longévité des particules de LDL, oxydation, glycation, tout cela contribue à la formation et à l'accumulation de plaque athérosclérotique dans les artères. Et qui est le grand patron, le chef de meute, le maître à l'origine des VLDL, des petites particules de LDL et de la glycation ? Le blé, bien sûr.

Le *Rapport Campbell*, ou l'amour aveugle

D'une durée de 20 ans, la China Study a été menée par le professeur Colin Campbell de l'université Cornell, qui voulait étudier les habitudes alimentaires et l'état de santé des Chinois. Selon lui, les données de l'étude indiquaient que l'incidence des maladies chroniques était plus élevée chez les plus grands consommateurs de produits d'origine animale que chez ceux dont l'alimentation reposait essentiellement sur les produits d'origine végétale, qui étaient manifestement en meilleure santé. On a brandi les résultats de cette étude comme preuve de la nocivité des produits d'origine animale et de l'importance pour la santé d'adopter une alimentation à base de produits d'origine végétale. Soulignons toutefois, au crédit du professeur Campbell, que les données étaient accessibles à quiconque s'y intéressait et voulait bien lire le bouquin de 894 pages qu'il a publié sous le titre *Diet, Life-Style, and Mortality in China* (1990).

C'est ce qu'a fait Denise Minger, jeune crudivore et ex-végétalienne de 23 ans, que la santé et les chiffres intéressent au plus haut point. Désireuse de comprendre les résultats de l'étude, elle a fouillé dans les données du professeur Campbell et a rendu publics les résultats de son analyse dans un blogue qu'elle a lancé en janvier 2010.

C'est alors que le feu d'artifice a commencé.

Après plusieurs mois d'analyse et de contre-analyse, elle en est venue à penser que les conclusions de Campbell étaient faussées et que plusieurs de ses découvertes étaient dues à une interprétation sélective des résultats. Mais le plus étonnant, c'est ce qu'elle a découvert à propos du blé. Laissons-la raconter la chose.

« Quand j'ai entrepris d'analyser les données de l'étude, je n'avais nullement l'intention de faire une critique du livre fort louangé de Campbell. Je suis tout simplement fascinée par les données. Essentiellement, je voulais vérifier si ses conclusions correspondaient aux données sur lesquelles il s'était fondé pour les tirer, ne serait-ce que pour satisfaire ma curiosité.

« Bien que j'aie renoncé au végétalisme, j'ai été végétarienne/végétalienne pendant plus de dix ans ; j'ai donc le plus grand respect pour ceux qui optent pour une alimentation d'origine végétale. Mon but, en analysant la China Study ou toute autre étude, est de séparer le vrai du faux en matière de nutrition et de santé, en écartant les partis pris et les dogmes. Je n'ai aucun intérêt personnel à défendre.

«Je pense que l'hypothèse de Colin Campbell n'est pas entièrement fausse mais qu'elle est incomplète. Bien qu'il ait mis le doigt sur l'importance pour la santé de consommer des aliments complets et non transformés, son insistance à associer les aliments d'origine animale à la maladie l'a conduit à négliger, voire à ignorer, les autres liens potentiels qui existent entre aliments et maladies, dont certains pourraient être encore plus pertinents, voire plus importants en matière de santé publique et de recherche en nutrition.»

Péchés par omission

Dans les tableaux qui suivent, Mme Minger fait référence à ce qu'on appelle le «coefficient de corrélation» et dont le symbole est r. Un coefficient r de zéro signifie que deux variables données n'ont aucune relation entre elles et que leur lien apparent relève du hasard, alors qu'un facteur de 1,00 indique que les deux variables coïncident parfaitement, par exemple le blanc et le riz. S'il est négatif, c'est qu'elles sont opposées, par exemple vous et votre ex-conjoint... Denise Minger continue :

«Ce que Campbell omet de mentionner est peut-être encore plus troublant que son interprétation déformée des données de la China Study. Ainsi, pourquoi associe-t-il les aliments d'origine animale à la maladie cardiovasculaire (corrélation de 0,01 pour les protéines tirées de la viande et de -0,11 pour celles du poisson), mais tait le fait que la farine de blé est corrélée à 0,67 avec les crises cardiaques et les maladies coronariennes, et les protéines d'origine végétale à 0,25 ?

«Pourquoi, en outre, Campbell ne souligne-t-il pas les corrélations astronomiques qui existent entre la consommation de farine de blé et diverses maladies : 0,46 pour le cancer du col de l'utérus, 0,54 pour la cardiopathie hypertensive, 0,47 pour l'AVC, 0,41 pour les maladies du sang et autres hémopathies, et, tel que mentionné précédemment, 0,67 pour l'infarctus du myocarde et la maladie coronarienne ? Se pourrait-il que le "Grand Prix" de l'épidémiologie ait accidentellement découvert un lien entre la principale cause de mortalité en Occident et le grain riche en gluten qu'il préfère ? L'aliment vital serait-il en fait un aliment mortel ?

«Quand on isole la variable blé dans le questionnaire de 1989 de la China Study II (qui comprend un plus grand nombre de données) et considère une non-linéarité potentielle, le résultat donne encore plus la chair de poule.

«Le blé est, parmi toutes les autres variables alimentaires, le prédicteur le plus positif du gain de poids (en termes de kilos; r = 0,65, p < 0,001). Et ce n'est pas parce que les mangeurs de blé sont plus grands, puisque la consommation de blé est fortement corrélée à l'indice de masse corporelle (r = 0,58, p < 0,001).

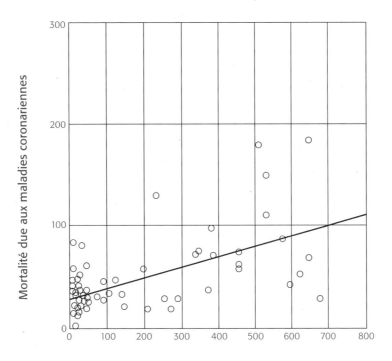

Consommation quotidienne de farine de blé

Mortalité due aux maladies coronariennes par tranche de
100 000 habitants et consommation de farine de blé, en grammes
par jour. Ces résultats reflètent certaines des données du début de l'étude
qui montraient une relation linéaire entre la consommation de farine
et la mortalité par maladie coronarienne : plus la consommation est
élevée, plus le risque de mourir de cardiopathie l'est.
Source : Denise Minger, rawfoodsos.com.

«Qu'ont en commun les autres parties du monde où l'on est sujet à la cardiopathie et les pays occidentaux? Une chose: une consommation élevée de farine de blé.»

Le texte complet, et fort impressionnant, de Mme Minger se trouve sur son blogue *Raw Food SOS*, à http://rawfoodsos.com.

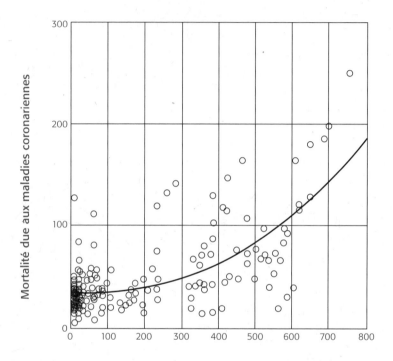

Consommation de blé (selon le questionnaire)

Mortalité par maladie coronarienne par tranche de 100 000 habitants et consommation de blé, en grammes, par jour. Tiré des données ultérieures de la China Study. Plus préoccupantes encore que les données antérieures, celles-ci indiquent que l'augmentation de l'apport en blé accroît le taux de mortalité par maladie coronarienne, la hausse étant particulièrement marquée à compter de 400 g par jour.
Source: Denise Minger, rawfoodsos.com.

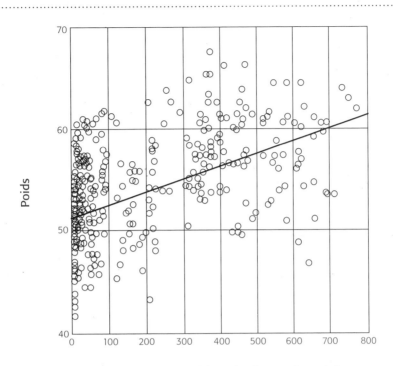

Consommation de blé (selon le questionnaire)

Poids en kg et consommation de blé, en grammes par jour.
Plus la consommation de blé est élevée, plus le poids l'est.
Source : Denise Minger, rawfoodsos.com.

Il y a de bons côtés à ce tableau sombre : si la consommation de blé provoque une hausse marquée de petites particules de LDL et des problèmes qui y sont associés, sa suppression devrait entraîner l'effet contraire. De fait, c'est ce qui se produit.

On peut faire baisser considérablement le taux de petites particules de LDL en supprimant le blé, à condition de manger sainement et d'éviter de le

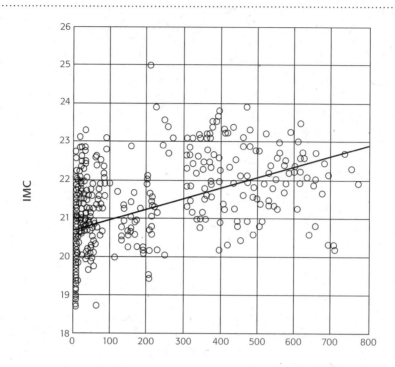

IMC et consommation de blé, en grammes par jour. La hausse de la consommation de blé suit celle de l'IMC. L'IMC permet de confirmer que c'est véritablement le poids et non la taille qui intervient dans le gain de poids associé à la consommation de blé. Source : Denise Minger, rawfoodsos.com.

remplacer par des aliments qui renferment du sucre ou se transforment rapidement en sucre.

Voyez la chose ainsi : tout ce qui élève le taux de glycémie entraînera aussi la formation de petites particules de LDL. En revanche, tout ce qui contribuera à freiner la hausse de la glycémie, par exemple les protéines et les lipides, de même que la suppression des glucides tels que le blé, exercera l'effet contraire.

Remarquez que le fait de tenir compte des petites particules de LDL plutôt que du taux de cholestérol LDL nous mène à des conclusions qui sont en contraste flagrant avec les conseils habituels en matière de santé cardiaque. Le taux calculé de cholestérol LDL, cette fiction populaire, en a perpétué une autre, celle des soi-disant bienfaits qu'on peut tirer d'une baisse de la consommation de lipides et d'une hausse de celle des «bons grains complets». Mais les méthodes telles que l'analyse lipoprotéinique nous permettent de voir que ces conseils ont donné des résultats contraires à ceux qu'on escomptait.

CHAPITRE 11

TOUT ÇA, C'EST DANS TA TÊTE : LE BLÉ ET LE CERVEAU

D'accord, le blé perturbe vos intestins, accroît votre appétit et fait de votre abdomen protubérant un sujet de moquerie. Mais est-il, par ailleurs, si nocif ?

Il est vrai qu'il exerce des effets sur le cerveau par l'intermédiaire de ses exorphines, qui déclenchent une faim insatiable et poussent à manger au-delà de ses besoins et, quand on n'a rien d'autre à se mettre sous la dent, à gratter désespérément le fond de la boîte de craquelins rassis. Mais ces effets se dissipent tôt ou tard et leurs conséquences sont réversibles. Cessez de consommer du blé et ils disparaîtront, votre cerveau se rétablira et vous pourrez à nouveau aider votre ado à résoudre les équations quadratiques.

Par contre, il en exerce d'autres qui sont nettement plus perturbateurs dans la mesure où ils s'attaquent directement au tissu cérébral. Ce n'est plus simplement le comportement qui est touché, mais le cerveau proprement dit, le cervelet et les autres structures du système nerveux, ce qui entraîne de nombreuses conséquences, de l'incoordination à l'incontinence, en passant par les crises épileptiques et la démence. Et, contrairement aux phénomènes créant une dépendance, elles ne sont pas entièrement réversibles.

ATTENTION OÙ TU METS LES PIEDS : BLÉ ET SANTÉ DU CERVELET

Imaginez que je vous bande les yeux et vous relâche dans une pièce inconnue aux nombreux coins et recoins, et dont le plancher est jonché d'objets jetés au hasard. En quelques pas, vous vous retrouverez certainement tête la première dans l'étagère à chaussures. Voilà à quoi sont confrontés ceux qui souffrent d'ataxie cérébelleuse. Sauf qu'ils ont les yeux grands ouverts.

On les voit s'aider d'une canne ou d'un déambulateur, ou trébucher sur une crevasse du trottoir et se fracturer la jambe ou la hanche. Quelque chose les empêche de se déplacer avec aisance, provoquant une perte d'équilibre et de coordination, deux fonctions qui sont centrées dans cette partie du système nerveux qu'est le cervelet.

Les ataxiques se font généralement dire par leur neurologue que leur maladie est idiopathique, c'est-à-dire qu'on n'en connaît pas la cause. On ne leur prescrit aucun traitement, et à juste titre, puisqu'il n'en existe aucun. Le spécialiste conseille simplement au patient d'utiliser un déambulateur et d'écarter les causes potentielles de chute ; il l'informe aussi qu'il fera probablement de l'incontinence urinaire et devra porter des couches. L'ataxie cérébelleuse s'aggrave d'année en année jusqu'au point où le malade n'arrive plus à se brosser les cheveux et les dents, ou à aller seul aux toilettes. Même les soins personnels les plus élémentaires devront lui être prodigués par quelqu'un d'autre. À ce stade, la fin est proche, une telle déficience accélérant l'apparition de complications telles que la pneumonie et l'infection des plaies de lit.

Chez 10 à 22,5 % des malades cœliaques, le système nerveux est touché[1,2]. Vingt pour cent des sujets souffrant d'une ataxie diagnostiquée, quelle qu'en soit la forme, présentent des marqueurs anormaux du gluten tandis que ce taux est porté à 50 % chez ceux dont l'ataxie est inexpliquée[3].

Le problème, c'est que la majorité des sujets souffrant d'ataxie induite par le gluten de blé ne présentent pas de symptômes de maladie intestinale ; rien n'indique qu'on est en présence d'une sensibilité au gluten.

La réponse immunitaire aberrante qui, dans la maladie cœliaque, est à l'origine des diarrhées et des crampes abdominales, peut également être dirigée contre le tissu du cerveau. Bien qu'on soupçonnait déjà, en 1966, l'existence d'un lien gluten-cerveau, on attribuait les troubles neurologiques aux carences nutritionnelles consécutives à la maladie cœliaque[4]. Plus récemment, il est devenu évident que les effets délétères sur le cerveau et le système nerveux résultent directement d'une attaque immunitaire contre les cellules nerveuses. Les anticorps antigliadines déclenchés par le gluten peuvent se lier aux cellules de Purkinje qui sont uniques au cervelet[5]. Or, ces cellules ne se régénèrent pas. Une fois lésées, elles disparaissent à jamais.

En plus de la perte d'équilibre et de l'incoordination, l'ataxie induite par le blé peut prendre des formes étranges, telles que le nystagmus (mouvements latéraux involontaires des globes oculaires), la myoclonie (contractions musculaires involontaires) et la chorée (mouvements anormaux, chaotiques et involontaires des membres). Les résultats d'une étude menée auprès de 104 ataxiques a révélé que la mémoire et l'expression verbale pouvaient également être atteintes, ce qui donne à penser que les effets néfastes du blé pourraient toucher le tissu cérébral, siège de la pensée et de la mémoire[6].

Les symptômes se déclenchent généralement entre 48 et 53 ans. Sur une remnographie du cerveau, 60 % des sujets montrent une atrophie du cervelet, signe d'une destruction irréversible des cellules de Purkinje[7].

Étant donné le faible taux de renouvellement du tissu cérébral, la suppression du blé ne permet d'obtenir qu'un rétablissement limité de la fonction neurologique. Dans la plupart des cas, l'état des sujets cesse simplement de s'aggraver[8].

Le premier obstacle, et possiblement le plus important, à l'établissement d'un diagnostic d'ataxie induite par le blé consiste à trouver un médecin qui sera prêt à envisager la possibilité d'une telle chose, le corps médical restant convaincu que ce grain est bon pour la santé. Cependant, même cet obstacle franchi, le diagnostic ne va pas de soi, certains des anticorps (spécifiquement l'IgA) n'intervenant pas dans les lésions cérébrales induites par le blé. Ajoutez à cela le fait que peu de gens sont prêts à subir une biopsie du cerveau et que les neurologues bien informés sur la question ne sont pas légion. Le diagnostic pourrait reposer sur un ensemble d'éléments, dont les doutes qu'entretient le médecin, la présence de marqueurs HLA-DQ et l'amélioration ou la stabilisation de l'état suite à la suppression du blé et des autres sources de gluten[9].

Malheureusement, les ataxiques ignorent généralement leur état, jusqu'au jour où ils commencent à trébucher sans raison, à se cogner contre les murs ou à mouiller leurs sous-vêtements. Quand les symptômes apparaissent, le cervelet a déjà perdu de son volume et est lésé. À ce stade, le retrait du blé et du gluten n'aura pour effet que de préserver le sujet de la résidence assistée.

Tout cela est dû aux muffins et bagels auxquels on est accro.

DE LA TÊTE AUX PIEDS : BLÉ ET NEUROPATHIE PÉRIPHÉRIQUE

Alors que l'ataxie cérébelleuse est due à des réactions immunitaires induites par le blé se produisant dans le cervelet, une affection semblable peut se produire au niveau des nerfs des jambes, du pelvis et de certains organes. C'est ce qu'on appelle la neuropathie périphérique.

Le diabète en est une cause courante. L'hyperglycémie à répétition et sur plusieurs années a pour effet de léser les nerfs des jambes, entraînant une baisse de la sensibilité (le sujet peut marcher sur une punaise sans même s'en rendre compte), une mauvaise maîtrise de la pression artérielle et du rythme cardiaque, une paresse gastrique (gastroparèse diabétique), toutes des manifestations d'un système nerveux détraqué.

Douce rupture !

Quand j'ai rencontré Meredith pour la première fois, elle sanglotait. Elle me consultait pour un problème cardiaque mineur (une variante sur son ECG qui s'est avérée bénigne).

« Tout me fait mal, particulièrement mes pieds, m'a-t-elle confié. On m'a prescrit toutes sortes de médicaments. Je les déteste parce qu'ils ont beaucoup d'effets secondaires. J'en prends un nouveau depuis deux mois et il me donne tellement faim que je ne peux m'arrêter de manger. J'ai pris près de 7 kg. »

Étant donné ses douleurs aux pieds, cette enseignante n'arrivait plus à rester debout devant la classe. Plus récemment, elle s'était même mise à douter de sa capacité à marcher, du fait qu'elle se sentait instable et manquait de coordination. S'habiller le matin lui demandait de plus en plus de temps, tant à cause de ses douleurs que de sa maladresse ; un geste aussi simple que d'enfiler un pantalon lui était devenu presque impossible. Bien qu'âgée de 56 ans seulement, elle devait marcher en s'aidant d'une canne.

Je lui ai demandé si son neurologue savait à quoi attribuer son infirmité. « Non. Tous me disent qu'il n'y a pas de raison. Je dois simplement apprendre à vivre avec ça. Ils peuvent me prescrire des analgésiques, mais ça va probablement s'aggraver », m'a-t-elle dit en fondant de nouveau en larmes.

Rien qu'à la regarder, je me doutais que le blé était en cause.

Au-delà de sa difficulté à se déplacer, son visage était rouge et enflé. Elle souffrait aussi de reflux gastro-œsophagien, ainsi que de crampes abdominales et de ballonnements, ce qui lui avait valu un diagnostic de syndrome du côlon irritable. Elle pesait environ 27 kg en trop et faisait un peu d'œdème (rétention d'eau) aux mollets et aux chevilles.

Je lui ai conseillé de supprimer le blé. Elle était tellement désespérée et avait tellement besoin d'un conseil utile qu'elle a accepté de tenter le coup. J'ai également pris le pari de lui arranger un rendez-vous pour une épreuve d'effort qui l'obligerait à marcher à pas modéré sur la pente montante d'un tapis roulant incliné.

Elle est revenue me voir deux semaines plus tard. Je lui ai demandé si elle pensait pouvoir faire l'épreuve d'effort. «Sans aucun problème, a-t-elle répondu. Tout de suite après vous avoir parlé, j'ai supprimé le blé. Au bout d'une semaine, mes douleurs se sont atténuées. Je dirais qu'elles ont disparu à 90 %. Je ne ressens pratiquement plus rien. J'ai même interrompu un des analgésiques qu'on m'a prescrits et je pense cesser de prendre l'autre plus tard cette semaine.» De toute évidence, elle n'avait plus besoin de canne.

Elle m'a également confié que son reflux et ses symptômes du syndrome du côlon irritable avaient complètement disparu et qu'elle avait perdu 4 kg au cours de ces deux semaines.

Elle s'est attaquée au tapis roulant sans difficulté, parcourant aisément 5,7 km à l'heure sur une pente à 14 %.

L'exposition au blé peut entraîner un chaos d'intensité semblable. En moyenne, la neuropathie périphérique induite par le gluten apparaît à 55 ans. Comme pour l'ataxie cérébelleuse, la majorité des sujets ne présentent pas les symptômes intestinaux caractéristiques de la maladie cœliaque[10].

Contrairement aux cellules de Purkinje, les nerfs périphériques peuvent, dans une certaine mesure, se régénérer quand on supprime le blé et les autres sources de gluten. Chez la majorité des gens, la neuropathie régresse partiellement. Dans une étude menée auprès de 35 sujets sensibles au gluten qui en souffraient et présentaient des anticorps antigliadines, les 25 qui ne consommaient ni blé ni gluten ont vu leur état s'améliorer au bout d'un an, tandis qu'il s'est dégradé chez ceux qui continuaient d'en consommer[11]. En outre, l'étude de leur conduction nerveuse a révélé qu'elle s'était améliorée dans le premier groupe et détériorée dans le second.

Comme le système nerveux est un écheveau complexe de cellules et de réseaux, la neuropathie périphérique déclenchée par l'exposition au gluten du blé peut prendre diverses formes selon le groupe de nerfs atteint. La plus fréquente est la neuropathie périphérique axonale sensorimotrice, qui se caractérise par une perte de la sensibilité et du contrôle musculaire dans les jambes. Moins fréquemment, un seul côté du corps est touché (neuropathie asymétrique).

Le système nerveux autonome, qui est responsable des fonctions automatiques telles que pression sanguine, rythme cardiaque, contrôle de la vessie et des intestins, peut aussi être atteint[12]. Si c'est le cas, divers accidents risquent de se produire, par exemple une perte de conscience ou des étourdissements causés par un dérèglement de la pression artérielle, une incapacité à uriner ou à déféquer, ou une accélération indésirable du rythme cardiaque.

Mais quelles que soient ses manifestations, la neuropathie périphérique est progressive et s'aggravera tant qu'on n'aura pas entièrement supprimé le blé et le gluten.

CERVEAU DE BLÉ COMPLET

Je pense que nous en convenons tous : les fonctions cérébrales supérieures, telles que la pensée, l'apprentissage et la mémoire ne devraient pas être accessibles aux intrus. Notre esprit nous appartient en propre ; il représente la somme de ce que l'on est et de ses expériences. Qui voudrait qu'un voisin curieux ou qu'un vendeur ait accès au domaine privé de son esprit ? Bien que la notion de télépathie ait quelque chose de fascinant, on a la chair de poule rien qu'à l'idée que quelqu'un pourrait lire dans nos pensées.

Pour le blé, il n'y a rien de sacré. Ni le cervelet ni le cortex cérébral. Bien qu'il ne puisse lire dans les pensées, il peut certainement influer sur ce qui y entre.

L'effet du blé sur le cerveau ne s'exerce pas seulement sur l'humeur, l'énergie et le sommeil. Il peut également causer des lésions, comme on l'a vu avec l'ataxie cérébelleuse. De plus, le cortex cérébral, centre de la mémoire et de la pensée, réservoir de ce que l'on est, de sa personnalité unique et de ses souvenirs, et matière grise du cerveau, peut se trouver propulsé dans la bataille immunitaire que mène le blé, en conséquence de quoi l'encéphalopathie apparaît.

L'encéphalopathie induite par le gluten se manifeste par des migraines et des symptômes apparentés à ceux de l'AVC, par exemple une perte de contrôle d'une jambe ou d'un bras, une difficulté à parler ou des troubles visuels[13,14]. Sur une remnographie du cerveau, on décèle des lésions caractéristiques autour des vaisseaux sanguins qui irriguent le tissu cérébral. En outre, tout comme l'ataxie, cette affection peut entraîner une perte d'équilibre et de l'incoordination.

Dans une étude particulièrement troublante menée par la clinique Mayo auprès de 13 patients qui venaient de recevoir un diagnostic de maladie cœliaque, on a également diagnostiqué la démence. Ni la biopsie du lobe frontal ni l'examen post-mortem n'ont permis d'identifier d'autre affection que celle qui est associée à l'exposition au gluten du blé[15]. Avant leur décès ou leur biopsie, les sujets présentaient les symptômes suivants : perte de la mémoire, incapacité à effectuer les calculs les plus simples, confusion et changement de personnalité. Sur les 13, 9 sont décédés à cause d'une dégradation graduelle de leur fonction cérébrale. Eh oui, une démence fatale causée par le blé.

Dans quelle proportion ces sujets devaient-ils leurs troubles mentaux au blé ? Nul n'a répondu à cette question de manière satisfaisante. Cependant, un groupe de chercheurs britanniques s'est penché sérieusement sur la question et a diagnostiqué, jusqu'à présent, 61 cas d'encéphalopathie, y compris de démence, attribuables au gluten de blé[16].

Par conséquent, le blé est associé à la démence et au dysfonctionnement du cerveau ; il déclenche une réponse immunitaire qui s'infiltre dans la mémoire et l'esprit. Les recherches qui portent sur la relation entre ce grain, le gluten et les lésions cérébrales sont encore préliminaires et de nombreuses questions restent sans réponse, mais ce que nous en savons d'ores et déjà est profondément troublant. Je frémis à l'idée de ce qu'on pourrait encore découvrir.

La sensibilité au blé peut également se manifester sous forme de crises convulsives, qui semblent se produire surtout chez les jeunes, particulièrement les adolescents. Habituellement localisées dans le lobe temporal, partie du cerveau se trouvant juste sous l'oreille, elles se caractérisent par des hallucinations au niveau de l'odorat et du goût, des réactions émotionnelles étranges et inappropriées, par exemple des peurs inexpliquées, et des tics, tels que claquements de lèvres ou mouvements des mains. On a associé un syndrome particulier de crise temporale sur laquelle les anticonvulsivants restent sans effet et qui est déclenchée par une accumulation de calcium dans l'hippocampe (partie du lobe temporal responsable des souvenirs récents) à la maladie cœliaque et à la sensibilité au blé (présence d'anticorps antigliadine et de marqueurs HLA sans symptômes intestinaux)[17].

De 1 à 5,5 % des malades cœliaques peuvent s'attendre à recevoir un diagnostic de crises convulsives[18,19]. La suppression du gluten permet d'atténuer les crises temporales, quand elles y sont associées[20,21]. En outre, on a démontré dans une étude que les sujets qui souffrent de crises généralisées (grand mal), forme d'épilepsie beaucoup plus grave, étaient près de deux fois plus susceptibles (19,6 % contre 10,6 %) de souffrir du type de sensibilité au gluten qui se manifeste à la fois par des taux élevés d'anticorps antigliadines et par l'absence de maladie cœliaque[22].

Il y a quelque chose de troublant dans l'idée que le blé puisse s'infiltrer dans le cerveau humain pour apporter des changements au niveau de sa structure, de la pensée et du comportement et, à l'occasion, provoquer des crises épileptiques.

BLÉ OU GLUTEN ?

Le gluten du blé est clairement associé à des réactions immunitaires destructives, qu'elles s'expriment sous forme de maladie cœliaque, d'ataxie cérébelleuse ou de démence. Cependant, de nombreux effets du blé, y compris ceux qui s'exercent sur le cerveau et le système nerveux, n'ont rien à voir avec les phénomènes immunitaires déclenchés par le gluten. Ainsi, les propriétés addictives de ce grain, qui se manifestent par un besoin excessif, voire une obsession, d'en consommer et auquel s'opposent les bloqueurs des récepteurs opioïdes, ne sont pas dues directement au gluten mais aux exorphines, qui sont le produit de la dégradation de ce dernier. Bien que l'ingrédient responsable des problèmes comportementaux associés à la schizophrénie, à l'autisme infantile et au TDAH n'ait pas été identifié, il est probable que ces troubles soient également attribuables aux exorphines et non à la réponse immunitaire déclenchée par le gluten. Contrairement à la sensibilité au gluten, qu'on peut généralement diagnostiquer au moyen de tests d'anticorps, il n'existe actuellement pas de marqueur permettant d'évaluer les effets des exorphines.

Les effets indépendants du gluten peuvent s'ajouter à ceux qui y sont associés. L'action psychologique que les exorphines exercent sur l'appétit et les pulsions, celle du blé sur les taux de glycémie et d'insuline, ainsi que son action présumée sur d'autres fonctions, qu'il nous reste à découvrir, peuvent être indépendantes de ses effets immunitaires ou s'y conjuguer. Un sujet atteint de maladie cœliaque non diagnostiquée éprouvera une envie irrésistible de consommer du blé, alors même qu'il détruit son intestin grêle, pour voir ensuite son taux de glycémie s'élever à des niveaux diabétiques et son humeur changer radicalement. Une autre personne ne souffrant pas de maladie cœliaque accumulera de la graisse viscérale et présentera des troubles neurologiques associés à la consommation de blé. D'autres éprouveront une fatigue extrême, seront en surpoids et diabétiques, mais ne présenteront aucun des effets immunitaires sur l'intestin et le système nerveux qui sont attribuables au gluten. L'étendue des conséquences de la consommation de blé a vraiment de quoi impressionner.

Ses effets neurologiques sont tellement variés qu'il est difficile de poser un « diagnostic ». On peut mesurer les réponses immunitaires au moyen de tests d'anticorps, mais aucun test sanguin ne permet d'évaluer les réactions non immunitaires et, par conséquent, il est plus difficile de les identifier et de les quantifier.

On commence tout juste à faire la lumière sur le « cerveau de blé ». Plus on y voit clair, plus la situation paraît moche.

CHAPITRE 12

FACE DE BAGEL :
LES EFFETS NÉFASTES DU BLÉ SUR LA PEAU

Si le blé exerce des effets sur des organes tels que le cerveau, les intestins, les artères et les os, peut-il s'attaquer à la peau, l'organe le plus volumineux du corps ?

Bien sûr. Et ses effets sont plus nombreux que les variétés de beignets chez Dunkin' Donuts.

Malgré son apparence tranquille, la peau s'avère un organe dynamique, un foyer d'activité physiologique, une barrière imperméable contre les attaques de milliards d'organismes étrangers, assurant, par l'intermédiaire de la sueur, la régulation de la température corporelle, récoltant quotidiennement bosses et éraflures mais se régénérant constamment afin de faire face aux assauts. C'est la barrière physique qui nous sépare du monde. Elle accueille des dizaines de trillions de bactéries qui, pour la plupart, vivent en symbiose paisible avec leur hôte mammalien.

Tout dermatologue vous dira qu'elle est le reflet extérieur des processus internes. Un simple rougissement le prouve : par exemple, la vasodilatation (dilatation capillaire) aiguë et intense qui se produit quand vous découvrez que l'homme auquel vous avez fait un bras d'honneur sur la route était votre patron. Mais elle ne traduit pas que les états émotionnels, elle témoigne également des processus physiologiques internes.

En entraînant la formation de produits de la glycation, le blé peut accélérer son vieillissement et causer avant l'heure l'apparition de rides et la perte de son élasticité. Cependant, ses effets sur la santé cutanée vont bien au-delà des signes du vieillissement.

Les réactions de l'organisme à ce grain s'expriment par la peau. Tout comme les sous-produits de sa digestion mènent à l'inflammation des articulations, à la hausse du taux de glycémie et à des effets sur le cerveau, ils peuvent provoquer des réactions cutanées qui vont du simple désagrément aux problèmes graves comme les ulcères et la gangrène.

Les changements cutanés sont rarement isolés : si des anomalies attribuables à la consommation de blé apparaissent sur la peau, c'est généralement le signe que d'autres organes – intestins, cerveau, etc. – les subissent sans qu'on en soit nécessairement conscient.

HÉ ! LE BOUTONNEUX !

Acné : problème fréquent chez les adolescents et les jeunes adultes, et causant plus de désarroi que le bal de fin d'études.

Jadis, les médecins se souciaient surtout des effets des éruptions d'acné sur l'apparence plutôt que des démangeaisons. On a attribué cette affection à toutes sortes de causes, des conflits émotionnels, souvent associés à la honte et à la culpabilité, au comportement sexuel déviant. Les traitements s'avéraient souvent pénibles : puissants laxatifs ou lavements, bains soufrés malodorants, exposition prolongée aux rayons X, etc.

L'adolescence n'est-elle donc pas assez difficile ?

Comme si les ados avaient besoin d'une raison supplémentaire de se sentir gauches, l'acné touche les 12 à 18 ans avec une rare fréquence. Avec les effets hormonaux ahurissants qui marquent cette période de l'existence, c'est un phénomène pratiquement universel dans les sociétés occidentales. Elle touche 80 % des adolescents et jusqu'à 95 % des jeunes âgés de 16 à 18 ans, allant parfois jusqu'à les défigurer. Les adultes ne sont pas épargnés, puisque 50 % des plus de 25 ans connaissent des accès intermittents[1].

En revanche, cette affection est inexistante dans certaines cultures. Ainsi, des sociétés aussi diverses que les habitants de l'île de Kitavan en Papouasie-Nouvelle-Guinée, les Aché, chasseurs-cueilleurs du Paraguay, les indigènes de la vallée du Purus au Brésil, les Bantous et les Zoulous d'Afrique, les habitants de l'île d'Okinawa au Japon et les Inuits du Canada en sont curieusement épargnés.

Ces populations jouiraient-elles donc d'une immunité génétique particulière ?

Les preuves scientifiques dont on dispose indiquent plutôt que l'alimentation est en cause. Les cultures qui comptent essentiellement sur les produits alimentaires disponibles dans leur région immédiate nous permettent d'observer ce qui se produit quand on modifie l'alimentation traditionnelle. Ainsi, les Kitavains de Nouvelle-Guinée se nourrissent de légumes, fruits, tubercules, noix de coco et poissons. En plus de ces aliments, les Aché du Paraguay consomment la chair des animaux terrestres ainsi que du manioc, des arachides, du riz et du maïs ; on ne leur connaît pas de cas d'acné[2]. Les habitants d'Okinawa, probablement la communauté humaine jouissant de la plus grande longévité sur la planète, consommaient, jusque dans les années 1980, une variété invraisemblable de légumes, ainsi que des patates douces, du soja, du porc et du poisson ; il n'y avait pratiquement pas de cas d'acné parmi eux[3]. Même chose pour les Inuits qui, traditionnellement, se nourrissaient de phoque, de poisson, de caribou, d'algues, de baies et de racines. Quant à l'alimentation des Bantous et des Zoulous, elle varie selon l'endroit et les saisons, mais elle est généralement composée de poisson et de gibier, et de plantes sauvages telles que la goyave, la mangue et la tomate ; pas d'acné non plus parmi eux[4].

En d'autres mots, les cultures épargnées par cette affection consomment peu de blé, de sucre et de produits laitiers. À la suite de l'introduction, sous l'influence de l'Occident, des féculents transformés, comme le blé et les sucres chez des groupes tels que les Okinawiens, les Inuits et les Zoulous, l'acné est apparu rapidement[5-7]. Autrement dit, les cultures épargnées ne jouissent pas d'une protection génétique contre cette affection ; leur alimentation est tout simplement dénuée des produits qui favorisent son apparition. Ajoutez le blé, le sucre et les produits laitiers, et les ventes de Clearasil montent en flèche.

Ironiquement, au début du XXe siècle, on savait que l'acné était causée, ou aggravée, par la consommation de féculents tels que les crêpes et les biscuits. Ce savoir s'est perdu dans les années 1980 à l'issue d'une unique étude aberrante, au cours de laquelle on a comparé les effets du chocolat à ceux d'une confiserie en barre « placebo ». Les chercheurs en ont conclu qu'il n'y avait pas de différence dans l'incidence de la maladie chez les 65 participants, quoi qu'ils aient consommé. Cependant, l'apport en calories, sucres et gras des deux produits était pratiquement le même, le cacao étant le seul ingrédient à les différencier. (Les chocolatomanes ont toutes les raisons de se réjouir : le cacao ne cause pas l'acné. Prenez plaisir à manger votre chocolat noir à 85 %.) En conséquence de cette unique étude qu'on se plaisait à citer à répétition, les dermatologues ont longtemps ignoré les liens existant entre l'acné et l'alimentation.

De fait, la dermatologie moderne affirme ignorer pourquoi autant d'adolescents et de jeunes adultes souffrent de cette affection chronique et parfois défigurante. Bien qu'on débatte des causes possibles telles que l'infection à la bactérie *Propionibacterium acnes*, l'inflammation et la production excessive de sébum, les traitements ont pour unique but de supprimer les éruptions et non d'en comprendre l'origine. Les dermatologues n'hésitent donc pas à prescrire des crèmes et onguents antibactériens, des antibiotiques oraux et des anti-inflammatoires.

Plus récemment, des chercheurs ont de nouveau montré du doigt les glucides, qui favoriseraient l'apparition de l'acné par l'entremise de la hausse du taux d'insuline.

On commence à comprendre comment l'insuline déclenche cette affection. Elle stimule la libération dans la peau du facteur de croissance insulinomimétique de type I, ou IGF-I. En retour, cette hormone favorise le développement du tissu des follicules pileux et du derme, couche se trouvant juste sous la surface de la peau[8]. De plus, l'insuline et l'IGF-I stimulent la production de sébum, cette pellicule huileuse protectrice que produisent les glandes sébacées[9]. La surproduction de sébum, conjuguée au développement des tissus, provoque la formation des boutons rouges caractéristiques de l'acné.

D'autres champs d'étude apportent également une preuve indirecte du rôle de l'insuline. Ainsi, les femmes qui soufrent du syndrome des ovaires polykystiques (SOPK) et qui présentent des taux d'insuline et de glycémie excessivement élevés sont particulièrement sujettes à l'acné[10]. Les médicaments tels que la metformine qu'on leur prescrit contre le SOPK soulagent également leur acné[11]. Bien que les antidiabétiques oraux ne soient normalement pas prescrits aux enfants, on a observé que les jeunes qui en prennent, et qui, en conséquence, voient leurs taux de glycémie et d'insuline baisser, y sont moins sujets[12].

Le taux d'insuline est à son point le plus haut suite à la consommation de glucides : plus l'IG d'un aliment donné est élevé, plus le pancréas en libère. Bien entendu, compte tenu de son IG particulièrement élevé, le blé provoque une élévation plus marquée des taux de glycémie et d'insuline que presque tous les autres aliments. On ne s'étonnera donc pas que des produits tels que les beignets et les biscuits sucrés – qui contiennent du blé et du sucre, deux aliments à IG élevé – provoquent l'acné. Mais c'est vrai aussi du pain multigrain astucieusement déguisé en aliment sain.

Compte tenu de leur action stimulante sur la production d'insuline, les produits laitiers sont également en cause dans cette affection. Soulignons toutefois que, en dépit de l'obsession des lipides qu'entretiennent les autorités médicales et qui les pousse à conseiller une alimentation maigre, ce ne sont pas eux qu'il faut incriminer, mais plutôt les protéines uniques aux produits bovins. Leur propriété insulinotropique explique la hausse de 20 % des cas graves d'acné chez les jeunes qui consomment du lait[13,14].

Les adolescents en surpoids ou obèses n'en arrivent pas là à cause d'une surconsommation d'épinards, de poivrons, de saumon ou de tilapia, mais de glucides tels que les céréales. On peut s'attendre à ce qu'ils fassent plus d'acné que leurs camarades plus minces, ce qui est effectivement le cas : plus ils sont gros, plus ils sont susceptibles d'en faire[15]. (Cela ne signifie pas que les plus minces sont épargnés mais que le risque augmente avec le poids.)

Il y a tout lieu de croire que les changements apportés en vue de faire baisser les taux d'insuline et de glycémie contribuent à diminuer l'incidence de l'acné. Dans une étude récente, on a comparé des étudiants de niveau collégial qui ont suivi soit un régime à IG élevé, soit un régime à IG faible durant 12 semaines. À l'issue de l'étude, ceux du second groupe (IG faible) présentaient 23,5 % de lésions en moins, contre 12 % pour le groupe témoin[16]. Chez les participants qui consommaient le moins de glucides, le nombre de lésions avait diminué de près de 50 %.

Bref, les aliments qui élèvent les taux de glycémie et d'insuline provoquent l'acné et, à cet égard, le blé se situe presque en tête de file. Le pain de grains entiers que vous donnez à votre ado au nom de la santé aggrave, en fait, son problème. Bien que cette affection ne soit pas dangereuse en soi, elle pousse ceux qui en sont affligés à avoir recours à toutes sortes de traitements, certains potentiellement toxiques comme l'isorétinoïne, qui affaiblit la vision nocturne, peut modifier l'état d'esprit et le comportement, et cause des malformations congénitales grotesques chez le fœtus.

En revanche, la suppression du blé permet de la soulager. En éliminant également les produits laitiers et les autres glucides transformés, tels que chips, tacos et tortillas, on met hors service la machine à insuline qui provoque l'acné. Si une telle chose est possible, vous pourriez même vous retrouver devant un adolescent reconnaissant.

TU VEUX VOIR MON ÉRUPTION ?

La dermatite herpétiforme (DH), inflammation cutanée semblable à l'herpès, constitue une autre manifestation de la réaction immunitaire au gluten du blé qui se produit en dehors du tractus intestinal. Cette éruption, qui s'accompagne de démangeaisons, ressemble à l'herpès mais n'a en fait rien à voir avec cette affection virale. Elle dure longtemps et peut même laisser des plaques décolorées et des cicatrices. Coudes, genoux, fesses, cuir chevelu et dos sont les parties le plus souvent atteintes, généralement des deux côtés à la fois. Cependant, la DH peut se manifester aussi sous forme de boutons dans la bouche et le vagin ou sur le pénis, ou de contusions étranges sur la paume des mains[17]. Il est souvent nécessaire de pratiquer une biopsie de la peau afin d'identifier la réponse inflammatoire qui la caractérise.

Curieusement, la plupart des sujets atteints de DH sont exempts des symptômes intestinaux de la maladie cœliaque, mais présentent tout de même l'inflammation et les lésions intestinales qui lui sont spécifiques. Par conséquent, s'ils continuent de consommer du gluten, ils sont susceptibles de souffrir des mêmes complications que les malades cœliaques, soit du lymphome intestinal, des maladies inflammatoires auto-immunes et du diabète[18].

De toute évidence, le traitement pour la DH consiste à supprimer entièrement le blé et les autres sources de gluten. Dans certains cas, l'éruption disparaît en quelques jours, dans d'autres, elle se dissipera graduellement au fil des mois. On soigne les cas les plus graves ou les récidives liées à la consommation de gluten de blé (malheureusement très fréquentes) en administrant du dapsone. Employé également dans le traitement de la lèpre, ce médicament potentiellement toxique provoque des effets indésirables tels que céphalée, faiblesse, lésions du foie et, à l'occasion, crises convulsives et coma.

Donc, on consomme du blé, en conséquence de quoi une éruption désagréable et défigurante apparaît. Pour la soigner, on prend un médicament potentiellement toxique, ce qui nous permet de continuer à consommer ce grain, ce qui expose à un risque élevé de cancer intestinal et de maladies auto-immunes. Vous trouvez que c'est sensé ?

Parmi les affections cutanées associées au gluten de blé, la DH est la seconde en importance, après l'acné. Il en existe bien d'autres, certaines s'accompagnant d'un taux plus élevé d'anticorps cœliaques, d'autres pas[19]. La plupart d'entre elles peuvent également être causées par d'autres facteurs, tels que médicaments, virus ou cancer. Autrement dit, le gluten de blé partage avec les médicaments, les virus et le cancer le pouvoir de les déclencher.

Les éruptions et autres affections cutanées associées au gluten du blé comprennent :

- **Ulcères buccaux** : glossite (langue rouge et enflammée), chéilite angulaire (plaies douloureuses sur le coin de la bouche) et brûlures dans la bouche sont fréquemment associées au gluten du blé.
- **Angéite cutanée** : lésions semblables à des contusions qui sont traversées par des vaisseaux sanguins enflammés, comme on peut le voir par la biopsie.
- **Acanthosis nigricans** : peau noirâtre et veloutée apparaissant habituellement sur la nuque mais aussi sur les aisselles, les coudes et les genoux. Cette affection est extrêmement fréquente chez les enfants et les adultes sujets au diabète[20].
- **Érythème noueux** : lésions de 2 à 5 cm d'un rouge vif, chaudes et douloureuses qui se forment habituellement sur les jambes mais peuvent apparaître n'importe où. Il s'agit d'une inflammation de la couche adipeuse de la peau. En guérissant, elles laissent une cicatrice brunâtre déprimée.
- **Psoriasis** : éruption rougeâtre, squameuse apparaissant généralement sur les coudes, les genoux et le cuir chevelu, et, à l'occasion, sur tout le corps. Il faut parfois compter plusieurs mois après avoir supprimé le blé avant de voir une amélioration.
- **Vitiligo** : plaques décolorées (blanches) et non douloureuses sur la peau. Une fois installée, cette maladie ne répond pas nécessairement à la suppression du gluten du blé.
- **Syndrome de Behçet** : ulcères de la bouche et des organes génitaux touchant généralement les adolescents et les jeunes adultes. Cette affection peut prendre une multitude de formes, comme la psychose si le cerveau est atteint, la fatigue extrême et l'arthrite.
- **Dermatomyosite** : éruption rougeâtre et enflammée qui s'accompagne d'une faiblesse musculaire et d'une inflammation des vaisseaux sanguins.
- **Dermatose icthyosiforme** : éruption squameuse (« ichtyosiforme » signifie semblable aux écailles de poisson) qui touche généralement la bouche et la langue.

- **Idiophagédénisme :** ulcères horribles et défigurants, parfois chroniques, qui touchent le visage et les membres et provoquent des cicatrices profondes. On les traite habituellement avec des agents immunosuppresseurs tels que les stéroïdes et la cyclosporine. Ils peuvent mener à la gangrène, l'amputation d'un membre et la mort.

Toutes ces affections ont été associées à une exposition au gluten du blé ; on observe généralement une amélioration, voire une guérison, suite à la suppression de ce dernier. Dans la plupart des cas, le rôle qu'il joue par rapport à d'autres facteurs n'est pas quantifié, pour la simple raison qu'il est rarement considéré comme une cause potentielle. En fait, on ne recherche généralement pas la cause, préférant prescrire aveuglément des crèmes stéroïdes ou d'autres médicaments.

Croyez-le ou non, aussi terrifiante que puisse paraître cette liste, elle n'est que partielle, d'autres affections cutanées étant associées au gluten de blé.

Ainsi, les affections cutanées déclenchées par cet ingrédient vont du simple désagrément à la maladie défigurante. En dehors des ulcères buccaux et de l'acanthosis, qui sont relativement fréquentes, la plupart de ces manifestations sont rares. Mais si on les cumule, elles forment une liste impressionnante de maladies socialement perturbatrices, émotionnellement difficiles et physiquement défigurantes.

Commencez-vous à avoir le sentiment que les humains et le gluten de blé sont incompatibles ?

QUI A BESOIN DE CRÈME DÉPILATOIRE ?

Si on le compare aux grands singes et aux autres primates, l'*Homo sapiens* moderne a relativement peu de poils, d'où, peut-être, son attachement à ceux qui lui restent.

Mon père me conseillait de manger des piments forts parce que ça devait me faire pousser le poil sur le torse. Et si, à la place, il m'avait conseillé de supprimer le blé, ce qui m'aurait évité de perdre mes cheveux ? La chute de ces derniers aurait certainement attiré davantage mon attention que le désir de me cultiver une toison. Car si les piments forts ne font pas pousser le poil à quelque endroit que ce soit sur le corps, le blé peut, par contre, en provoquer la chute.

Sept années de démangeaisons

Kurt m'a consulté parce qu'on lui avait dit que son taux de cholestérol était élevé. Ce que son médecin qualifiait de tel était en fait était un excès de petites particules de LDL, un taux faible de cholestérol HDL et un taux élevé de triglycérides. Naturellement, avec un tel profil lipidique, je lui ai conseillé de supprimer le blé sur-le-champ.

Il l'a fait et a perdu un peu plus de 8 kg en trois mois, entièrement au niveau de l'abdomen. Mais le fait à signaler, c'est la conséquence de ce changement alimentaire sur son problème cutané.

Il était affligé d'une éruption rougeâtre brunâtre qui s'étendait de l'épaule droite jusqu'au coude et dans le haut du dos, et lui empoisonnait l'existence depuis plus de sept ans. Il avait consulté trois dermatologues qui avaient tous effectué une biopsie mais sans arriver à un diagnostic clair. Par contre, ils s'entendaient pour dire que Kurt «avait besoin» d'une crème à base de stéroïdes afin de calmer son éruption. Comme ses démangeaisons étaient parfois très pénibles et que les crèmes le soulageaient momentanément, il a suivi leur conseil.

Cependant, quatre semaines après avoir supprimé le blé, il n'y avait plus le moindre signe d'éruption sur son bras et son épaule.

Sept ans, trois biopsies, trois diagnostics erronés… Pourtant la solution était simple : il suffisait de supprimer le blé.

Pour bien des gens, la chevelure est une chose très intime, une signature personnelle associée à l'apparence et à la personnalité. Pour certains, la chute des cheveux est aussi dévastatrice que la perte d'un œil ou d'un pied.

Bien sûr, elle est parfois inévitable, par exemple en conséquence des effets toxiques de médicaments administrés pour soigner des maladies graves. Ainsi, les gens qui subissent une chimiothérapie les perdent temporairement, les agents actifs destinés à détruire les cellules cancéreuses s'attaquant accidentellement aux follicules pileux et aux autres cellules non cancéreuses.

Le lupus érythémateux, maladie inflammatoire systémique qui mène généralement à la maladie rénale et à l'arthrite, peut s'accompagner d'une chute des cheveux résultant d'une inflammation auto-immune des follicules pileux.

La chute des cheveux se produit aussi dans des situations ordinaires. Ainsi, bien des hommes dans la quarantaine et la cinquantaine perdent les leurs, ce qui déclenche presque inévitablement chez eux le désir de conduire une voiture sport décapotable.

Ajoutez la consommation de blé à la liste des causes.

La pelade (*alopecia areata*) se caractérise par des plaques d'alopécie bien circonscrites, généralement sur le cuir chevelu mais occasionnellement sur le reste du corps. Il arrive aussi que l'alopécie touche l'ensemble du corps et laisse le sujet entièrement glabre.

Or, la pelade résulte d'une inflammation cutanée de type maladie cœliaque causée par le blé. Les follicules pileux enflammés retiennent moins bien les poils ou les cheveux, qui tombent alors[21]. Sur les parties dégarnies et sensibles, les taux de médiateurs inflammatoires – facteur onconécrosant, interleukines et interférons – sont particulièrement élevés[22].

Quand elle est causée par le blé, l'alopécie peut persister aussi longtemps qu'on continue à en consommer. Tout comme la fin du traitement de chimiothérapie, la suppression de ce grain et de toutes les autres sources de gluten entraîne habituellement une pousse rapide des cheveux, sans nécessiter d'implants capillaires ou de crèmes topiques.

ADIEU APHTES !

Selon mon expérience, toute personne qui souffre d'acné, d'aphtes, d'une éruption sur le visage ou le dos, d'alopécie et de pratiquement toute autre anomalie cutanée devrait envisager sérieusement la possibilité qu'il s'agit d'une réaction au gluten de blé. Ces problèmes ont possiblement moins à voir avec l'hygiène, l'hérédité ou le partage des serviettes au vestiaire qu'avec le sandwich à la dinde et au pain de blé complet qu'on a consommé la veille. Combien d'autres aliments a-t-on associés à un tel éventail de maladies de la peau ? Bien sûr, l'arachide, les mollusques et les crustacées peuvent causer de l'urticaire. Mais une telle variété ? La gangrène, le défigurement et la mort ? Je n'en connais certainement pas d'autre que le blé.

Le cas du boulanger chauve

J'ai eu un mal fou à convaincre Gordon de supprimer le blé.

Il m'a consulté parce qu'il souffrait de maladie coronarienne. Comme il présentait une abondance de petites particules de LDL, je lui ai conseillé de supprimer entièrement le blé afin de les faire régresser et de favoriser sa santé cardiaque.

Le problème, c'est qu'il possédait une boulangerie. Pain, petits pains et muffins faisaient partie de son quotidien. Naturellement, il en consommait pratiquement à chacun de ses repas. Durant deux ans, je l'ai pressé de bannir le blé, mais en vain.

Un jour, il s'est présenté à mon bureau coiffé d'une casquette de skieur. Il m'a confié qu'il perdait ses cheveux par poignées et qu'il n'avait plus que quelques touffes dispersées sur le crâne. Son médecin avait diagnostiqué une alopécie mais n'en connaissait pas la cause. Même chose pour le dermatologue qu'il a consulté. La chute de ses cheveux l'a tellement perturbé qu'il s'est fait prescrire un antidépresseur par son médecin et a décidé de porter une casquette.

Tout confirmait que le blé était en cause : petites particules de LDL, bedaine de blé, hypertension artérielle, taux de glycémie de niveau prédiabétique, vagues problèmes d'estomac, puis chute des cheveux. J'ai donc tenté de le convaincre à nouveau de supprimer le blé. Profondément troublé par la perte de sa crinière et l'obligation de se couvrir la tête, il a finalement cédé. Cela signifiait qu'il devait apporter de la nourriture au travail et renoncer à consommer ses propres produits, chose qu'il a eu du mal à expliquer à ses employés. Cependant, il l'a fait.

En quelques semaines, une pousse drue est réapparue, garnissant à nouveau son crâne. Au bout de deux mois, elle était vigoureuse. De plus, il avait perdu 5,5 kg et 5 cm de tour de taille. Ses problèmes abdominaux intermittents avaient disparu et son taux de glycémie était désormais normal. Six mois plus tard, l'analyse sanguine révélait une baisse de 67 % de son taux de petites particules de LDL.

Peu pratique, soit, mais ça vaut mieux qu'une perruque, non ?

TROISIÈME PARTIE

DITES ADIEU AU BLÉ !

CHAPITRE 13

UNE VIE SAINE, DÉLICIEUSE ET EXEMPTE DE BLÉ

C'est ici qu'on passe aux choses sérieuses : comme quand on essaie d'éliminer le sable de son maillot de bain, il est parfois difficile de supprimer cet aliment omniprésent, ce truc qui s'infiltre dans tous les coins et recoins de notre alimentation.

Bien souvent, mes patients sont pris de panique quand ils mesurent l'importance des changements qu'ils devront apporter à leurs habitudes d'achat, ainsi que dans leur manière de cuisiner et de manger : « Mais je n'aurai plus rien à manger. Je vais mourir de faim ! » s'écrient-ils, inquiets. Sans compter que plusieurs sont parfaitement conscients des fringales insatiables et de l'anxiété du sevrage qu'ils éprouvent au bout de deux heures sans consommer de blé. (Quand, dans l'émission *The Biggest Loser*, les animateurs Bob et Jillian tiennent patiemment la main des concurrents en larmes parce qu'ils n'ont réussi à perdre que 1,3 kg au cours de la semaine, on a une bonne idée de ce que la suppression du blé représente pour certains.)

Mais croyez-moi, ça en vaut la peine. Si vous m'avez suivi jusqu'ici, je suppose que c'est parce que vous envisagez la possibilité de rompre avec ce partenaire infidèle et brutal. Mon conseil : ne faites preuve d'aucune pitié. Ne vous repaissez pas du souvenir des bons moments que vous avez passés ensemble il y a 20 ans, du gâteau de Savoie et des brioches à la cannelle qui vous ont réconforté quand vous avez perdu votre emploi, du splendide gâteau à sept étages qu'on a servi à votre mariage. Pensez plutôt aux problèmes de santé que vous avez endurés, aux tourments émotionnels que vous avez subis, aux nombreuses fois où il vous a supplié de lui donner une autre chance, jurant qu'il avait vraiment changé.

Ne comptez pas là-dessus : cela ne se produira pas. Il n'y a pas de réhabilitation possible ; il faut l'éliminer purement et simplement. Épargnezvous la théâtralité d'un divorce en cour de justice. Décrétez que, à partir d'aujourd'hui, vous en êtes débarrassé. Ne réclamez pas de pension alimentaire, oubliez le passé et fuyez !

PRÉPAREZ-VOUS À VIVRE EN SANTÉ

Oubliez tout ce que vous avez appris sur les «bons grains complets». Pendant des années, on nous a dit qu'ils devaient occuper une place prédominante dans notre alimentation. Selon cette logique, grâce à eux, vous serez plein(e) d'entrain, populaire, séduisant(e), sexy, et vous réussirez. De plus, vos taux de cholestérol seront adéquats et vos selles, régulières. À l'inverse, lésinez sur les grains complets et vous serez malade, dénutri, et succomberez à la cardiopathie ou au cancer. Votre club de loisirs et votre ligue de jeu de quilles vous banniront, et la société vous rejettera.

Gardez plutôt à l'esprit que le besoin de «bons grains complets» est purement fictif. Le blé et ses comparses ne sont pas plus nécessaires à l'alimentation humaine que les avocats spécialisés en dommages corporels ne le sont à votre petite fête autour de la piscine.

Laissez-moi vous décrire la personne «souffrant» d'une carence en blé : elle est mince, a le ventre plat, présente un faible taux de triglycérides, un taux élevé de cholestérol HDL (le «bon» cholestérol), un taux de glycémie et une pression artérielle normaux ; en outre, elle est pleine d'énergie, dort bien et va régulièrement à la selle. En d'autres termes, le signe que vous souffrez du syndrome de la carence en blé, c'est que vous êtes mince et en bonne santé.

Contrairement à ce que veut la sagesse populaire, à laquelle adhèrent nos diététiciens, la suppression du blé n'entraîne aucune carence nutritionnelle, à la condition de le remplacer par les aliments adéquats.

Si vous comblez le vide qu'il a laissé par des légumes, des noix, des viandes, des œufs, des avocats, du fromage – bref, de «vrais» aliments –, non seulement vous éviterez les carences, mais vous serez en meilleure santé, perdrez du poids et verrez disparaître tous les phénomènes anormaux dont il a été question dans ces pages. Si, par contre, vous lui substituez des «chips» de maïs, des barres énergisantes et des boissons aux fruits, alors vous n'aurez fait que remplacer un groupe d'aliments indésirables par un autre. Et vous pourriez effectivement souffrir d'une carence en plusieurs nutriments importants, tout en continuant de partager le sort des nombreux Américains qui grossissent et deviennent diabétiques.

La première étape consiste donc à supprimer le blé et la seconde, à combler à l'aide d'aliments appropriés le léger vide calorique – gardez à l'esprit que les gens qui n'en consomment plus ingèrent 350 à 400 calories en moins chaque jour – qu'il laisse derrière lui.

Dans sa forme la plus simple, cette approche consiste à augmenter proportionnellement votre consommation de poulet au four, de haricots verts, d'œufs brouillés, de salade et de vos autres aliments habituels. Vous en tirerez plusieurs des bienfaits dont il a été question précédemment. Cependant, ce serait simplifier à l'extrême que de dire qu'il suffit de supprimer le blé. Si vous visez à être en parfaite santé, il importe que vous le remplaciez par de vrais aliments.

Sont exclus de la liste des « vrais » aliments : les produits transformés, riches en sirop de maïs à haute teneur en fructose, traités aux herbicides ou génétiquement modifiés ; les aliments prêts à consommer ou qu'il suffit de réhydrater ; et tout ce qui est présenté dans des emballages accrocheurs, avec personnages de dessins animés ou vedettes sportives à l'appui, ou qui est mis en avant au moyen d'une autre stratégie de marketing astucieuse.

Ce combat doit être mené sur tous les fronts puisque la pression sociale qui pousse à se priver des vrais aliments est terriblement forte. Ainsi, vous ne verrez à la télé aucune annonce publicitaire vantant les vertus du concombre, du fromage artisanal ou des œufs provenant de poules fermières. Vous serez plutôt inondé de pubs de « chips » de pommes de terre, de repas surgelés, de boissons gazeuses et de tous ces autres produits transformés à haute valeur ajoutée mais de piètre qualité.

On consacre des sommes astronomiques à faire la promotion des produits que nous devrions éviter. Surtout connue pour ses céréales (6,5 milliards de dollars de ventes en 2010), dont les Cheerios et les Apple Jacks, la firme Kellogg's est aussi derrière le yaourt Yoplait, la crème glacée Häagen-Dazs, les barres santé Lärabar, les biscuits Graham Keebler, les biscuits aux grains de chocolat Famous Amos et les craquelins Cheez-It. Ces aliments remplissent les rayons du supermarché et sont mis en valeur dans les têtes de gondole, placés stratégiquement à hauteur des yeux sur les étagères et annoncés nuit et jour à la télé. Ils sont aussi prédominants dans la publicité de bien des magazines. Kellogg's n'est que l'un des nombreux grands fabricants appartenant au cercle de Big Food. Soulignons également que Big

Food paie une bonne partie des «recherches» effectuées par les diététiciens et les nutritionnistes, finance les chaires d'universités et de collèges, et influe sur le contenu des médias. Bref, Big Food est partout.

Cette industrie est d'une efficacité redoutable. La très grande majorité des Américains sont prêts à gober tout ce qu'elle leur raconte. On peut d'autant moins l'ignorer que l'American Heart Association et d'autres organisations vouées à la santé cautionnent ses produits. (Ainsi, l'AHA a approuvé plus de 800 produits censés être bons pour le cœur, y compris les céréales Honey Nut Cheerios et, jusqu'à récemment, Cocoa Puffs.)

De votre côté, vous essayez de faire la sourde oreille et de suivre votre propre voie. Pas facile.

Chose certaine, la suppression du blé et des autres aliments transformés ne provoquera aucune carence. En outre, vous serez moins exposé au sucrose, au sirop de maïs à haute teneur en fructose, aux colorants et arômes artificiels, à la fécule de maïs et à la foule de substances aux noms imprononçables qui figurent sur les listes d'ingrédients. Aucune carence là non plus. Ce qui n'empêche pas la USDA, l'American Heart Association, l'American Dietetic Association et l'American Diabetes Association de laisser entendre que ces produits sont en quelque sorte nécessaires à la santé et qu'il pourrait être dangereux de s'en priver. C'est complètement absurde!

Ainsi, certains craignent de ne pas consommer suffisamment de fibres. Ironiquement, si vous remplacez le blé par des légumes et des noix crues, votre apport en fibres s'accroîtra. Par exemple, si vous substituez une poignée d'amandes, de noix ou d'un autre fruit à coque de même valeur calorique (environ 24 noix) à deux tranches de blé complet fournissant 138 calories et 3,9 g de fibres, vous ingérerez la même quantité de fibres, voire plus. C'est vrai aussi d'une salade de même valeur calorique composée de verdures mixtes, de carottes et de poivrons. Après tout, c'est ainsi que les chasseurs-cueilleurs – les premiers à nous avoir enseigné l'importance des fibres alimentaires – obtenaient les leurs: en consommant quantité d'aliments d'origine végétale, et non en avalant des céréales de son et d'autres sources de fibres transformées. On n'a donc pas à se soucier de son apport en fibres si on augmente sa consommation d'aliments sains.

Dans le petit monde de la diététique, on suppose que tous se nourrissent de «chips» de maïs et de bonbons et que, par conséquent, les aliments enrichis de vitamines sont essentiels. Cependant, ces présomptions tombent si l'on consomme de vrais aliments plutôt que les trucs vendus en sachet au magasin d'alimentation du coin. Ainsi, comme le pain, les pâtisseries et les autres produits de blé transformés sont enrichis de vitamines B, telles que B6, B12, acide folique et thiamine, les diététiciens nous mettent en garde contre la carence au cas où nous déciderions de nous en priver. Ils sont dans l'erreur puisque ces vitamines sont présentes en plus grandes concentrations dans les viandes, les légumes et les fruits à coque. Par ailleurs, la loi oblige les fabricants à ajouter de l'acide folique dans le pain et les autres produits de blé. Soit, mais une poignée de graines de tournesol en fournit des quantités bien supérieures, et 60 ml (¼ tasse) d'épinards ou quatre tiges d'asperge en renferment autant qu'une portion de la plupart des céréales. (Il se pourrait aussi que les folates d'origine naturelle présents dans les aliments soient qualitativement supérieurs à l'acide folique des aliments transformés enrichis.) De manière générale, les fruits à coque et les légumes verts constituent d'excellentes sources de folates et c'est d'ailleurs sous cette forme que les êtres humains sont censés l'obtenir. (Les femmes enceintes ou qui allaitent constituent l'exception et pourraient bénéficier d'un apport supplémentaire en acide foliques ou en folates afin de prévenir les anomalies du tube neural.) De même, une portion de 120 g de poulet ou de porc, un avocat ou 60 ml (¼ tasse) de graines de lin moulues fournissent beaucoup plus de vitamine B6 et de thiamine qu'un produit de blé de poids équivalent.

En outre, la suppression du blé a pour effet de favoriser l'absorption des vitamines B. Il n'est pas rare, en effet, que les taux de vitamine B12 et de folates s'élèvent en conséquence de cette mesure, l'appareil gastro-intestinal étant en meilleure santé et les absorbant mieux. C'est vrai aussi du fer, du zinc et du magnésium.

Si la suppression du blé présente certains inconvénients, elle est tout sauf malsaine.

PLANIFIEZ VOTRE « BLECTOMIE » RADICALE

Heureusement, la « blectomie » ne demande ni scalpel ni autre instrument chirurgical; il ne s'agit pas de procéder à l'ablation à froid de votre propre appendice! Pour certains, la chose sera aussi simple que d'ignorer la boulangerie ou de refuser un petit pain au restaurant. Pour d'autres, l'expérience sera plus désagréable, s'apparentant à un traitement de canal (une dévitalisation de la dent) ou à un séjour prolongé des beaux-parents.

D'après mon expérience, la méthode la plus efficace et la plus facile consiste à supprimer le blé brutalement et complètement. Les hauts et les bas résultant des fluctuations des taux de glycémie et d'insuline qu'il provoque de même que les effets addictifs de ses exorphines font que certains éprouvent des difficultés à le bannir graduellement. Dans ce cas, l'arrêt brusque est souvent préférable. En revanche, les sujets prédisposés doivent savoir que cette décision entraînera des symptômes de sevrage, qui pourraient toutefois s'avérer plus supportables que les fringales accompagnant inévitablement une baisse de la consommation, tout comme cela se produit chez l'alcoolique qui essaie d'arrêter de boire. Néanmoins, certains préfèrent l'approche graduelle. Quoi qu'il en soit, le résultat sera le même.

On l'aura compris, le blé ne se résume pas au pain, loin de là. Il suffit de chercher à le supprimer de son alimentation pour découvrir qu'il y en a dans pratiquement tous les produits transformés qu'on a l'habitude de consommer, y compris dans les soupes crémeuses en boîte et les repas surgelés «santé». Son omniprésence s'explique doublement: il rehausse la saveur des aliments et stimule l'appétit, cette seconde caractéristique étant utile non pas aux consommateurs mais aux fabricants. Pour eux, ce grain constitue, comme la nicotine des cigarettes, la meilleure assurance que les gens continueront de consommer leurs produits. (Incidemment, parmi les autres ingrédients largement utilisés dans les produits transformés et qui encouragent la consommation, quoique de manière moindre, mentionnons le sirop de maïs à haute teneur en fructose, le sucrose, la fécule de maïs et le sel. Il vaut donc mieux les éviter aussi.)

Il ne fait aucun doute que la suppression du blé demande une bonne planification. Les aliments qui en renferment présentent l'avantage incontestable de la commodité: les sandwichs et les tortillas roulées, par exemple, se transportent, se rangent et se consomment facilement. Éliminer ces produits exigera que vous apportiez au travail votre repas et disposiez d'ustensiles. Vous devrez probablement vous rendre plus fréquemment à l'épicerie ou au marché pour vous procurer des fruits et des légumes frais, et – Dieu vous en préserve! – cuisiner plus souvent.

Cependant, ces inconvénients ne sont nullement insurmontables. Il vous suffira de consacrer quelques minutes de plus à préparer vos légumes, couper votre morceau de fromage, emballer votre poignée de noix ou verser votre soupe dans un récipient étanche. Vous devrez peut-être mettre de côté un peu de votre salade d'épinards en vue du petit-déjeuner du lendemain. (Eh oui, le repas du soir au petit-déjeuner, une stratégie utile dont il sera question plus loin.)

Jeûner: plus facile qu'il n'y paraît

Le jeûne peut s'avérer l'un des outils les plus puissants pour recouvrer la santé: perte de poids, baisse de la pression artérielle, amélioration de la réponse à l'insuline, longévité ainsi que soulagement de nombreuses affections peuvent en résulter[1]. Généralement considéré comme une pratique strictement religieuse (ramadan, jeûne de la Nativité, carême, jeûne précédant la Dormition, etc.), c'est pourtant un outil fort utile pour quiconque veut rester en bonne santé.

Cependant, pour le mangeur de blé, jeûner peut s'avérer une rude épreuve et nécessite donc un énorme effort de volonté. Au bout de quelques heures à peine sans nourriture, il se jette littéralement sur tous les aliments qui lui tombent sous la main.

Fait à signaler, la suppression du blé facilite grandement la chose.

Durant le jeûne, on n'avale que de l'eau (la bonne hydratation est essentielle afin de prévenir les problèmes) sur une période qui peut durer de 18 heures à quelques jours. Ceux qui ne consomment pas de blé n'ont aucun mal à jeûner durant 18, 24, 36, 72 heures, voire plus. Cette pratique reproduit la situation naturelle des chasseurs-cueilleurs qui, quand la chasse était mauvaise ou que d'autres circonstances naturelles les empêchaient de s'approvisionner, passaient des jours, si ce n'est des semaines, sans manger.

La capacité de jeûner est naturelle. L'incapacité à passer plus de quelques heures sans se lancer dans une quête effrénée de nourriture ne l'est pas.

Les mangeurs de pain et autres produits de blé sont souvent grincheux, confus et fatigués quand ils n'en ont pas avalé depuis plus de deux heures. Ils cherchent alors désespérément la moindre miette ou le moindre petit morceau à se mettre sous la dent afin de soulager leur état, phénomène que j'ai observé d'un regard amusé depuis ma position confortable d'abstinent du blé. Mais une fois que vous l'aurez supprimé, vous serez libéré des hauts et des bas associés aux fluctuations des taux de glycémie et d'insuline, et vous n'aurez plus besoin de votre dose d'exorphines. Ainsi, après avoir avalé à 7 heures un petit-déjeuner composé de deux œufs brouillés, de légumes et d'huile d'olive, vous n'aurez probablement pas faim avant midi ou

13 heures. Comparez cela au cycle de 90 à 120 minutes de faim insatiable que la plupart des gens éprouvent après avoir pris un bol de céréales à haute teneur en fibres : à 9 heures, il leur faut un goûter, de même qu'à 11 heures, ou bien ils avanceront l'heure de leur repas. Dans ces conditions, on ne s'étonne pas qu'on puisse éliminer 350 à 400 calories par jour. De plus, vous serez épargné de la baisse brutale d'énergie qui se produit vers 14 ou 15 heures en conséquence de la consommation d'un sandwich de blé complet à midi et qui se manifeste par de la somnolence, de la confusion et de la léthargie. Un repas composé de thon (sans pain) avec mayonnaise ou vinaigrette à l'huile d'olive, de tranches de courgettes et de quelques poignées de noix n'exercera aucun effet sur vos taux de glycémie et d'insuline et n'entraînera donc pas ces désagréments.

La plupart des gens ont du mal à croire que, à long terme, la suppression du blé leur facilitera l'existence plutôt que de la leur compliquer. Ceux qui s'abstiennent d'en consommer n'éprouvent plus le besoin de partir en quête de nourriture toutes les deux heures et peuvent rester de longues périodes sans manger ni souffrir de la faim. Quand, finalement, ils se mettent à table, ils se contentent de moins. Bref, leur vie s'en trouve simplifiée.

De fait, on est bien souvent esclave des horaires et habitudes imposées par ce grain. Par conséquent, la « blectomie » radicale ne consiste pas simplement à supprimer un aliment quelconque mais à bannir de son existence un puissant stimulant de l'appétit, un produit qui régit inexorablement le comportement et les pulsions. Elle est libératrice.

ACCROS AU BLÉ ET SYNDROME DE SEVRAGE

Environ 30 % de ceux qui suppriment brutalement le blé éprouvent des symptômes de sevrage. Cependant, contrairement à celui des opiacés ou de l'alcool, le sevrage de ce grain n'entraîne ni crises convulsives, ni hallucinations, ni absences, ni autres phénomènes dangereux.

Les symptômes s'apparentent plutôt à ceux qu'on éprouve quand on arrête de fumer et que l'organisme est privé de nicotine ; pour certains, l'expérience est presque aussi intense. Fatigue, torpeur et irritabilité peuvent en résulter, de même que, à l'occasion, une vague dysphorie, c'est-à-dire un sentiment d'abattement et de tristesse. De plus, le sevrage du blé présente cette caractéristique singulière : durant deux à cinq jours, on arrive plus difficilement à faire de l'exercice. Cependant, les symptômes sont de courte durée : contrairement aux ex-fumeurs, qui continuent d'être à cran trois ou quatre semaines plus tard, les ex-consommateurs de blé se sentent généralement mieux au bout d'une semaine. (La période la plus longue dont j'ai été témoin est de quatre semaines, mais c'est rare.)

Ces symptômes touchent généralement ceux qui, auparavant, éprouvaient des envies irrépressibles de bretzels, craquelins et pain en conséquence des puissantes pulsions déclenchées par le blé, et qui se manifestaient environ toutes les deux heures. Chez ces sujets, sauter un repas ou un goûter provoque de la détresse : tremblements, nervosité, maux de tête, fatigue et besoin maladif de manger sont fréquents et pourraient se manifester pendant toute la durée du sevrage.

Les symptômes s'expliquent probablement par la dépendance de l'organisme envers les sucres d'absorption rapide – comme ceux du blé – qui résulte de la consommation, année après année, de quantités importantes de glucides. Leur suppression nécessite une certaine adaptation physiologique, l'organisme devant désormais se tourner vers les acides gras plutôt que vers les sucres. Ce processus peut demander plusieurs jours avant de se stabiliser.

Cependant, cette étape est nécessaire car elle permet de mobiliser la graisse viscérale qui s'est accumulée dans la bedaine de blé et de la faire fondre. Le sevrage du blé exerce les mêmes effets physiologiques que les régimes à faible teneur en glucides. (Les adeptes du régime Atkins ou Dukan apparentent les symptômes de la phase dite d'induction à ceux de la grippe, c'est-à-dire fatigue et courbatures.) La privation des exorphines dérivées du gluten contribue également aux symptômes de sevrage, particulièrement aux fringales de blé et à la dysphorie.

Il y a deux manières d'atténuer le coup. La première consiste à diminuer graduellement sa consommation de blé sur une période d'une semaine, ce qui fonctionne pour certains. Cependant, si vous êtes accro, cette méthode pourrait s'avérer difficile étant donné que chaque fois que vous prendrez une bouchée d'aliment contenant du blé, ses propriétés addictives seront à l'œuvre. Pour les véritables accros, la meilleure solution consiste probablement à briser ce cycle en le supprimant brutalement. Ce phénomène s'apparente à l'alcoolisme : si votre ami avale les deux cinquièmes d'une bouteille de bourbon tous les jours et que vous le pressez de s'en tenir à deux verres, il serait effectivement en meilleure santé et vivrait plus longtemps s'il le faisait, mais il en serait probablement incapable.

En second lieu, si vous pensez être de ceux qui pourraient éprouver des symptômes de sevrage, il importe que vous choisissiez le bon moment pour modifier votre alimentation. Optez pour une période où vous n'avez pas à vous montrer sous votre meilleur jour, par exemple une semaine ou un long week-end de congé. La confusion mentale et la léthargie qu'éprouvent certains amoindrissent leur productivité au travail. (N'attendez aucune sympathie de votre patron ou de vos collègues, qui se moqueront probablement de vous en disant des choses du genre : « Hé, les mecs, Thomas a peur des croissants ! »)

Bien que la suppression du blé puisse présenter des inconvénients et vous rendre irritable au point que vous parlerez d'un ton dur à vos proches et collègues, elle ne présente aucun danger. En dehors de ceux énoncés plus haut, je n'ai jamais observé d'effets secondaires adverses ni entendu quiconque dire qu'il en avait connu. Certains auront peut-être du mal à passer le pain grillé et les muffins, et pourraient se montrer particulièrement émotifs, sans compter que les fringales chroniques peuvent apparaître à l'occasion au cours des mois, voire des années subséquentes. Mais aucun de ces signes de manque n'est mauvais pour la santé, bien au contraire.

Heureusement, tous n'éprouvent pas la gamme complète des symptômes de sevrage et certains y échappent entièrement, se demandant d'ailleurs pourquoi on fait tant d'histoires. La même chose se produit chez certains fumeurs pour qui l'arrêt brusque du tabac ne présente pas d'inconvénient majeur.

PAS DE RETOUR POSSIBLE

Il faut savoir aussi que, au bout de quelques mois d'une alimentation sans blé, la personne qui en reprend pourrait faire l'expérience de divers effets indésirables, qui vont des douleurs articulaires à l'asthme en passant par les troubles gastro-intestinaux. Ces réactions peuvent se produire en présence ou en l'absence de symptômes de sevrage. Le « syndrome » le plus fréquent consiste en gaz, ballonnements, crampes et diarrhée qui durent de 6 à 48 heures. En fait, les effets sur l'appareil gastro-intestinal de la réexposition au blé s'apparentent de bien des manières à un empoisonnement alimentaire aigu résultant de la consommation de poulet ou de saucisse contaminés aux coliformes fécaux.

D'autres symptômes peuvent apparaître, la douleur articulaire étant le second en fréquence ; elle touche généralement plusieurs articulations, dont celles du coude, de l'épaule et du genou, et peut durer plusieurs jours. D'autres voient leur asthme s'aggraver au point qu'ils doivent se servir d'un inhalateur pendant plusieurs jours. On observe également des effets sur l'humeur et le comportement, par exemple tristesse, fatigue, anxiété et rage (cette dernière, habituellement chez les hommes).

J'ai pris 14 kilos après avoir mangé un biscuit !

Non, il ne s'agit pas d'un titre à la une dans un tabloïde à potins du genre : « Une femme de New York a adopté un extra-terrestre ». Pour ceux qui ont supprimé le blé de leur alimentation, c'est tout à fait possible.

Chez les accros, il suffit d'un biscuit, d'un craquelin, d'un bretzel ou d'une bruschetta pris lors d'une occasion spéciale pour ouvrir la porte à tous les désirs. Une fois qu'ils commencent, ils ne peuvent s'arrêter ; il leur faut toujours plus de biscuits et de craquelins ; au petit-déjeuner, ils prendront du blé filamenté, le midi, des sandwichs, au goûter, d'autres craquelins, le soir, des pâtes et des petits pains, etc. Comme tout intoxiqué, ils justifient leur comportement : « Ce ne peut pas être si mauvais. Cette recette est publiée dans un magazine orienté vers une alimentation santé. » Ou encore : « Je cède à la tentation aujourd'hui, mais j'arrête demain. » La première chose qu'ils savent c'est que, en quelques semaines à peine, ils ont repris tout le poids perdu. J'ai ainsi vu des gens reprendre 14, 18, voire 32 kilos, avant de décider de mettre un terme à ces excès.

Malheureusement, ceux qui souffrent le plus des symptômes de sevrage sont également ceux qui sont le plus sujets à cet effet : chez eux, le moindre écart de régime peut déboucher sur une consommation effrénée. Ceux qui n'y sont pas prédisposés se montreront peut-être sceptiques, mais j'ai observé ce comportement chez des centaines de patients ; quiconque est accro sait d'ailleurs parfaitement de quoi je parle.

À part le traitement à la naltrexone ou à d'autres antagonistes des opiacés, il n'y a pas moyen de contourner cette étape pénible mais nécessaire. Les personnes qui sont sujettes à cet effet doivent tout simplement rester vigilantes et refuser d'écouter le petit démon du blé qui leur murmure à l'oreille : « Allez, vas-y. Après tout, ce n'est qu'un minuscule biscuit. »

On ne sait pas à quoi attribuer ces réactions, aucun chercheur ne s'étant penché sur la question. Pour ma part, je crois que la consommation de blé entretient un état permanent de légère inflammation qui disparaît quand on le supprime et réapparaît quand on en reprend. Quant aux effets sur l'humeur et le comportement, ils sont probablement dus aux exorphines, comme on a pu l'observer chez les patients schizophrènes de l'étude de Philadelphie.

La meilleure manière d'éviter les effets d'une réexposition au blé, c'est de s'en abstenir entièrement une fois qu'on l'a supprimé.

QUE PENSER DES AUTRES GLUCIDES?

Une fois le blé supprimé, que reste-t-il?

Il va de soi qu'en supprimant le blé, on élimine la principale source alimentaire qui est à l'origine des troubles qu'éprouvent ceux qui, par ailleurs, mangent sainement. C'est de loin le plus détestable des glucides, mais d'autres peuvent également causer des problèmes, quoiqu'à un degré moindre.

À mon avis, nous venons de traverser 40 ans d'excès de glucides. Nous délectant de tous les nouveaux produits transformés qui ont atterri sur les rayons des supermarchés depuis les années 1970, nous avons cédé à la tentation des petits-déjeuners, repas du midi et du soir, et goûters riches en ces nutriments. En conséquence, nous avons été exposés à d'importantes fluctuations des taux de glycémie et d'hémoglobine glyquée, à une insulinorésistance de plus en plus marquée, à une accumulation de graisse viscérale notable et à des réponses inflammatoires prononcées. Il en résulte un épuisement du pancréas, qui n'arrive plus à répondre à la demande en insuline. L'apport continu de glucides alors que cet organe est affaibli mène directement au prédiabète et au diabète, à l'hypertension, à une anomalie des taux sanguins de lipides (HDL faible, triglycérides élevés, petites particules de LDL), à l'arthrite, à la cardiopathie, à l'AVC et à toutes les autres affections résultant de leur surabondance dans l'alimentation.

Pour cette raison, je pense que, en plus de supprimer le blé, il est utile de diminuer sa consommation totale de glucides, ce qui permettra de mettre un frein aux phénomènes associés à cette consommation excessive que nous avons encouragée durant toutes ces années.

Si vous souhaitez réduire les effets des aliments qui, en dehors du blé, stimulent l'appétit, perturbent le cycle de l'insuline et entraînent la formation de petites particules de LDL, ou si vous avez comme objectif santé de perdre du poids de manière substantielle, alors vous devriez envisager de supprimer les aliments suivants.

- **Fécule et semoule de maïs:** tacos, tortillas, chips de maïs et pain de maïs, céréales, sauces épaissies à la fécule de maïs.
- **Amuse-gueule:** chips de pommes de terre, galettes de riz, maïs éclaté. Ces produits, tout comme ceux qui sont composés de fécule de maïs, font grimper considérablement le taux de glycémie.
- **Desserts:** tartes, gâteaux, petits gâteaux, crème glacée, sorbets et autres desserts sont excessivement riches en sucre.
- **Riz:** blanc, complet et riz sauvage; les petites portions sont généralement anodines mais les grosses (plus de 125 ml/½ tasse) exercent une action adverse sur le taux de glycémie.
- **Pomme de terre:** rouge ou blanche, mais aussi patate douce et igname, qui exercent des effets semblables à ceux du riz.
- **Légumineuses:** haricot noir, rouge, fève de Lima, pois chiche, lentille. Tout comme les pommes de terre et le riz, elles exercent une action néfaste sur le taux de glycémie, particulièrement en portions de plus de 125 ml (½ tasse).
- **Aliments sans gluten:** il vaut mieux les éviter car ils sont composés de fécule de maïs et de pomme de terre, d'amidon de riz et de tapioca, produits aux effets hyperglycémiants.
- **Jus de fruits et boissons non alcoolisées:** bien que naturels, les jus de fruits ne sont pas très sains. En dépit de leur teneur élevée en flavonoïdes et en vitamine C, ils renferment beaucoup trop de sucre. Pris en petites portions de 60 à 125 ml (2 à 4 oz), ils sont généralement inoffensifs, mais au-delà, ils exercent une action hyperglycémiante. Quant aux boissons non alcoolisées, elles sont particulièrement néfastes compte tenu qu'on leur ajoute du sucre, du sirop de maïs à haute teneur en fructose et des colorants. En outre, la transformation en acide carbonique du dioxyde de carbone qu'on ajoute aux boissons gazeuses en fait des produits beaucoup trop acides.
- **Fruits séchés:** canneberges, raisins, figues, dattes, abricots.
- **Autres grains:** bien qu'ils n'entraînent pas d'effets immunitaires ni ne créent une dépendance comme le blé, le quinoa, le sorgho, le sarrasin, le

millet et, possiblement, l'avoine sont des glucides et, en tant que tels, risquent de faire grimper le taux de glycémie. S'ils sont probablement plus sains que le blé, il vaut tout de même mieux s'en tenir à des portions de moins de 125 ml (½ tasse).

Soulignons que, comme les matières grasses ne provoquent aucun des effets néfastes du blé, il n'est pas nécessaire d'en restreindre sa consommation. Cependant, certaines d'entre elles n'ont pas leur place dans une alimentation saine, notamment les gras hydrogénés (trans) présents dans les aliments transformés, les huiles frites, qui renferment des sous-produits de l'oxydation et des PTG, et les viandes telles que les saucisses, le bacon, le salami et les autres charcuteries qui comprennent du nitrite de sodium et des PTG.

MAINTENANT, LES BONNES NOUVELLES

Que peut-on manger alors?

L'approche sans blé repose sur quelques principes fondamentaux qui vous faciliteront la tâche dans le choix de vos aliments.

Consommez des légumes. Vous le savez déjà. Bien que je me méfie généralement de la sagesse populaire, il faut reconnaître que sur ce point, elle est absolument juste: dans leur fabuleuse variété, les légumes sont les meilleurs aliments qui soient. Riches en flavonoïdes, fibres et autres nutriments, ils devraient figurer en première place dans l'alimentation. Avant la révolution agricole, en plus de chasser, les humains cueillaient l'oignon sauvage, l'alliaire, les champignons, le pissenlit, le pourpier et une multitude d'autres plantes comestibles. Quiconque proclame ne pas aimer les légumes est coupable de ne pas les avoir d'abord tous goûtés et de croire que le choix se limite au maïs en conserve et aux haricots verts en boîte. Comment pouvez-vous affirmer que vous n'aimez pas tel légume si vous n'y avez pas goûté? L'éventail invraisemblable de saveurs et de textures, et leur polyvalence font qu'il y en a pour tous les goûts: aubergines tranchées cuites dans l'huile d'olive avec des champignons portobello; salade caprese composée de tranches de tomates, de mozzarella, de basilic frais et d'huile d'olive; daïkons (radis blancs) et gingembre mariné accompagnant le poisson. Explorez de nouvelles possibilités, par exemple les champignons comme le shiitake et le cèpe. Garnissez vos plats cuits d'oignons verts, ail, poireau, échalote ou ciboulette. Et ne limitez pas les légumes au repas du soir: ils ont leur place à tous les repas, y compris au petit-déjeuner.

Prenez quelques fruits. Remarquez que je n'ai pas écrit : « Consommez des fruits et des légumes », comme on le conseille habituellement, tout simplement parce qu'ils appartiennent à deux groupes différents. Alors qu'on peut prendre autant de légumes qu'on le souhaite, on doit limiter sa consommation de fruits. Bien sûr, ils renferment des substances utiles, comme des flavonoïdes, de la vitamine C et des fibres. Cependant, les variétés modernes – particulièrement si les fruits sont traités aux herbicides, aux fertilisants et au gaz, et ont été croisés et hybridés – sont beaucoup trop riches en sucre. Leur disponibilité tout au long de l'année ne peut que vous exposer à une quantité excessive de sucre et accroître votre risque de souffrir du diabète. Je dis toujours à mes patients qu'en petites portions – par exemple 8 à 10 bleuets, deux fraises, quelques quartiers de pomme ou d'orange –, ils sont acceptables mais qu'à plus haute dose, ils élèvent le taux de glycémie. Optez de préférence pour les baies (bleuets, mûres, framboises, canneberges, cerises), qui présentent les teneurs les plus élevées en nutriments et les plus faibles en sucre, et limitez votre consommation de bananes, ananas, mangues et papayes, particulièrement sucrés.

Consommez des fruits à coque crus. Amandes, noix, noix de pécan, pistaches, noisettes, noix du Brésil et cajous sont fabuleux. Vous pouvez d'ailleurs en manger autant que vous le désirez. Ils comblent l'appétit, sont riches en fibres, huiles monoinsaturées et protéines, et font baisser la pression sanguine et le taux de cholestérol LDL (y compris des petites particules de LDL). La consommation de plusieurs portions par semaine pourrait contribuer à prolonger votre existence de deux ans[2].

On ne consomme jamais trop de fruits à coque, à condition qu'ils soient crus (c'est-à-dire ni rôtis dans des huiles hydrogénées de coton ou de soja, ou au miel, ni enrobés de sucre, ni autrement transformés par l'un des nombreux procédés industriels qui en font des produits favorisant le gain de poids, l'hypertension artérielle et l'élévation du taux de cholestérol LDL). Il ne s'agit donc pas de se limiter à 14 noix ou à un sachet de 100 calories, comme le recommandent généralement les diététiciens craintifs de l'apport en lipides.

Bien des gens ne savent tout simplement pas qu'on peut consommer, voire acheter, des fruits à coque crus. Pourtant, on en trouve au rayon des produits en vrac des épiceries, dans les magasins diététiques ainsi qu'en format de 1 kg ou plus dans les clubs-entrepôts tels que Costco et Sam's Club. Par contre, l'arachide, qui n'est pas un fruit à coque mais une légumineuse, doit être préalablement bouillie ou rôtie à sec. Elle doit aussi être exempte d'huile de soja hydrogénée, de farine de blé, de maltodextrine, de fécule de maïs ou de sucrose. Bref, consommez vos arachides nature.

Ne lésinez pas sur l'huile. Le conseil de diminuer sa consommation d'huile fait partie des erreurs diététiques qu'on a propagées au cours des 40 dernières années. Optez pour des huiles saines – olive extra-vierge, coco, avocat, beurre de cacao – et évitez les polyinsaturées – tournesol, carthame, maïs –, de même que les «huiles végétales» (qui favorisent l'oxydation et l'inflammation). Cuisez-les à basse température et renoncez à la haute friture, ce mode de cuisson entraînant une oxydation extrême et la formation de PTG.

Consommez de la viande et des œufs. La phobie des lipides, particulièrement des saturés, qui a cours depuis 40 ans nous a éloignés des aliments tels que l'œuf, la surlonge et le porc. Mais ces matières grasses ne sont pas la cause de nos problèmes. S'il est vrai que l'association glucides/gras saturés fait grimper le taux de particules de LDL, dans les faits, les glucides sont encore plus problématiques. D'ailleurs, les résultats d'études récentes confirment que les gras saturés ne contribuent pas au risque de crise cardiaque ou d'AVC[3]. Il y a aussi la question des PTG exogènes qui accompagnent les viandes et font partie des sous-produits potentiellement néfastes des aliments d'origine animale, mais ce n'est pas le cas des gras saturés. Pour atténuer l'exposition aux PTG exogènes, il suffit de cuire les aliments à basse température et le moins longtemps possible.

Si vous le pouvez, optez pour de la viande issue d'animaux nourris à l'herbe (elle est plus riche en acides gras oméga-3 et généralement moins chargée de résidus d'antibiotiques et d'hormones de croissance) et élevés dans des conditions décentes plutôt que dans des fermes industrielles évoquant le camp de concentration. Ne faites pas frire la viande (les températures élevées oxydent les huiles et provoquent la formation de PTG) et évitez toutes les charcuteries traitées aux nitrites. Consommez aussi des œufs : ici, j'emploie délibérément le pluriel puisqu'il ne s'agit pas de se limiter à l'œuf hebdomadaire qu'on recommande bien souvent. Laissez plutôt votre appétit en dicter les quantités, les signaux de la faim retrouvant tout leur sens une fois l'organisme libéré des stimulants de l'appétit comme le blé.

Consommez des produits laitiers. Particulièrement du fromage, un autre aliment merveilleusement diversifié. Comme les lipides ne causent pas de problème, n'hésitez pas à vous régaler de gruyère, cheddar, stilton, crottin du Chavignol, edam, comté, et autres fromages gras. Prenez-en au goûter ou faites-en le plat principal de votre repas.

Mon approche nutritionnelle pour une santé optimale

La plupart des adultes sont un véritable gâchis métabolique qui résulte largement d'une consommation excessive de glucides. La suppression du blé, le pire de tous, permet de régler une bonne partie du problème. Cependant, si on cherche à corriger entièrement les distorsions métaboliques ou à perdre du poids, il y en a d'autres qu'il vaut mieux supprimer ou consommer en moindre quantité. Voici, en résumé, ce que vous pouvez consommer et devriez éviter.

Consommez en quantités illimitées

Légumes (à l'exception de la pomme de terre et du maïs), y compris champignons, herbes et courge.

Fruits à coque et graines crus : amandes, noix, noix de pécan, noisettes, noix du Brésil, pistaches, noix de macadamia, arachides (bouillies ou rôties à sec), graines de tournesol, de citrouille et de sésame, fruits à coque moulus.

Huiles : d'olive extra-vierge, d'avocat, de noix, de coco, de graine de lin, de noix de macadamia, de sésame, et beurre de cacao.

Viandes et œufs : poulet, dinde, bœuf, porc, bison, autruche, de préférence biologiques et provenant d'animaux élevés en liberté ; du gibier, du poisson, des mollusques et des crustacés ; des œufs (y compris le jaune).

Fromages.

Condiments non sucrés : moutarde, raifort, tapenade, sauce salsa, mayonnaise, vinaigre (de vin blanc ou rouge, de cidre, balsamique), sauce Worcestershire, sauce soja, sauce chili ou au piment.

Autres : graines de lin (moulues), avocats, olives, noix de coco, épices, cacao (non sucré).

Consommez en quantités limitées

Produits laitiers autres que le fromage : lait, cottage ou ricotta, yaourt, beurre.

Fruits (les baies sont les meilleurs) : bleuets, framboises, mûres, fraises, canneberges et cerises. Méfiez-vous des fruits les plus sucrés, dont l'ananas, la papaye, la mangue et la banane. Évitez les fruits séchés, particulièrement les figues et les dattes, qui le sont excessivement.

Maïs entier : à ne pas confondre avec la fécule de maïs, qu'il faut éviter.

Jus de fruits.

Grains sans gluten : quinoa, millet, sorgho, teff, amarante, sarrasin, riz (complet et blanc), avoine, riz sauvage.

Légumineuses et féculents : haricots noirs, rouges, d'Espagne, fèves de Lima, lentilles, pois chiches ; pommes de terre (rouges et blanches), ignames et patates douces.

Produits à base de soja : tofu, tempeh, miso, natto, edamame, grains de soja entiers.

Consommez rarement ou jamais

Produits à base de blé : pain, pâtes, nouilles, biscuits, gâteaux et petits gâteaux, tartes, céréales, crêpes, gaufres, pita, couscous, boulgour ; produits à base de seigle, de triticale, de kamut et d'orge.

Mauvaises huiles : frites, hydrogénées, polyinsaturées (particulièrement de maïs, de carthame, de pépins de raisin, de coton et de soja).

Produits sans gluten : particulièrement ceux qui sont composés de fécule de maïs et de pomme de terre, d'amidon de riz et de tapioca.

Fruits séchés : figues, dattes, pruneaux, raisins, canneberges.

Fritures.

Sucreries : friandises, crème glacée, sorbets, roulés aux fruits, canneberges séchées, barres de céréales.

Édulcorants à haute teneur en fructose : sirop ou nectar d'agave, miel, sirop d'érable, sirop de maïs à haute teneur en fructose, sucrose.

Condiments sucrés : gelées, confitures, fruits en conserve, ketchup (s'il renferme du sucrose ou du sirop de maïs à haute teneur en fructose), chutney.

Par contre, limitez-vous à une ou deux portions par jour de cottage ou ricotta, yaourt, lait ou beurre. À mon avis, en dehors du fromage, les adultes devraient restreindre leur consommation de produits laitiers, leurs protéines exerçant un effet insulinotropique, c'est-à-dire qui accroît la sécrétion d'insuline par le pancréas[4]. (Sous l'action de la fermentation, la teneur en acides aminés responsables de cette action diminue.) De plus, évitez les produits laitiers transformés. Ainsi, optez pour le yaourt nature fait de lait entier et non sucré plutôt que pour un produit aromatisé et édulcoré au sirop de maïs à haute teneur en fructose.

Ceux qui souffrent d'intolérance au lactose peuvent généralement consommer du fromage, à la condition que ce dernier soit fermenté. (Lisez la liste d'ingrédients : si les mots « culture » ou « culture bactérienne » y figurent, c'est qu'il l'est.) La fermentation a pour effet de faire baisser la teneur en lactose. On peut aussi opter pour des produits laitiers comprenant de la lactase ajoutée ou prendre cette enzyme sous forme de supplément.

La question du soja suscite parfois d'étonnantes réactions émotionnelles. Je pense que c'est essentiellement dû au fait que, tout comme le blé, cette légumineuse entre dans la composition d'une foule de produits transformés et qu'elle a fait l'objet de modifications génétiques importantes. Comme il est pratiquement impossible de dire si le soja des divers produits du commerce a été génétiquement modifié, je conseille habituellement à mes patients d'en consommer en quantités modérées et de préférence sous forme fermentée – tofu (celui qui est fermenté), tempeh, miso et natto –, la fermentation ayant pour effet de dégrader les lectines et les phytates qui pourraient exercer une action adverse sur les intestins. Le lait de soja présente une certaine utilité pour ceux qui souffrent d'intolérance au lactose mais je pense que, pour les raisons décrites ci-dessus, il est préférable d'en limiter sa consommation. C'est vrai aussi des grains de soja entiers et des edamame.

Divers : olives (vertes, Kalamata, farcies, dans le vinaigre, dans l'huile d'olive), avocat, légumes marinés (asperge, poivron, radis, tomate) et graines oléagineuses crues (citrouille, tournesol, sésame) apportent de la variété au menu. Il importe de sortir des sentiers battus dans la mesure où la variété contribue à la réussite d'un régime et à l'apport en vitamines, minéraux, fibres et phytonutriments. (Inversement, l'échec de nombreux programmes tient en partie à leur absence de variété. L'habitude actuelle de concentrer les sources de calories dans un seul groupe – le blé, par exemple – a pour effet de priver l'organisme de nombreux nutriments, d'où la nécessité d'enrichir les aliments.)

Les condiments sont à l'alimentation ce que les convives brillants sont à la conversation : ils font vivre toute la gamme des émotions, stimulent l'esprit et sont amusants. Gardez une bonne provision de raifort, wasabi et moutardes (de Dijon, brune, chinoise, créole, au chipotle, de même que les variétés régionales) mais renoncez pour de bon au ketchup (particulièrement s'il renferme du sirop de maïs à haute teneur en fructose). Fort pratiques, les tapenades (pâtes faites d'olives, auxquelles on ajoute des câpres et, dans certains cas, des artichauts, des champignons portobello et de l'ail grillé) du commerce font d'excellentes pâtes à tartiner pour l'aubergine, les œufs ou le poisson. Quant aux sauces salsas, les variétés abondent dans le commerce, mais vous pouvez aussi préparer les vôtres en quelques minutes au robot culinaire.

Les assaisonnements ne se résument pas au sel et au poivre. Les herbes et les épices apportent beaucoup de variété aux plats tout en fournissant certaines substances utiles à la santé. Basilic, origan, cannelle, cumin, muscade et une foule d'autres herbes et épices sont offertes dans la plupart des épiceries.

Comme le boulgour, le kamut, l'orge, le triticale et le seigle partagent une partie de leur bagage génétique avec le blé, ils pourraient exercer certains de ses effets néfastes ; il vaut donc mieux les bannir. Bien que les autres grains comme l'avoine (quoique, pour ceux qui souffrent de maladies médiées par le système immunitaire comme la maladie cœliaque, même l'avoine pourrait être à supprimer), le quinoa, le millet, l'amarante, le teff, la graine de chia et le sorgho n'exercent pas les effets immunitaires ou neurologiques du blé, ils ont un coût métabolique. Par conséquent, il vaut mieux ne les consommer que lorsque le sevrage du blé est complété, quand on a atteint ses objectifs métaboliques ou pondéraux et qu'on peut alors s'autoriser un certain relâchement dans son régime. Si votre dépendance au blé est forte, consommez-les avec modération. Comme ils sont riches en glucides, ils font monter le taux de glycémie de manière importante chez certains, quoique pas chez tous. Ainsi, l'avoine, quelle que soit la forme sous laquelle elle se présente, le fait invariablement grimper. Aucun de ces grains ne devrait prédominer dans l'alimentation et, d'ailleurs, aucun n'est nécessaire. Mais la plupart des gens les tolèrent en quantités modestes, c'est-à-dire en portions de 60 à 125 ml (¼ à ½ tasse). Par contre, si vous avez une sensibilité reconnue au gluten, vous devez absolument éviter le seigle, l'orge, le boulgour, le triticale, le kamut et, possiblement, l'avoine.

Composée de protéines, fibres et huiles, la graine de lin se démarque complètement des autres grains. Comme elle est pratiquement exempte de glucides, elle reste sans effet sur la glycémie. Utilisez-la moulue (entière, elle est indigeste), comme céréale chaude (faites-la chauffer, par exemple, avec du lait, du lait d'amande non sucré, du lait ou de l'eau de coco, ou du lait de soja et ajoutez des noix ou des bleuets) ou garnissez-en du fromage cottage ou ricotta, ou encore du chili. Vous pouvez aussi en paner le poulet ou le poisson.

Ce qui a été dit pour les grains autres que le blé vaut également pour les légumineuses (à l'exception de l'arachide). Le haricot rouge, noir, espagnol, la fève de Lima et les autres légumes secs renferment des composés sains telles que des protéines et des fibres, mais il faut éviter d'en consommer en grandes quantités, leur indice glycémique étant élevé. Une tasse renferme en moyenne 30 à 50 g de glucides, quantité suffisante pour exercer, chez la majorité des gens, un effet sur le taux de glycémie. Pour cette raison, il est préférable de s'en tenir à des portions de 125 ml (½ tasse).

Boissons. Aussi austère que cela puisse paraître, l'eau devrait être votre boisson de prédilection. Les jus de fruits purs conviennent en petites quantités mais évitez les boissons aux fruits et les boissons gazeuses. Le thé, le café et les infusions de plantes sont tout à fait acceptables avec ou sans lait, crème, lait de coco ou lait de soja entier. Pour ce qui est de l'alcool, il faut savoir que le vin rouge se démarque positivement de tous les autres par sa richesse en flavonoïdes, anthocyanines et resvératrol. Par contre, la bière est, la plupart du temps, faite à base de blé; vous devriez donc la bannir ou en limiter votre consommation. Elle est également riche en glucides, particulièrement la ale et la brune. Si vous êtes porteur des marqueurs de la maladie cœliaque, vous devez éviter toute bière comprenant du blé ou du gluten.

Certains recherchent le réconfort et le goût des aliments à base de blé, sans leurs effets négatifs. Pour ceux-là, j'ai ajouté dans les menus que je donne en exemple (à compter de la page 198), quelques plats substituts, tels que pizza, pain et muffins sans blé. (Vous trouverez des recettes à l'annexe B.)

Il faut reconnaître que les végétariens auront un peu plus de mal que les autres à suivre ce programme, particulièrement les végétaliens, qui ne consomment ni œufs, ni produits laitiers, ni poisson, mais la chose est possible. Ils devront se tourner vers les fruits à coque, entiers ou moulus, et leurs beurres, les graines et leurs beurres, les huiles, l'avocat et l'olive, ainsi que vers les haricots, lentilles, pois chiches, riz sauvage, graines de chia, patate douce et igname, qu'ils pourront consommer un peu plus libéralement que les autres. Ceux qui ont accès à des produits de soja non modifiés génétiquement pourront consommer du tofu, du tempeh et du natto, trois bonnes sources de protéines.

PREMIÈRE SEMAINE D'UNE VIE SANS BLÉ

Comme le blé domine l'univers des aliments réconfortants et celui des produits alimentaires transformés, et comme il occupe une place de choix au petit-déjeuner et aux repas du midi et du soir, on a parfois du mal à imaginer à quoi pourrait ressembler l'existence sans lui. La pensée de devoir s'en priver peut terrifier littéralement.

Le petit-déjeuner, en particulier, en inquiète plusieurs. Un petit-déjeuner sans blé, c'est un repas sans céréales, pain grillé, muffin anglais, bagel, crêpe, gaufre, beignet et muffin. Mais que reste-t-il alors ? De nombreuses possibilités, à la condition de ne pas se limiter aux aliments qu'on a l'habitude de voir figurer à ce repas. La solution, c'est de cesser de le voir comme un repas différent des autres. Tout devient alors possible.

La graine de lin et les fruits à coque moulus (amande, noisette, noix de pécan, noix) peuvent remplacer les céréales chaudes ; faites-les cuire dans du lait, du lait ou de l'eau de coco, du lait d'amande non sucré ou du lait de soja, et garnissez-les de noix entières, graines de tournesol crues et bleuets ou autres baies. Les œufs méritent de retrouver leur place au petit-déjeuner, qu'ils soient poêlés, durs, mollets ou brouillés. Pour varier, ajoutez à vos œufs brouillés du pesto, de la tapenade, des légumes hachés, des champignons, du chèvre, de l'huile d'olive ou de la viande hachée (mais pas de bacon, saucisse, salami ou autre charcuterie traitée aux nitrites). Remplacez le bol de céréales et le jus d'orange par une salade composée de tranches de tomates et de mozzarella, et garnie de feuilles de basilic et d'huile d'olive extra-vierge, ou un reste de salade de la veille. Si le temps vous presse, apportez au travail un morceau de fromage, un avocat, un sachet de noix de pécan et une poignée de framboises. Vous pouvez aussi décider de prendre au petit-déjeuner ce que vous consommeriez normalement le midi ou le soir. Bien que cela puisse sembler étrange aux yeux de l'observateur non averti, c'est là une très bonne manière de commencer la journée du bon pied.

Vous trouverez aux pages 198 à 201 un exemple de menus pour une semaine. Remarquez que lorsqu'on a supprimé le blé et adopté, par ailleurs, une alimentation saine – c'est-à-dire à base de vrais aliments plutôt que de produits fabriqués en usine –, il est inutile de compter les calories fournies par les lipides ou les protéines. Les choses se régulent en quelque sorte d'elles-mêmes (à moins que vous souffriez d'une affection qui nécessite certaines restrictions, par exemple la goutte, les calculs rénaux ou la maladie de Dee). Par conséquent, dans le régime que je vous propose, vous ne trouverez pas de conseil du genre : « Buvez du lait maigre ou à faible teneur en gras » ou « Ne prenez pas plus de 120 g (4 oz) de viande », ces restrictions étant tout simplement superflues une fois que le métabolisme s'est stabilisé, ce qui est presque toujours le cas quand le blé cesse d'exercer ses effets dénaturants.

Seule variable dans cette approche: la consommation de glucides. Vu l'extrême sensibilité dont nous avons hérité au fil des ans, j'estime qu'il est préférable de s'en tenir à 50 à 100 grammes par jour. Dans certains cas, par exemple en présence de prédiabète ou de diabète, il est souhaitable d'en réduire davantage encore sa consommation (moins de 30 g par jour), tandis que ceux qui font de l'exercice de manière soutenue (marathoniens, triathlètes, cyclistes de long parcours, etc.) devront accroître la leur.

Par conséquent, considérez les portions indiquées comme de simples suggestions et non comme des restrictions. Les noms des plats pour lesquels une recette est donnée à l'annexe B sont en italique. Prenez également note que toute personne souffrant de maladie cœliaque ou d'une autre forme d'intolérance au gluten avec anticorps devra lire attentivement les étiquettes des produits afin de s'assurer que les ingrédients qu'elle emploie sont exempts de gluten. On peut pratiquement tous les trouver sous une forme sans gluten.

JOUR 1

Petit-déjeuner
Céréales chaudes aux graines de lin et à la noix de coco

Repas du midi
Grosse tomate farcie de thon ou de crabe mélangé avec des oignons ou oignons verts hachés et de la mayonnaise
Choix d'olives, de fromages et de légumes marinés

Repas du soir
Pizza sans blé
Verdures mixtes (ou laitue à feuilles rouges et vertes) avec radicchio, concombre haché, tranches de radis et *Sauce ranch*
Gâteau aux carottes

JOUR 2

Petit-déjeuner
Œufs brouillés et 30 ml (2 c. à soupe) d'huile d'olive extra-vierge, des to-
mates séchées au soleil, du pesto de basilic et de la féta.
Une poignée d'amandes, noix, noix de pécan ou pistaches crues

Repas du midi
Champignons portobello farcis à la chair de crabe et au chèvre

Repas du soir
Saumon sauvage cuit au four ou darnes de thon grillées, *Sauce au wasabi*
Salade d'épinards avec noix ou pignons, oignon rouge haché, gorgonzola et
Vinaigrette
Biscuits au gingembre

JOUR 3

Petit-déjeuner
Houmous et morceaux de poivron vert tranché, céleri, dolique bulbeux et
radis
« Pain » aux pommes et aux noix, tartiné de fromage à la crème, beurre d'arachide naturel, d'amande, de cajou ou de tournesol

Repas du midi
Salade grecque composée d'olives noires ou Kalamata, de concombre haché,
de quartiers de tomates et de cubes de féta, et arrosée d'une sauce à
l'huile d'olive et au jus de citron frais, ou de *Vinaigrette*

Repas du soir
Poulet au four ou *Casserole d'aubergine aux trois fromages*
« Pâtes » de courgette et champignons crimini
Mousse de tofu au chocolat noir

JOUR 4

Petit-déjeuner
Gâteau au fromage sur fond sans blé (En effet, du gâteau au fromage au petit-
déjeuner. Qui dit mieux ?)
Une poignée d'amandes, noix, noix de pécan ou pistaches crues

Repas du midi
Roulé à la dinde et à l'avocat (à base de *Tortilla de grain de lin*)
Muesli

Repas du soir
Poulet enrobé de noix de pécan et tapenade
Riz sauvage
Asperges à l'ail rôti et à l'huile d'olive
Fudge* au chocolat et au beurre d'arachide

JOUR 5

Petit-déjeuner
Salade de tomates et mozzarella tranchées, feuilles de basilic et huile d'olive
extra-vierge
« Pain » aux pommes et aux noix, tartiné de fromage à la crème, beurre d'arachide naturel, d'amande, de cajou ou de tournesol

Repas du midi
Salade au thon et à l'avocat
Biscuits au gingembre

Repas du soir
Sauté de nouilles shirataki
Smoothie aux baies et à la noix de coco

---

*   Sucrerie au chocolat aussi connue sous le nom de «fondant américain».

JOUR 6

Petit-déjeuner
Tortilla à l'œuf et au pesto
Une poignée d'amandes, noix, noix de pécan ou pistaches crues

Repas du midi
Soupe aux légumes, additionnée d'huile de lin ou d'olive

Repas du soir
Côtelettes de porc panées au parmesan, légumes rôtis au vinaigre balsamique
« *Pain* » *aux pommes et aux noix,* tartiné de fromage à la crème ou de beurre
    de graines de citrouille

JOUR 7

Petit-déjeuner
Muesli
« *Pain* » *aux pommes et aux noix,* tartiné de beurre d'arachide naturel,
    d'amande, de cajou ou de tournesol

Repas du midi
Salade d'épinards et de champignons et *Sauce ranch*

Repas du soir
Burrito de graines de lin : *Tortilla de graines de lin* avec haricots noirs, bœuf,
    poulet, porc, dinde ou tofu haché, poivrons verts, jalapeño, cheddar et
    salsa
Soupe à la mexicaine
Dolique bulbeux trempé dans du guacamole
Gâteau au fromage sur fond sans blé

Ces menus d'une semaine, qui comprennent de nombreux plats avec recettes, illustrent la variété dont on peut disposer simplement en adaptant des recettes classiques de manière à en exclure le blé et à préparer des plats plus sains.

Vous pouvez également prendre des plats simples qui demandent peu de planification ou de préparation, par exemple des œufs brouillés avec une poignée de bleuets et de noix de pécan le midi, et du poisson cuit au four accompagné d'une salade verte le soir.

La préparation de plats exempts de blé est beaucoup plus simple qu'il n'y paraît. Sans déployer guère plus d'efforts que pour repasser une chemise, vous pouvez cuisiner chaque jour plusieurs plats composés de vrais aliments et suffisamment variés pour vous permettre de rester en bonne santé.

LES GOÛTERS

En suivant le programme que je vous propose, vous n'éprouverez plus le besoin de multiplier les petits repas au cours d'une journée et de grignoter continuellement dans les intervalles. Cette approche absurde ne sera bientôt plus qu'une réminiscence de l'époque où vous consommiez du blé, puisque votre appétit ne sera plus dicté par le cycle glycémie-insuline de 90 à 120 minutes et les fringales qu'il déclenche. Néanmoins, vous souhaiterez peut-être prendre un goûter à l'occasion. Voici quelques suggestions santé.

Fruits à coque crus : je le répète, optez pour les fruits à coque crus plutôt que rôtis à sec ou au miel, fumés ou glacés. (En gardant à l'esprit que l'arachide, qui est une légumineuse et non un fruit à coque, devrait être cuite.)

Fromages : optez pour une variété de saveurs, d'arômes, de pâtes et explorez les nombreux mariages qu'ils permettent avec d'autres aliments. Une assiette de fromages, noix crues et olives constituera un goûter plus substantiel. Comme le fromage peut se conserver quelques heures à la température ambiante, on peut facilement en apporter avec soi.

Chocolat noir : la plupart des produits du commerce étant essentiellement composés de sucre aromatisé au cacao, évitez-les et optez pour le chocolat à 85 % ou plus de cacao. Lindt et Ghirardelli en font de délicieux. Comme il faut parfois un certain temps pour s'habituer à leur légère amertume, goûtez-en plusieurs avant d'arrêter votre choix : certains ont une saveur vineuse, d'autres terreuse. Je préfère le chocolat à 90 % de Lindt, dont la faible teneur en sucre autorise à en prendre un peu plus. Chez la plupart des gens, deux carrés seront sans effet sur le taux de glycémie. Certains peuvent même en prendre quatre sans problème (40 g ou un morceau d'environ 5 cm de côté).

N'hésitez pas à tremper votre chocolat noir dans du beurre d'arachide, d'amande, de cajou ou de tournesol ; vous aurez là une variante particulièrement saine des friandises qu'on trouve dans le commerce. Vous pouvez également ajouter de la poudre de cacao dans vos plats. Idéalement, vous opterez pour une poudre qui n'aura pas été soumise au « dutching », procédé consistant à la traiter aux sels alcalins et ayant pour effet de la priver de ses flavonoïdes. Or, ces substances sont utiles puisqu'elles font baisser la pression sanguine, élèvent le taux de cholestérol HDL et contribuent à détendre les artères. Ghirardelli, Hershey et Scharffen Berger en offrent. Pour préparer un chocolat chaud, mélangez-en avec du lait/lait de soja/lait de coco, de la cannelle et des édulcorants non nutritifs tels que le stevia, le sucralose, le xylitol ou l'érythitol.

Craquelins à faible teneur en glucides : en règle générale, il est préférable de s'en tenir aux « vrais » aliments et non aux substituts. Cependant, à l'occasion, on peut se permettre quelques craquelins qu'on trempera dans du houmous, du guacamole, une sauce froide au concombre (gardez à l'esprit qu'on n'a pas à limiter son apport en huile ou en gras) ou de la sauce salsa. Aux États-Unis, ceux de Mary's Gone sont exempts de blé et sont offerts en plusieurs saveurs (carvi, herbes, poivre noir et oignon) tandis que ses bretzels Sticks & Twigs sont composés de riz complet, quinoa et graines de lin (tomate et chipotle, sel de mer, cari). Comme ils fournissent à peine un peu plus d'un gramme net de glucides (c'est-à-dire la quantité de glucides moins les fibres indigestes), on peut en prendre quelques-uns sans craindre une hausse indésirable du taux de glycémie. D'ailleurs, de plus en plus de fabricants lancent leur propre gamme de craquelins à base de graines de lin, par exemple Doctor in the Kitchen, entreprise de Minneapolis qui met en marché les Flackers. Si vous avez un déshydrateur, vous pouvez aussi faire sécher des courgettes, des carottes et d'autres légumes pour en faire des « chips » à tremper dans une sauce froide.

Légumes à tremper dans de la sauce : ce goûter se résume à un choix de légumes coupés en bâtonnets, languettes ou tronçons – par exemple des poivrons, haricots verts, radis, courgettes et oignons verts – et à une sauce ou pâte de houmous, de haricots noirs, de légumes, au wasabi, à la moutarde, au raifort, ou au fromage à la crème, produits largement disponibles dans le commerce.

Si l'exclusion du blé et des autres glucides transformés peut donner l'impression de laisser un grand vide, une foule d'aliments peuvent en fait le combler. Vous devrez peut-être vous aventurer hors des sentiers battus, mais vous n'aurez aucun mal à trouver de quoi contenter votre palais.

Comme ils redécouvrent le sens du goût, ingèrent moins de calories et n'éprouvent plus le besoin de se gaver, les gens qui ont supprimé le blé disent mieux apprécier la nourriture et, en conséquence, prendre plus de plaisir à manger qu'auparavant.

LA VIE APRÈS LE BLÉ

Une fois le blé supprimé, vous fréquenterez certainement avec plus d'assiduité le rayon des fruits et légumes, le marché public, de même que la boucherie et le rayon des produits laitiers. En revanche, vous passerez devant les rayons des céréales, pains, chips et repas surgelés avec la plus grande indifférence.

Peut-être découvrirez-vous en outre que vous entretenez des liens moins étroits avec Big Food, ses fabricants ou leurs nouvelles acquisitions au marketing nouvel âge.

En effet, il suffit de trouver un nom génial, de lui accoler le qualificatif « biologique » et de créer des emballages au *look* naturel pour qu'une multinationale prenne soudainement l'allure d'une petite entreprise artisanale dirigée par d'anciens hippies soucieux de l'environnement et désireux de sauver le monde.

Comme peuvent l'attester les malades cœliaques, les réunions entre amis s'apparentent souvent à un festival du blé, ce grain étant omniprésent dans les plats qu'on y sert. La manière la plus diplomatique de les refuser consiste à annoncer que vous êtes allergique au blé. En général, on respectera vos préoccupations, préférant votre réserve à la crise d'urticaire qui risquerait de gâter les festivités. Au bout de quelques semaines sans blé, vous ne devriez avoir aucun mal à refuser la bruschetta, les champignons farcis à la chapelure ou les bretzels, étant donné que vous ne serez plus sous l'effet des exorphines et des fringales qu'elles déclenchent. Le cocktail de crevettes, les olives et les crudités feront parfaitement votre bonheur.

Manger à l'extérieur constitue également un défi, étant donné l'omniprésence dans l'univers de la restauration du blé, de la fécule de maïs, du sucre, du sirop de maïs à hauteur teneur en fructose et de divers autres ingrédients néfastes. D'abord, il y a la tentation. Si la serveuse apporte à votre table un panier de petits pains odorants et chauds, il vaut mieux lui demander de les rapporter, à moins que les autres convives insistent pour en prendre. Il est préférable de ne pas avoir devant soi des aliments tentants qui risquent d'éroder sa détermination. En outre, optez pour la simplicité. Le poisson cuit au four avec une sauce au gingembre sera probablement sain mais un plat élaboré pourrait comprendre de nombreux ingrédients indésirables. N'hésitez pas à vous informer auprès de la serveuse, à moins que vous souffriez de maladie cœliaque ou d'une autre forme de sensibilité grave au blé, auquel cas il pourrait être dangereux de se fier à ce qu'elle dit. Pratiquement tous ceux qui en souffrent vous diront qu'il leur est arrivé d'être exposés accidentellement au gluten après avoir consommé un plat soi-disant « sans gluten ». S'il est vrai qu'un nombre croissant de restaurants proposent des plats dénués de cet ingrédient, ils ne sont pas nécessairement sains. Ils pourraient comprendre des ingrédients qui exercent une action indésirable sur le taux de glycémie. Bref, à mon avis, on ne peut que limiter les risques que présentent les repas pris à l'extérieur et non les éliminer entièrement. Aussi souvent que possible, préférez les plats qui auront été préparés à la maison. Ainsi, vous saurez exactement ce que vous avalez.

Pour bien des gens, la meilleure protection contre le blé consiste à s'en tenir éloigné un certain temps, la réexposition risquant de déclencher toutes sortes de phénomènes. Refuser une tranche de gâteau d'anniversaire peut paraître difficile mais si le prix à payer pour avoir cédé à la tentation consiste en crampes et en diarrhées qui durent plusieurs heures, il est préférable de s'en passer. (Bien sûr, si vous souffrez de maladie cœliaque ou avez des antécédents de marqueurs de maladie cœliaque, vous ne devriez jamais consommer le moindre aliment comprenant du blé ou du gluten.)

Notre société est, de fait, devenue un monde de grains complets, où les produits de blé remplissent les étagères des épiceries, supermarchés, cafés, et restaurants, et où des magasins – boulangeries, boutiques de bagels et de beignets – lui sont entièrement consacrés. Par conséquent, il vous faudra parfois chercher longtemps avant de dénicher les bons produits. Mais tout comme il est important, pour vivre longtemps et en bonne santé, de bien dormir, faire de l'exercice et se rappeler la date d'anniversaire de son mariage, l'exclusion du blé peut être vue comme une nécessité de l'existence. Et vivre sans ce grain est tout aussi satisfaisant et excitant, et certainement plus sain, que de vivre avec lui.

Il ne fait aucun doute que l'avènement de la culture du blé dans le Croissant Fertile il y a quelque 10 000 ans a constitué un moment décisif dans l'histoire de la civilisation et a mené à la révolution agricole qui viendrait plus tard. Elle a joué un rôle important dans la transformation des chasseurs-cueilleurs nomades en agriculteurs sédentaires et dans l'organisation des sociétés en villages et villes. Elle a permis de dégager des surplus et donné naissance aux métiers spécialisés. Sans ce grain, la vie serait sûrement très différente aujourd'hui.

Nous avons donc une dette envers le blé pour avoir propulsé la civilisation sur la voie qui l'a conduite à l'ère technologique moderne. Mais est-ce bien le cas?

Jared Diamond, professeur de géographie et de physiologie à l'université de Californie à Los Angeles et auteur de *Guns, Germs and Steel*, ouvrage qui s'est mérité le prix Pulitzer, croit que l'avènement de l'agriculture, supposément l'étape la plus décisive vers une vie meilleure, a été à plusieurs égards une catastrophe dont nous ne nous sommes jamais remis[1]. En se fondant sur ce que nous a appris la paléopathologie moderne, il souligne que le passage de l'état de chasseur-cueilleur à celui d'agriculteur a entraîné une diminution de la taille, la propagation rapide des maladies infectieuses telles que la tuberculose et la peste bubonique, la division de la société en classes hiérarchisées et l'inégalité entre les sexes.

Dans ses ouvrages *Paleopathology at the Origins of Agriculture* et *Health and the Rise of Civilization*, l'anthropologue Mark Cohen de l'université d'État de New York pense, pour sa part, que malgré les surplus qu'elle a permis de dégager, l'agriculture a accru la charge de travail des êtres humains et restreint le nombre de plantes alimentaires à quelques espèces cultivables. Elle a également favorisé l'apparition de maladies entièrement nouvelles. Selon lui, les chasseurs-cueilleurs ne sont passés à l'agriculture que lorsqu'ils devaient impérativement le faire, et quand ils l'ont fait, ils ont renoncé à la qualité au profit de la quantité.

Il y aurait peut-être donc lieu de revoir l'image qu'on se fait du chasseur-cueilleur de l'époque préagricole, à savoir un être trapu, brutal, désespéré et souffrant de malnutrition. Dans cette ligne de pensée à saveur révisionniste, le passage à l'agriculture pourrait être vu comme un compromis dans lequel nous avons troqué la santé pour la commodité, l'évolution sociétale et l'abondance alimentaire.

Nous avons poussé ce paradigme à l'extrême, limitant notre variété alimentaire à quelques produits et encourageant leur consommation au moyen de rengaines populaires telles que « consommez plus de bons grains complets ». Nous avons transformé la graminée sauvage de 14 chromosomes que consommaient nos ancêtres en une plante de 42 chromosomes engraissée à l'azote et ultra-productive, ce qui nous permet désormais d'acheter des bagels à la douzaine, des crêpes à la pile et des bretzels en sachet géant, chose inimaginable il y a à peine un siècle.

Une telle disponibilité s'accompagne de sacrifices énormes en matière de santé : obésité, arthrite, incapacité neurologique, voire décès résultant du nombre croissant de cas de maladie cœliaque et d'autres affections courantes. Nous avons involontairement conclu un pacte faustien avec la nature, troquant la santé pour l'abondance.

L'idée que non seulement le blé rend les gens malades, mais qu'il en tue certains – tantôt rapidement, tantôt à petit feu – soulève des questions dérangeantes. Que peut-on dire aux millions de personnes des pays en développement qui, si elles étaient privées de blé à haut rendement, souffriraient moins de maladies chroniques mais risqueraient la famine à très court terme ? Devons-nous simplement accepter que nos moyens très imparfaits justifient un taux net de mortalité plus faible ?

L'économie chancelante des États-Unis pourrait-elle supporter les énormes changements qui seraient requis si la demande en blé diminuait pour faire place à d'autres besoins alimentaires ? Est-il même possible de maintenir l'accès à l'abondance alimentaire à bon marché pour les dizaines de millions de personnes qui comptent sur le blé à haut rendement pour se payer une pizza à 5 $ ou un pain à 1,29 $?

L'engrain et l'amidonnier qui ont précédé le blé moderne et les milliers d'hybridations qu'il a subies devraient-ils le remplacer, même si le coût en sera plus élevé et le rendement plus faible ?

Je ne prétends pas avoir les réponses à ces questions. D'ailleurs, il faudra peut-être encore des dizaines d'années avant que quelqu'un y réponde.

La préservation des grains anciens (comme le fait Eli Rogosa dans l'ouest du Massachussetts) nous fournira peut-être une partie de la solution. Présentement timide, ce mouvement pourrait susciter l'intérêt des consommateurs de la même manière que l'élevage des poules en liberté l'a fait. À mon avis, pour bien des gens, les grains anciens constituent une solution de rechange raisonnable au blé moderne, pas nécessairement exempte de conséquences sur la santé, mais certainement plus sûre. Et dans une économie où la demande commande l'offre, une baisse de l'intérêt pour le blé génétiquement modifié entraînera forcément des changements dans la production agricole.

Pour ce qui est de la question épineuse de nourrir les peuples du tiers-monde, je ne peux qu'espérer qu'une amélioration de leurs conditions de vie dans les prochaines années aura pour effet d'élargir leurs choix alimentaires et de les éloigner de la mentalité «c'est mieux que rien» qui domine présentement.

Entre-temps, vous avez la liberté d'utiliser votre pouvoir de consommateur pour vous affranchir de la bedaine de blé.

Le conseil de «consommer plus de bons grains complets» devrait accompagner d'autres messages erronés, tels que ceux de remplacer les gras saturés par des gras hydrogénés et polyinsaturés, le beurre par la margarine et le sucrose par le sirop de maïs à haute teneur en fructose dans le cimetière des recommandations nutritionnelles qui ont semé la confusion dans l'esprit des Américains, les ont trompés et les ont fait grossir.

Le blé n'est pas qu'un simple glucide, pas plus que la fission nucléaire ne consiste en une simple réaction chimique.

Notre orgueil démesuré nous pousse à croire qu'on peut modifier et manipuler le code génétique d'autres espèces afin de répondre à nos besoins. Peut-être que cela sera possible dans une centaine d'années, quand on pourra le manipuler aussi facilement qu'un compte en banque. Mais, pour l'heure, la modification génétique et l'hybridation des plantes qui nous nourrissent relèvent d'une science rudimentaire qui entraîne des effets incontrôlés tant chez les plantes elles-mêmes que chez les animaux et les humains qui s'en nourrissent.

Les végétaux et les animaux ont acquis leur forme actuelle à l'issue de millions d'années d'évolution. Or, durant une période ridiculement courte, soit un demi-siècle, nous avons cherché à modifier le bagage génétique d'une plante qui cohabitait avec nous depuis des temps immémoriaux; il nous faut désormais vivre avec les conséquences inévitables de nos manipulations irréfléchies.

Les transformations que nous avons fait subir au petit épeautre, cette graminée peu productive dont le grain se prêtait mal à la boulangerie et à la pâtisserie, et que nos ancêtres consommaient il y a 10 000 ans, dans le but d'en faire une plante naine, à haut rendement, capable de répondre à nos besoins mais incapable de survivre à l'état sauvage, relèvent de la même logique que la décision d'administrer massivement des antibiotiques et des hormones aux animaux d'élevage tout en les confinant dans des entrepôts industriels. Peut-être pourrons-nous nous remettre de cette catastrophe qu'on appelle «agriculture», mais la première étape consiste à reconnaître ce que nous avons fait à cette chose qui porte le nom de «blé».

Au plaisir de vous rencontrer au rayon des fruits et légumes.

ANNEXE A

DÉBUSQUER LE BLÉ
DE SES NOMBREUSES CACHETTES

Les listes qui suivent risquent d'en décourager plus d'un mais, en définitive, éviter le blé et le gluten pourrait se résumer à bannir tout aliment nécessitant une étiquette.

Ainsi, le concombre, le chou frisé, la morue, le saumon, l'huile d'olive, la noix, l'œuf et l'avocat, pour ne citer qu'eux, sont naturels, sains et ne nécessitent aucune étiquette indiquant qu'ils ne renferment ni blé ni gluten.

En revanche, dès qu'on s'aventure en dehors des rayons des aliments entiers et naturels, qu'on se retrouve dans des événements mondains, qu'on mange au restaurant ou qu'on voyage, on risque d'y être exposé par mégarde.

Pour certains, les conséquences sont parfois graves. Crampes intestinales, diarrhée, voire saignements menacent ceux qui souffrent de maladie cœliaque et qui ont été exposés accidentellement au gluten du blé, par exemple en consommant du poulet pané. Le simple contact avec une goutte de sauce soja qui renferme du blé peut déclencher à nouveau les démangeaisons désagréables de la dermatite herpétiforme. Les personnes sujettes aux symptômes neurologiques inflammatoires risquent de voir leur coordination décliner rapidement après avoir avalé une bière censée être exempte de gluten mais qui ne l'était pas. L'exposition involontaire au blé peut provoquer de la diarrhée, de l'asthme, de la confusion mentale, de la douleur et de l'enflure articulaires, ainsi que de l'œdème des jambes chez ceux qui ne souffrent pas de sensibilité immunitaire ou inflammatoire au gluten, et des accès de colère ou d'autres troubles du comportement chez ceux qui sont atteints de trouble de déficit de l'attention avec ou sans hyperactivité (TDAH), d'autisme, de psychose bipolaire ou de schizophrénie.

Par conséquent, nombreux sont ceux qui doivent se montrer vigilants vis-à-vis des produits à base de blé. Les sujets souffrant de maladies auto-immunes telles que la maladie cœliaque, la dermatite herpétiforme et l'ataxie cérébelleuse doivent également éviter le seigle, l'orge, l'épeautre, le triticale, le kamut et le boulgour, qui renferment tous du gluten.

Le blé (et le gluten) se présente sous de nombreuses formes, par exemple couscous, chapelure de pain azyme, orzo, farine Graham, son, farro, panko et biscottes. Il faut se méfier des apparences. Ainsi, la plupart des céréales renferment de la farine, des produits dérivés du blé ou du gluten, y compris les flocons de maïs et le riz soufflé.

L'avoine reste un sujet de débat, essentiellement parce que les produits à base de ce grain sont souvent préparés dans les mêmes usines ou avec le même équipement que les produits de blé. C'est la raison pour laquelle les malades cœliaques l'évitent généralement.

La FDA américaine exige que, en plus d'être exempts de gluten, les produits portant la mention « sans gluten » (sauf en ce qui concerne les plats apprêtés au restaurant) soient préparés dans des usines d'où cet ingrédient est exclu. (Chez certains, la sensibilité est telle que le simple contact d'un produit avec un ustensile ayant servi au blé peut déclencher des symptômes.) Autrement dit, l'absence sur la liste des ingrédients du mot « blé » ou des autres termes du jargon à la mode qui y réfèrent tels que « amidon modifié » ne constitue pas une garantie que le produit est exempt de gluten. En cas de doute, les sujets particulièrement sensibles auraient intérêt à s'enquérir auprès du service à la clientèle de l'entreprise ou à consulter son site Internet, de plus en plus de fabricants y fournissant cette information.

En matière d'étiquetage, « sans blé » n'équivaut pas à « sans gluten ». Par exemple, un produit qui renferme du malt d'orge ou du seigle est exempt de blé, mais pas de gluten. Cette nuance est importante pour ceux qui sont particulièrement sensibles à cet ingrédient.

On sait que le pain, les pâtes et les pâtisseries renferment du blé et du gluten, mais la présence de ces derniers dans d'autres produits n'est pas toujours évidente, comme en témoigne la liste ci-dessous.

Baguette

Orge

Beignet

Son

Brioche

Boulgour

Burrito

Couscous

Crêpe

Croûtons

Durum

Petit épeautre (engrain)

Amidonnier

Farina

Farro (en Italie, de nombreuses variétés de blé portent ce nom)

Fougasse

Gnocchi

Farine Graham

Protéine végétale hydrolysée

Kamut

Chapelure de pain azyme

Amidon alimentaire modifié

Orzo

Panko (mélange de chapelure employé dans la cuisine japonaise)

Ramen

Roux (sauce ou épaississant à base de blé)

Biscotte

Seigle

Seitan (gluten pratiquement à l'état pur employé à la place de la viande)

Semoule

Soba (surtout composées de sarrasin, ces nouilles comprennent habituellement du blé)

Épeautre

Strudel

Tarte

Protéines végétales texturées, extrudées, expansées, ou allongeur

Triticale

Udon

Germe de blé

Tortilla

PRODUITS RENFERMANT DU BLÉ

Le blé témoigne de l'invraisemblable créativité de l'espèce humaine, qui a su le transformer en une multitude de formes. En plus de ceux qui ont été cités précédemment, une foule de produits renferment du blé ou du gluten. Consultez la liste ci-dessus en gardant à l'esprit qu'elle n'est pas exhaustive. Restez vigilant et, en cas de doute, informez-vous ou abstenez-vous.

Plusieurs des aliments énumérés existent également dans des variantes sans gluten. Si certains sont à la fois délicieux et sains, par exemple les sauces à salade exemptes de protéine végétale hydrolysée, on trouve de plus en plus de pains, céréales et farines sans gluten qui renferment de la fécule de maïs ou de pomme de terre, de l'amidon de riz ou du tapioca et qui, par conséquent, ne peuvent être considérés comme sains. Aucun produit provoquant une forte élévation du taux de glycémie ne devrait être qualifié de sain, de «sans gluten» ou d'une autre caractéristique positive. Au mieux, on les verra comme des gâteries, mais certainement pas comme des denrées de base.

Il existe aussi une foule d'ingrédients à base de blé ou de gluten dont le nom obscur ne permet pas de les identifier comme tels. Sauf indication contraire, les termes non spécifiques tels que «amidon», «fécule», «émulsifiant», «levain» ou «agent levant» indiquent généralement que le produit renferme du gluten.

Dans certains cas, par exemple le colorant caramel, il subsiste un doute quant à la présence ou non de gluten. Ce produit résulte du chauffage de sucres qui proviennent presque toujours du sirop de maïs, mais certains fabricants emploient un dérivé du blé. Dans ce cas, le nom du produit est suivi d'un point d'interrogation.

Tous n'ont pas à faire preuve d'une extrême vigilance vis-à-vis de l'exposition au gluten. Les listes suivantes n'ont pour but que de faire prendre conscience de l'omniprésence du blé et du gluten dans l'alimentation, et de fournir un point de départ à ceux qui doivent se montrer particulièrement vigilants.

Voici une liste de sources inattendues de blé et de gluten.

Assaisonnements

Poudre de cury

Assaisonnements en mélange

Assaisonnement pour tacos

Barres énergisantes ou protéinées, substituts de repas en barre

Barres Clif

Barres nutritives Pre-Game Fuel
  de Gatorade

Barres Pro Performance de GNC

Barres GoLean de Kashi

Barres Power

Substituts de repas Slim-Fast
  en barre

Boissons

Ales, bières, lagers (quoiqu'on trouve de plus en plus de bières sans gluten)

Mélanges à Bloody Mary

Cafés aromatisés

Infusions comprenant du blé, de l'orge ou du malt

Liqueur de malt

Thés aromatisés

Vodka résultant de la distillation du blé (Absolut, Grey Goose, Stolichnaya)

Vins panachés (comprenant du malt d'orge)

Whisky résultant de la distillation du blé ou de l'orge

Céréales

Il va de soi que, avec un nom pareil, les Shredded Wheat et les Wheaties renferment du blé. Cependant, bien d'autres pourraient donner l'impression qu'elles en sont exemptes alors que ce n'est pas le cas.

Céréales de son (All Bran, Bran Buds, Raisin Bran)

Flocons de maïs (Corn Flakes, Frosted Flakes, Crunchy Corn Bran)

Muesli, Mueslix

Céréales « santé » (Smart Start,

Special K, Grape Nuts, Trail Mix Crunch)

Céréales d'avoine (Cheerios, Cracklin' Oat Bran, Honey Bunches of Oats)

Céréales de maïs éclaté (Corn Pops)

Céréales de riz soufflé (Rice Krispies)

Céréales chaudes

Crème de blé

Farina

Malt-O-Meal

Flocons d'avoine

Son d'avoine

Colorants, excipients, texturateurs, épaississants

Ces sources furtives pourraient être particulièrement problématiques, leur nom souvent obscur donnant l'impression qu'elles n'ont rien à voir avec le blé ou le gluten. Malheureusement, bien souvent, ni l'étiquette ni le fabricant ne peuvent fournir cette information étant donné que les ingrédients proviennent de fournisseurs externes.

Colorants artificiels
Arômes artificiels
Colorant caramel (?)
Caramel (?)
Dextrimaltose
Émulsifiants

Maltodextrine (?)
Amidon modifié à usage
  alimentaire
Stabilisants
Protéines végétales texturées,
  extrudées, expansées, ou allongeur

Divers

Ces produits constituent souvent un véritable problème, les ingrédients à base de blé ou de gluten n'étant pas nécessairement mentionnés sur l'étiquette. Vous devrez peut-être communiquer avec le fabricant.

Enveloppes (colle)
Baume et brillant à lèvres
Plasticine Play-Doh
Médicaments d'ordonnance et en
  vente libre (consultez le site
  www.glutenfreedrugs.com,
  qui est tenu par un pharmacien
  – en anglais seulement)

Suppléments alimentaires (de
  nombreux fabricants spécifient
  sur les étiquettes que leurs produis
  sont sans gluten)
Rouge à lèvres
Timbres (colle)

Édulcorants

Malt d'orge, extrait d'orge
Dextrine et maltodextrine (?)

Malt, sirop de malt, arôme de malt

Fromages

Les cultures qu'on emploie pour la fermentation de certains fromages sont en contact avec le pain (sous forme de moisissure) et, comme telles, pourraient présenter un risque.

Bleu
Cottage (pas toutes les variétés)

Gorgonzola
Roquefort

Goûters et desserts

Biscuits, craquelins, bretzels et autres amuse-gueule évidents. Cependant, de nombreux goûters et desserts apparemment innocents renferment également du blé.

Glaçage à gâteau
Confiseries en barre
Gomme à mâcher (dans l'enrobage
  en poudre)
Chips de maïs
Fruits séchés (dans le léger
  enrobage de farine)
Arachides rôties à sec
Garnitures aux fruits avec
  épaississant
Bonbons à la gelée (à l'exclusion
  des Jelly Bellies et Starburst)
Barres de céréales

Crème glacée (aux biscuits et à la
  crème, aux biscuits Oréo, à la pâte
  à biscuits, au gâteau au fromage,
  au chocolat malté)
Cornets de crème glacée
Bâtons de réglisse
Chips de pomme de terre
  (y compris les Pringles)
Noix rôties
Tiramisu
Chips de maïs aromatisées
Mélanges de fruits séchés

Produits de soja et végétariens

Burgers végétariens (Boca Burgers,
  Gardenburgers, Morningstar
  Farms, Yves)
Lanières de poulet végétariennes

Chili végétarien
Hot-dogs et saucisses végétariens
Escalopes végétariennes
Biftecks végétariens

Restauration rapide

Dans ces établissements, on se sert bien souvent de la même huile pour cuire les frites et les morceaux de poulet panés à la chapelure. Les plans de travail peuvent également servir à la préparation de plats avec ou sans blé. En outre, ce grain peut se dissimuler dans des endroits inattendus, par exemple dans les œufs brouillés, s'ils sont faits avec de la pâte à crêpe, les nachos de Taco Bell ou encore les bouchées de pommes de terre. Les sauces, saucisses et burritos renferment généralement du blé ou des ingrédients qui en sont dérivés.

En fait, dans ces restaurants, les plats exempts de blé (ou de gluten) sont l'exception plutôt que la règle. Il est, par conséquent, très difficile, voire impossible, de les éviter. (De toute façon, vous ne devriez pas fréquenter ces endroits.) Cependant, certaines chaînes, telles Subway, Arby's, Wendy's et Chipotle Mexican Grill affirment que plusieurs de leurs plats sont exempts de gluten, ou offrent un menu complet de plats qui n'en renferment pas.

Sauces, sauces à salade, condiments

Sauces épaissies à la farine de blé
Ketchup
Sirop de malt
Vinaigre de malt
Marinades

Miso
Moutarde comprenant du blé
Sauce à salade
Sauce soja
Sauce Teriyaki

Soupes

Bisques
Bouillons
Soupes en boîte

Mélanges à soupe
Bouillons en cubes ou en poudre

Viandes

Viandes panées
Viandes en boîte
Certaines charcuteries
Hot-dogs
Simili-bacon

Simili-crabe
Burger (si on ajoute de la chapelure
   à la viande)
Saucisse
Dinde imprégnée

ANNEXE B

RECETTES SANTÉ POUR FAIRE FONDRE LA BEDAINE DE BLÉ

La surpression du blé ne constitue pas une difficulté insurmontable, mais cela exige de faire preuve d'une certaine créativité en cuisine, étant donné que nombre de vos plats habituels vous seront désormais interdits. D'où ces quelques recettes saines et relativement simples que j'ai mises au point et qui pourraient remplacer certains de vos plats préférés.

Quelques règles fondamentales ont dicté leur création.

Le blé est remplacé par des solutions de rechange saines. Cela paraît évident, mais la majorité des produits sans blé du commerce et des recettes sans gluten ne constituent pas des solutions saines. Par exemple, si vous remplacez le blé par de la fécule de maïs ou de pomme de terre, de l'amidon de riz complet ou du tapioca, comme on le suggère souvent dans les recettes sans gluten, vous grossirez et accroîtrez votre risque de diabète. Dans celles que je propose, ce grain est plutôt remplacé par des farines de fruits à coque ou de noix de coco, ou des graines de lin moulues. Ces aliments sont nutritifs et présentent l'avantage de ne pas déclencher les réponses anormales qui caractérisent le blé et ses substituts habituels.

Les lipides malsains, telles que les huiles hydrogénées, polyinsaturées et oxydées sont exclus. J'ai plutôt privilégié ceux qui sont riches en gras mono-insaturés et saturés, particulièrement l'huile d'olive et l'huile de coco (ou de coprah) à haute teneur en acide laurique neutre.

Les plats proposés sont pauvres en glucides. Cette décision tient au fait que l'alimentation à faible teneur en glucides est plus saine pour de nombreuses raisons: perte de graisse viscérale, absence de réactions inflammatoires, baisse du taux de petites particules de LDL et atténuation des manifestations diabétiques. Le seul plat qui renferme des quantités généreuses de glucides est le muesli, mais vous pourrez le modifier à votre guise.

J'ai opté pour les édulcorants artificiels. C'est, à mes yeux, le meilleur compromis pour qui souhaite reproduire les desserts appréciés des membres de la famille sans employer de sucre. Mon choix a porté sur ceux qui me semblent les plus bénins et les mieux tolérés par la majorité des gens. L'érythritol, le xylitol, le sucralose et le stevia n'exercent aucun effet sur le taux de glycémie et, contrairement au mannitol et au sorbitol, ne provoquent pas de troubles gastro-intestinaux. En outre, ils sont dénués des effets potentiellement adverses de l'aspartame et de la saccharine. Dans la majorité des recettes, j'ai employé du Truvia, édulcorant composé d'un mélange d'érythritol et de stevia (plus précisément de rebiana, un des composants du stevia).

Pour certains, les quantités d'édulcorants paraîtront insuffisantes, mais j'ai fait ce choix délibérément en sachant que la plupart des gens qui suppriment le blé se découvrent une sensibilité accrue à la saveur sucrée et tolèrent mal les produits extrêmement sucrés du commerce. Si ce n'est pas votre cas, vous pouvez en accroître les quantités.

Sachez en outre que le pouvoir sucrant des édulcorants peut varier d'un produit à l'autre. C'est particulièrement vrai des extraits de stevia en poudre, auxquels on ajoute parfois un agent de remplissage comme la maltodextrine ou l'inuline. Lisez les étiquettes ou servez-vous des indications suivantes pour déterminer l'équivalent en sucrose des divers édulcorants.

250 ml (1 tasse) de sucrose =
250 ml (1 tasse) d'extrait de stevia brut (et autres extraits de stevia
   mélangés à parts égales avec de la maltodextrine)
250 ml (1 tasse) de Splenda cristallisé
60 ml (¼ tasse) d'extrait de stevia en poudre (par exemple, Trader Joe's).
   Pour connaître l'équivalent en sucrose du produit que vous comptez
   acheter, consultez son étiquette.
105 ml (environ 7 c. à soupe) de Truvia
30 ml (2 c. à soupe) d'extrait liquide de stevia
335 ml (1 ⅓ tasse) d'érythritol
250 ml (1 tasse) de xylitol

Enfin, j'ai créé ces recettes pour ceux qui disposent de peu de temps libre. Elles sont donc relativement faciles à préparer et, pour la plupart, leurs ingrédients sont faciles à trouver.

Je conseille aux personnes qui souffrent de maladie cœliaque ou d'une autre forme de sensibilité au blé de s'assurer que tous les ingrédients qu'elles emploient sont véritablement exempts de gluten. Les fabricants de produits alimentaires ne sont malheureusement pas tous dignes de confiance et on ne peut être absolument certain de ce qui entre dans la composition de leurs produits. Vérifiez deux fois plutôt qu'une.

SMOOTHIE AUX BAIES ET À LA NOIX DE COCO (1 portion)

Idéal pour un petit-déjeuner sur le pouce ou un goûter rapide, ce smoothie comprend du lait de coco et est donc plus consistant que les autres boissons frappées. Seules les baies fournissent du sucre, ce qui permet de réduire au minimum cet ingrédient.

125 ml (½ tasse) de lait de coco
125 ml (½ tasse) de yaourt nature à faible teneur en gras
60 ml (¼ tasse) de bleuets, mûres, fraises ou autres baies
125 ml (½ tasse) de protéine lactosérique en poudre, nature ou à la vanille
15 ml (1 c. à soupe) de graines de lin moulues (on peut se les procurer moulues)
2 ml (½ c. à thé) d'extrait de noix de coco
4 glaçons

Mélanger le lait de coco, le yaourt, les baies, la protéine lactosérique, les graines de lin, l'extrait de noix de coco et les glaçons jusqu'à ce que la préparation soit homogène. Servir aussitôt.

MUESLI (6 portions)

Bien que différent des mélanges habituels, ce muesli comblera certainement votre envie d'un goûter sucré et croquant. Vous pouvez également le prendre sous forme de céréales avec du lait ou du lait de coco, de soja ou d'amande non sucré. Comme il ne comprend que des quantités relativement modestes d'avoine (ou de quinoa), chez la plupart des gens, ses effets sur la glycémie devraient être limités.

125 ml (½ tasse) de graines de lin moulues (on peut se les procurer moulues)
60 ml (¼ tasse) de graines de citrouille crues décortiquées
250 ml (1 tasse) de cajous crus hachés
125 ml (½ tasse) de flocons de quinoa ou de flocons d'avoine à l'ancienne
125 ml (½ tasse) de sirop de vanille sans sucre (par exemple, Torani ou DaVinci)
60 ml (¼ tasse) d'huile de noix
250 ml (1 tasse) de noix de pécan hachées
125 ml (½ tasse) d'amandes tranchées
60 ml (¼ tasse) de fruits séchés (raisins, cerises ou canneberges non sucrées)

Préchauffer le four à 325 °F (160 °C).

Dans un grand bol, moudre les graines de lin, les graines de citrouille et 125 ml (½ tasse) de cajous. Ajouter les flocons d'avoine ou de quinoa, le sirop de vanille et l'huile de noix, et bien remuer. Étaler le mélange dans un moule de 20 cm de côté et le comprimer avec la main de manière à obtenir une couche d'environ 1 cm d'épaisseur. Cuire environ 30 minutes ou jusqu'à ce que la préparation soit sèche et croquante. Laisser reposer au moins une heure dans le moule.

Entre-temps, dans un grand bol, mélanger les noix de pécan, les amandes, les fruits séchés et le reste de cajous.

Défaire la préparation en petits morceaux et incorporer ces derniers dans le mélange de fruits séchés.

CÉRÉALES CHAUDES AUX GRAINES DE LIN ET À LA NOIX DE COCO (1 ou 2 portions)

Ce petit-déjeuner est particulièrement consistant, surtout si on emploie du lait de coco.

> 125 ml (½ tasse) de lait de coco, lait entier, lait de soja entier ou lait d'amande non sucré
>
> 125 ml (½ tasse) de graines de lin moulues (on peut se les procurer moulues)
>
> 60 ml (¼ tasse) de flocons de noix de coco non sucrés
>
> 60 ml (¼ tasse) de noix hachées, moitiés de noix ou graines de tournesol décortiquées
>
> Cannelle moulue
>
> 60 ml (¼ tasse) de fraises, bleuets ou autres baies tranchées (facultatif)

Dans un bol allant au micro-ondes, mélanger le lait, les graines de lin moulues, les flocons de noix de coco et les noix ou graines de tournesol, et passer 1 minute au micro-ondes. Servir en garnissant d'une pincée de cannelle et, si désiré, de quelques baies.

TORTILLA À L'ŒUF ET AU PESTO (1 portion)

On peut préparer ce roulé consistant et délicieux la veille et le réfrigérer jusqu'au lendemain matin.

> 1 tortilla de graines de lin (voir ci-dessous)
> 15 ml (1 c. à soupe) de pesto de basilic ou de tomates séchées au soleil
> 1 œuf dur, pelé et finement tranché
> 2 fines tranches de tomate
> Une poignée de petits épinards ou de laitue en lanières

Si le roulé est fraîchement préparé, le laisser refroidir 5 minutes. Étaler ensuite le pesto au centre sur une largeur de 5 cm. Couvrir le pesto des tranches d'œuf puis des tranches de tomate. Garnir d'épinards ou de laitue et rouler.

TORTILLA DE GRAINES DE LIN (1 portion)

Composé de graines de lin et d'œuf, ce tortilla est absolument savoureux. Une fois que vous en aurez l'habitude, vous pourrez le préparer en quelques minutes à peine. Pour accélérer le processus, vous pouvez en préparer deux à la fois dans deux moules à tarte (cependant, vous devrez les cuire un à un). Ils se conserveront quelques jours au réfrigérateur. Vous pouvez créer des variantes en remplaçant l'eau par du jus de légumes, par exemple d'épinard ou de carotte.

> 45 ml (3 c. à soupe) de graines de lin, moulues (on peut se les procurer moulues)
> 1 ml (¼ c. à thé) de levure chimique
> 1 ml (¼ c. à thé) d'oignon en poudre
> 1 ml (¼ c. à thé) de paprika
> Une pincée de sel de mer fin ou de sel au céleri
> 15 ml (1 c. à soupe) d'huile de coco, fondue, plus de quoi graisser les moules
> 1 gros œuf
> 15 ml (1 c. à soupe) d'eau

Dans un petit bol, mélanger les graines de lin moulues, la levure chimique, l'oignon en poudre, le paprika et le sel. Ajouter l'huile de coco fondue et, en battant bien, incorporer l'œuf et 15 ml (1 c. à soupe) d'eau.

Graisser d'huile de coco un moule à tarte en verre ou en plastique allant au micro-ondes. Y verser la préparation en couvrant le fond uniformément. Passer au micro-ondes à allure maximale 2 ou 3 minutes ou jusqu'à ce que le tortilla soit bien cuit. Laisser reposer environ 5 minutes.

Pour retirer le tortilla du moule, soulever un côté à la spatule. S'il adhère au moule, s'aider d'une pelle à crêpes pour le dégager. Retourner le tortilla et le garnir des ingrédients désirés.

ROULÉ À LA DINDE ET À L'AVOCAT (1 portion)

Voici l'une des nombreuses manières possibles d'employer mon tortilla de graines de lin pour se confectionner un petit-déjeuner ou un repas du midi ou du soir appétissant. Vous pouvez remplacer la sauce par une fine couche de houmous ou de pesto que vous étalerez sur le tortilla avant d'ajouter les autres ingrédients.

Tortilla de graines de lin (voir page précédente), refroidi si fraîchement fait
3 ou 4 fines tranches de dinde grillée
2 fines tranches de fromage emmental
60 ml (¼ tasse) de germes de haricot
½ avocat Hass, finement tranché
Une poignée de petits épinards ou de laitue en lanières
15 ml (1 c. à soupe) de mayonnaise, moutarde, mayonnaise au wasabi ou sauce
à salade sans sucre

Disposer la dinde et le fromage suisse au centre du tortilla. Garnir de germes de haricot, d'avocat et d'épinards ou de laitue, et d'une bonne cuillerée de mayonnaise, de moutarde ou d'un autre condiment. Rouler.

SOUPE À LA MEXICAINE (4 portions)

Cette soupe comprend tous les ingrédients dont on farcit généralement les tortillas. Quand je l'ai servie aux membres de ma famille, j'ai regretté de ne pas en avoir doublé les quantités, chacun ayant réclamé une deuxième portion.

1 l (4 tasses) de bouillon de poulet à faible teneur en sodium

60 ml (¼ tasse) d'huile d'olive extra-vierge

450 g (1 lb) de poitrine de poulet, sans les os ni la peau, coupée en morceaux de 1 cm

2 ou 3 gousses d'ail, émincées

1 gros oignon doux, finement haché

1 poivron rouge, finement haché

2 tomates, finement hachées

3 ou 4 jalapenos, épépinés et finement hachés

Sel de mer fin et poivre noir moulu

2 avocats Hass

120 g (1 tasse) de monterey jack ou de cheddar râpé

125 ml (½ tasse) de coriandre fraîche hachée

60 ml (4 c. à soupe) de crème sure

Dans une grande casserole, porter le bouillon à ébullition à feu moyen ; réserver au chaud.

Entre-temps, chauffer l'huile à feu moyen dans une grande poêle et y faire dorer le poulet et l'ail 5 ou 6 minutes.

Ajouter le poulet cuit, l'oignon, le poivron, les tomates et les jalapenos au bouillon, et porter à ébullition. Baisser le feu et laisser mijoter 30 minutes. Saler et poivrer au goût.

Couper les avocats dans le sens de la longueur, les dénoyauter, les peler et les couper en tranches de 5 ou 6 mm.

Verser la soupe dans des bols peu profonds. Garnir des tranches d'avocat, de fromage, de coriandre fraîche et d'une cuillerée de crème sure.

SALADE AU THON ET À L'AVOCAT (2 portions)

Le mariage de l'avocat, du citron vert et de la coriandre fraîche procure une saveur incomparable à ce plat. Si vous préparez la salade à l'avance, n'ajoutez l'avocat et la lime qu'au moment de servir. Servez telle quelle ou assaisonnée d'une vinaigrette ou d'une sauce à l'avocat.

1 l (4 tasses) de verdures mixtes ou de petits épinards
1 carotte, râpée
120 g (4 oz) de thon (en sachet ou en boîte)
5 ml (1 c. à thé) de coriandre fraîche hachée
1 avocat, dénoyauté, pelé et coupé en cubes
2 quartiers de citron vert

Dans un grand bol (ou un récipient avec couvercle), mélanger les verdures et la carotte. Ajouter le thon et la coriandre, et bien remuer. Au moment de servir, ajouter l'avocat et presser les quartiers de citron vert au-dessus de la salade. Remuer et servir aussitôt.

PIZZA SANS BLÉ (4 à 6 portions)

Bien que cette pizza n'ait pas la consistance voulue pour que vous puissiez en tenir une portion en main, elle contentera sûrement votre envie nostalgique pour ce plat sans en présenter les effets indésirables. Une part ou deux suffiront à combler votre appétit. De plus, les enfants l'adoreront. Optez pour une sauce à pizza exempte de sirop de maïs à haute teneur en fructose ou en sucrose.

> 1 tête de chou-fleur, coupée en morceaux de 3 à 5 cm
> Environ 185 ml (¾ tasse) d'huile d'olive extra-vierge
> 2 gros œufs
> 360 g (3 tasses) de mozzarella râpée
> CHOIX DE VIANDES POUR LA GARNITURE : 225 g (½ lb) de saucisse (de préférence sans nitrites), de pepperoni tranché (de préférence sans nitrites), ou de bœuf, dinde ou porc haché, OU 335 ml (1 ⅓ tasse) de sauce à pizza ou 2 boîtes (environ 170 ml chacune) de purée de tomate
> CHOIX DE LÉGUMES POUR LA GARNITURE : Poivrons hachés (vert, rouge ou jaune) ; tomates séchées au soleil ; oignons ou oignons verts hachés ; ail émincé ; épinards frais ; olives tranchées ; champignons portobello hachés ou tranchés ; brocoli ou asperges coupés en dés
> Basilic frais ou séché
> Origan frais ou séché
> Poivre noir
> 30 g (¼ tasse) de parmesan râpé

Dans une grande casserole remplie d'eau bouillante ou dans une marmite à vapeur, faire cuire le chou-fleur environ 20 minutes ou jusqu'à ce qu'il soit tendre. L'égoutter et le déposer dans un grand bol. L'écraser de sorte qu'il ait la consistance d'une purée de pommes de terre relativement lisse. Ajouter 60 ml (¼ tasse) d'huile, les œufs et 120 g (1 tasse) de mozzarella, et bien mélanger. Préchauffer le four à 175° C (350° F). Enduire un moule à pizza ou une plaque à pâtisserie à rebord de 15 ml (1 c. à soupe) d'huile d'olive.

Verser la préparation au chou-fleur dans le moule et la comprimer avec la main afin de lui donner la forme d'une pizza épaisse d'environ 1 cm en la faisant remonter sur le bord. Cuire 20 minutes au four. Faire cuire la viande hachée, le cas échéant, dans une poêle jusqu'à ce qu'elle soit dorée et à point.

Retirer le fond de pizza du four (laisser le four allumé) et le couvrir de sauce à pizza ou de sauce tomate, de 2 tasses (240 g) de mozzarella, des garnitures de légumes et de viande, et assaisonner de basilic, origan et poivre. Arroser du reste d'huile d'olive (125 ml/½ tasse) et saupoudrer de parmesan. Cuire 10 à 15 minutes ou jusqu'à ce que la mozzarella fonde.

Couper la pizza en pointes et, à l'aide d'une spatule, déposer ces dernières dans des assiettes.

«PÂTES» DE COURGETTE ET CHAMPIGNONS CRIMINI (2 portions)

En substituant la courgette aux pâtes de blé, on crée un plat de saveur et de consistance différentes mais tout à fait délicieux. Comme ce légume s'exprime avec moins d'intensité que les pâtes, optez pour une sauce et des garnitures ayant une forte personnalité.

450 g (1 lb) de courgettes
240 g (8 oz) de saucisse sans nitrites ou de bœuf, dinde, poulet ou porc haché (facultatif)
45 ou 60 ml (3 ou 4 c. à soupe) d'huile d'olive extra-vierge
8 à 10 champignons crimini, tranchés
2 ou 3 gousses d'ail, émincées
30 ml (2 c. à soupe) de basilic frais haché
Sel et poivre noir moulu
250 ml (1 tasse) de sauce tomate ou 120 g (½ tasse) de pesto
30 g (¼ tasse) de parmesan râpé

À l'aide d'un économe, éplucher la courgette et la couper en rubans sur la longueur. Laisser de côté les pépins et les parties membraneuses du cœur, qui pourront servir ultérieurement, par exemple dans une salade.

Variante avec viande : chauffer 15 ml (1 c. à soupe) d'huile dans une grande poêle. Cuire la viande à point en la défaisant à la cuiller. Égoutter le gras. Ajouter 30 ml (2 c. à soupe) d'huile, de même que les champignons et l'ail. Cuire 2 ou 3 minutes ou jusqu'à ce que les champignons ramollissent.

Variante sans viande : dans une grande poêle, chauffer 30 ml (2 c. à soupe) d'huile à feu moyen. Cuire les champignons et l'ail, 2 à 3 minutes.

«Pâtes» de courgette : les cuire à la poêle jusqu'à ce qu'elles ramollissent, sans dépasser les 5 minutes. Ajouter le basilic haché, saler et poivrer au goût.

Au moment de servir, garnir de sauce tomate ou de pesto et saupoudrer de parmesan.

SAUTÉ DE NOUILLES SHIRATAKI (2 portions)

Exemptes de blé, les nouilles shirataki sont fabriquées avec de la racine de konjac. À raison de 3 g ou moins par sachet de 225 g, elles sont pauvres en glucides et n'exercent pratiquement aucun effet sur la glycémie. Certaines variantes contiennent du tofu, ce qui leur confère une consistance plus proche de celle des pâtes de blé. Elles me rappellent étrangement les ramen que je consommais dans mon enfance. Tout comme le tofu, elles ont peu de saveur en soi mais absorbent volontiers celle des aliments qu'elles accompagnent.

J'ai opté ici pour un plat à l'orientale mais on peut facilement apprêter les nouilles shirataki à l'italienne ou selon diverses autres recettes à base de pâtes de blé. (On en trouve sous forme de fettuccini, penne rigate et cheveux d'ange.)

> 45 ml (3 c. à soupe) d'huile de sésame grillé
> 225 g (½ lb) de poitrine de poulet ou de longe de porc désossée, ou de tofu ferme, coupé en cubes de 2 cm
> 2 ou 3 gousses d'ail, émincées
> 110 g (¼ lb) de shiitakes frais, pieds ôtés et chapeaux tranchés
> 2 à 3 c. à soupe (30 à 45 ml) de sauce soja (sans blé)
> 250 g (½ lb) de brocoli frais ou surgelé, défait en petites fleurettes
> 120 g (4 oz) de pousses de bambou tranchées
> 15 ml (1 c. à soupe) de gingembre frais râpé
> 10 ml (2 c. à thé) de graines de sésame
> 2 ml (½ c. à thé) de flocons de piment rouge
> 2 sachets (d'environ 225 g chacun) de nouilles shirataki

Dans un wok ou une grande poêle, chauffer à feu moyen 30 ml (2 c. à soupe) d'huile de sésame. Faire revenir la viande ou le tofu, l'ail, les shiitakes et la sauce soja jusqu'à ce que la viande soit à point ou le tofu légèrement doré sur toutes ses faces. (Si la poêle est trop sèche, ajouter quelques gouttes d'eau.)

Ajouter le brocoli, les pousses de bambou, le gingembre, les graines de sésame, les flocons de piment et 15 ml (1 c. à soupe) d'huile de sésame et, en remuant, cuire à feu moyen 5 minutes ou jusqu'à ce que le brocoli soit à la fois tendre et croustillant.

Entre-temps, dans une grande casserole, porter 1 l (4 tasses) d'eau à ébullition. Dans un égouttoir, rincer les nouilles 15 secondes sous l'eau froide, puis les égoutter. Les mettre dans l'eau bouillante et les cuire 3 minutes. Égoutter et ajouter aux légumes dans le wok. En remuant, réchauffer 2 minutes à feu moyen-vif.

CROQUETTES DE CRABE (4 portions)

Enrobées d'une panure sans blé, ces croquettes se préparent facilement. Pour en faire un plat principal, servez-les avec une sauce tartare ou une autre sauce compatible et des épinards ou de la laitue en feuilles.

- 30 ml (2 c. à soupe) d'huile d'olive extra-vierge
- ½ poivron rouge, coupé en petits cubes
- ¼ d'oignon rouge, finement haché
- 2 c. à soupe (30 ml) de piment vert frais finement émincé, ou au goût
- 60 ml (¼ tasse) de noix moulues
- 1 gros œuf
- 7 ml (1 ½ c. à thé) de poudre de cury
- 2 ml (½ c. à thé) de cumin moulu
- Sel de mer fin
- 1 boîte (d'environ 180 g) de chair de crabe, rincée et séparée à la fourchette
- 60 ml (¼ tasse) de graines de lin moulues (on peut se les procurer moulues)
- 5 ml (1 c. à thé) d'oignon en poudre
- 2 ml (½ c. à thé) d'ail en poudre
- Petits épinards ou verdures mixtes
- Sauce tartare (facultatif)

Préchauffer le four à 160 °C (325 °F). Tapisser une plaque à pâtisserie de papier aluminium.

Chauffer l'huile à feu moyen dans une grande poêle. Y faire cuire le poivron, l'oignon et le piment 4 ou 5 minutes ou jusqu'à ce qu'ils soient tendres. Laisser refroidir légèrement.

Déposer les légumes dans un grand bol. Incorporer les noix, l'œuf, la poudre de cury, le cumin et une pincée de sel de mer. Ajouter la chair de crabe et bien remuer. Former quatre boulettes et les disposer sur la plaque à pâtisserie.

Dans un petit bol, mélanger les graines de lin moulues, l'oignon et l'ail en poudre. Saupoudrer ce mélange sur les boulettes de crabe. Cuire au four 25 minutes ou jusqu'à ce que les croquettes soient dorées et bien chaudes. Servir sur un lit d'épinards ou de verdures avec une bonne cuillerée de sauce tartare, si désiré.

POULET ENROBÉ DE NOIX DE PÉCAN ET TAPENADE (2 portions)

Ce plat est excellent au repas du soir ou pour la boîte-repas. De plus, si on dispose d'un reste de poulet, il se prépare très rapidement. La veille, réservez une ou deux poitrines à cette fin. Vous pouvez remplacer la tapenade par du pesto au basilic ou à la tomate séchée au soleil, ou par de l'aubergine à la caponata.

> 2 poitrines de poulet de 120 g chacune, sans os ni peau
> 1 gros œuf
> 60 ml (¼ tasse) de lait de coco ou de lait
> 125 ml (½ tasse) de noix de pécan moulues (on peut se les procurer moulues)
> 45 ml (3 c. à soupe) de parmesan râpé
> 10 ml (2 c. à thé) d'oignon en poudre
> 5 ml (1 c. à thé) d'origan séché
> Sel de mer fin et poivre noir moulu
> 60 ml (4 c. à soupe) de tapenade, caponata ou pesto

Préchauffer le four à 175° C (350° F). Cuire le poulet environ 30 minutes ou jusqu'à ce qu'il soit à point.

Dans un bol peu profond, battre légèrement l'œuf à la fourchette. Incorporer le lait en battant.

Dans un autre bol, mélanger les noix de pécan, le parmesan, l'oignon en poudre et l'origan. Saler et poivrer au goût.

Tremper le poulet dans le mélange d'œuf et de lait, puis dans la préparation aux noix de pécan. Déposer dans un plat allant au micro-ondes et cuire 2 minutes à allure maximale.

Garnir de tapenade, caponata ou pesto, et servir chaud.

CÔTELETTES DE PORC PANÉES AU PARMESAN, LÉGUMES RÔTIS AU VINAIGRE BALSAMIQUE (4 portions)

Pour paner une viande, on peut remplacer la chapelure par des noix moulues ; elle sera croustillante à souhait. Ajoutez-y les herbes et les épices de votre choix.

1 oignon blanc, finement tranché

1 petite aubergine, non pelée, coupée en cubes de 1 cm

1 poivron vert, tranché

1 poivron jaune ou rouge, tranché

2 gousses d'ail, grossièrement hachées

60 ml (¼ tasse) d'huile d'olive extra-vierge, ou plus au besoin

60 ml (¼ tasse) de vinaigre balsamique

Sel de mer (fin ou grossier) et poivre noir moulu

1 gros œuf

15 ml (1 c. à soupe) de lait de coco

125 ml (½ tasse) d'amandes ou de noix de pécan moulues (on peut se les procurer moulues)

30 g (¼ tasse) de parmesan râpé

5 ml (1 c. à thé) d'ail en poudre

5 ml (1 c. à thé) d'oignon en poudre

4 côtelettes de porc avec l'os (d'environ 180 g/6 oz chacune)

1 citron, finement tranché

Préchauffer le four à 175 °C (350 °F).

Dans un grand plat à rôtir, mélanger l'oignon, l'aubergine, le poivron et l'ail. Arroser de 30 ml (2 c. à soupe) d'huile et du vinaigre. Saler et poivrer au goût et remuer pour bien enrober les légumes. Couvrir de papier aluminium et cuire 30 minutes.

Entre-temps, dans un bol peu profond, battre l'œuf et le lait de coco. Dans un autre bol peu profond, mélanger les amandes ou les noix de pécan moulues, le parmesan, l'ail et l'oignon en poudre. Saler et poivrer. Tremper les côtelettes des deux côtés dans la préparation à l'œuf, puis dans le mélange de parmesan.

Dans une grande poêle, chauffer 30 ml (2 c. à soupe) d'huile à feu moyen-vif. Y faire dorer les côtelettes 2 à 3 minutes par face.

Au bout de 30 minutes de cuisson, retirer le plat de légumes du four et disposer les côtelettes à la surface. Couvrir de tranches de citron.

Remettre au four et cuire à découvert environ 30 minutes ou jusqu'à ce que les côtelettes soient tout juste à point (elles devraient être légèrement rosées au centre) et les légumes très tendres.

SALADE D'ÉPINARDS ET DE CHAMPIGNONS (2 portions)

On peut facilement préparer une plus grande quantité de cette salade (multipliez les quantités d'ingrédients) ou la faire une journée à l'avance. N'ajoutez la sauce qu'au moment de servir. Si vous optez pour une sauce du commerce, lisez l'étiquette : ces produits renferment souvent du sirop de maïs à haute teneur en fructose ou du sucrose. Les sauces maigres ou à faible teneur en gras, en particulier, sont à éviter comme la peste. Si la vôtre est composée d'une bonne huile et comprend peu ou pas de sucre, vous pouvez en ajouter à volonté.

> 2 l (8 tasses) de petits épinards
> 500 ml (2 tasses) de champignons (variétés au choix) tranchés
> ½ poivron rouge ou jaune, haché
> 125 ml (½ tasse) d'oignons verts (ou d'oignon rouge) hachés
> 180 g (6 oz) de féta en cubes
> 2 œufs durs, tranchés
> 125 ml (½ tasse) de moitiés de noix
> Vinaigrette maison (huile d'olive extra-vierge et vinaigre au choix) ou du commerce

Dans un grand bol, mélanger les épinards, les champignons, le poivron, les oignons verts et la féta. Ajouter la sauce et remuer, ou répartir la salade entre deux récipients étanches et réfrigérer. Ajouter la sauce au moment de servir.

Variantes : on peut créer des variantes à volonté en ajoutant des herbes telles que du basilic et de la coriandre, en remplaçant la féta par du chèvre, du gouda ou de l'emmental, en ajoutant des olives Kalamata entières et dénoyautées, ou en optant pour une sauce crémeuse (exempte de sucres ajoutés ou de sirop de maïs à haute teneur en fructose), par exemple la Sauce ranch de la page 245.

ASPERGES À L'AIL RÔTI ET À L'HUILE D'OLIVE (2 portions)

L'asperge est un légume particulièrement sain. La saveur que confère l'ail rôti au plat vaut bien le surplus de temps requis pour le préparer.

> 1 tête d'ail
> Huile d'olive extra-vierge
> 225 g (½ lb) d'asperges, parées et coupées en tronçons de 5 cm
> 15 ml (1 c. à soupe) de noix de pécan ou d'amandes moulues
> 2 ml (½ c. à thé) d'oignon en poudre

Préchauffer le four à 200 °C (400 °F).

Ôter les peaux superficielles de la tête d'ail et la couper à l'extrémité supérieure de manière à enlever environ 15 mm de chair et à exposer les gousses. Déposer la tête sur un carré de papier aluminium et arroser d'huile d'olive. Replier le papier sur l'ail en serrant pour refermer et déposer dans un plat peu profond. Cuire 30 minutes, retirer le papier aluminium et laisser refroidir.

Dans une grande poêle, chauffer 15 ml (1 c. à soupe) d'huile à feu moyen. Ajouter les asperges et, en remuant, les cuire 3 à 4 minutes ou jusqu'à ce que leur couleur verte s'intensifie. Saupoudrer de noix de pécan ou d'amandes moulues, puis d'oignon en poudre.

Presser les gousses d'ail au-dessus de la poêle pour en extraire la chair. Poursuivre la cuisson des asperges 1 ou 2 minutes ou jusqu'à ce qu'elles soient à la fois croustillantes et tendres.

CASEROLE D'AUBERGINE AUX TROIS FROMAGES (6 portions)

Si vous aimez le fromage, vous serez comblé. Riche en saveurs complexes, cette casserole est en outre assez consistante pour servir de plat principal. Ou encore, elle pourra accompagner un bifteck ou du filet de poisson grillé. Le reste conviendra parfaitement pour le petit-déjeuner du lendemain.

1 aubergine, coupée en travers en tranches de 1 cm
125 ml (½ tasse) d'huile d'olive extra-vierge
1 oignon jaune ou espagnol, haché
2 ou 3 gousses d'ail, émincées
3 à 4 c. à soupe (45 à 60 ml) de tomates séchées au soleil
4 à 6 tasses (1 à 1,5 l) d'épinards
2 tomates, coupées en quartiers
2 tasses (500 ml) de sauce tomate
250 ml (1 tasse) de ricotta
120 g (1 tasse) de mozzarella de lait entier râpée
4 ou 5 feuilles de basilic, hachées
60 g (½ tasse) de parmesan râpé

Préchauffer le four à 160 °C (325 °F).

Déposer les tranches d'aubergine dans un plat allant au four. Enduire leurs deux faces de la quasi-totalité de l'huile d'olive, en réservant environ 30 ml (2 c. à soupe). Cuire 20 minutes. Retirer le plat du four en laissant ce dernier allumé.

Dans une grande poêle, chauffer 30 ml (2 c. à soupe) d'huile à feu moyen. Ajouter l'oignon, l'ail, les tomates séchées et les épinards, et cuire jusqu'à ce que l'oignon ait ramolli.

Disposer les quartiers de tomate sur l'aubergine puis étaler la préparation aux épinards. Couvrir de sauce tomate.

Dans un bol, mélanger la ricotta et la mozzarella. Étendre la préparation sur la sauce tomate et parsemer de basilic. Saupoudrer de parmesan.

Cuire à découvert environ 30 minutes ou jusqu'à ce que le fromage ait fondu.

« PAIN » AUX POMMES ET AUX NOIX (10 à 12 portions)

Nombre de personnes qui adoptent une alimentation sans blé éprouvent le besoin à l'occasion de satisfaire leur fringale de pain. Cette variante protéinée et aromatique convient parfaitement à cette fin. Ce pain est délicieux tartiné de fromage à la crème, de beurre d'arachide, de tournesol, de cajou ou d'amande, ou simplement de beurre (non salé si vous êtes sensible au sel). Par contre, du fait qu'il est sans gluten, il s'émiette facilement et ne convient donc pas pour les sandwichs.

Malgré la présence d'ingrédients glucidiques comme la compote de pommes, une tranche ou deux ne fourniront qu'environ 5 grammes de glucides. On peut aussi omettre la compote sans que le pain y perde pour autant en qualité.

> 2 tasses (500 ml) d'amandes moulues (on peut se les procurer moulues)
> 30 ml (2 c. à soupe) de graines de lin moulues (on peut se les procurer moulues)
> 250 ml (1 tasse) de noix hachées
> 15 ml (1 c. à soupe) de cannelle moulue
> 10 ml (2 c. à thé) de levure chimique
> 2 ml (½ c. à thé) de sel de mer fin
> 2 gros œufs
> 250 ml (1 tasse) de compote de pommes non sucrée
> 125 ml (½ tasse) d'huile de noix, d'olive ultralégère, de coco fondue
>   ou de beurre fondu
> 60 ml (¼ tasse) de crème sure ou de lait de coco

Préchauffer le four à 160 °C (325 °F). Enduire libéralement d'huile (l'huile de coco convient parfaitement à cet usage) un moule à pain de 22 x 12 cm.

Dans un bol, mélanger les amandes et les graines de lin moulues, les noix, la cannelle, la levure chimique et le sel, et bien remuer.

Dans une tasse à mesurer, mélanger les œufs, la compote de pommes, l'huile et la crème sure ou le lait de coco. Verser la préparation sur les ingrédients secs et ne remuer que ce qu'il faut pour l'incorporer. Si la pâte est trop ferme, ajouter 15 à 30 ml (1 ou 2 c. à soupe) de lait de coco. Déposer la pâte dans le moule en la comprimant avec la main et cuire environ 45 minutes ou jusqu'à ce qu'un cure-dent inséré au centre en ressorte sec. Laisser refroidir 20 minutes dans le moule, puis retourner ce dernier. Trancher et servir.

Variantes : voyez cette recette comme un modèle permettant de réaliser des plats semblables, par exemple du pain aux bananes, du pain aux courgettes et carottes, etc. Ainsi, vous pourriez remplacer la compote de pommes par 375 ml (1 ½ tasse) de purée de citrouille en conserve et assaisonner de 7 ml (1 ½ c. à thé) de muscade ; vous obtiendrez un excellent pain à la citrouille à servir durant les fêtes.

MUFFINS À LA BANANE ET AUX BLEUETS (10 à 12 muffins)

Comme pour la majorité des plats exempts de blé, la texture de ces muffins vous paraîtra un peu plus grossière que s'ils étaient faits avec de la farine. La banane leur confère un goût sucré particulier. Ce fruit est riche en glucides mais du fait qu'il est réparti entre 10 à 12 muffins, une portion en fournit relativement peu. On peut remplacer les bleuets par une quantité équivalente de myrtilles, framboises, canneberges ou autres baies.

> 500 ml (2 tasses) d'amandes moulues (on peut se les procurer moulues)
> 60 ml (¼ tasse) de graines de lin moulues (on peut se les procurer moulues)
> Édulcorant, tel que Truvia, extrait de stevia ou Splenda, équivalant à 175 ml (¾ tasse) de sucrose
> 5 ml (1 c. à thé) de levure chimique
> Une pincée de sel de mer fin
> 1 banane mûre
> 2 gros œufs
> 125 ml (½ tasse) de crème sure ou de lait de coco
> 60 ml (¼ tasse) d'huile de noix, de coco ou d'olive ultralégère
> 250 ml (1 tasse) de bleuets, frais ou surgelés

Préchauffer le four à 160 °C (325 °F). Graisser d'huile un moule à muffins de 10 à 12 compartiments.

Dans un bol, mélanger les amandes et les graines moulues, l'édulcorant, la levure chimique et le sel et remuer à la cuiller.

Dans un autre bol, transformer la banane en purée. Incorporer les œufs, la crème sure, le lait de coco et l'huile. Incorporer la préparation dans les ingrédients secs et bien mélanger. Incorporer les bleuets.

Déposer la préparation à la cuiller dans le moule à muffins, en ne le remplissant qu'à mi-hauteur. Cuire environ 45 minutes ou jusqu'à ce qu'un cure-dents inséré au centre en ressorte sec. Sortir les muffins du moule et les laisser refroidir complètement sur une grille.

MUFFINS À LA CITROUILLE ÉPICÉE (12 petits muffins)

J'apprécie tout particulièrement ce plat l'automne et l'hiver, au petit-déjeuner. Un seul de ces muffins tartiné de fromage à la crème comblera votre appétit.

> 500 ml (2 tasses) d'amandes moulues (on peut se les procurer moulues)
> 250 ml (1 tasse) de noix hachées
> 60 ml (¼ tasse) de graines de lin moulues (on peut se les procurer moulues)
> Édulcorant, tel que Truvia, extrait de stevia ou Splenda, correspondant à 175 ml
>   (¾ tasse) de sucrose
> 10 ml (2 c. à thé) de cannelle moulue
> 5 ml (1 c. à thé) de piment de la Jamaïque moulu
> 5 ml (1 c. à thé) de noix de muscade râpée
> 5 ml (1 c. à thé) de levure chimique
> Une pincée de sel de mer fin
> 1 boîte (environ 420 ml) de purée de citrouille non sucrée
> 125 ml (½ tasse) de crème sure ou de lait de coco
> 2 gros œufs
> 60 ml (¼ tasse) d'huile de noix de coco fondue ou d'olive ultralégère

Préchauffer le four à 160 °C (325 °F). Graisser d'huile un moule à muffins de 12 compartiments.

Dans un grand bol, mélanger les amandes et les graines de lin moulues, les noix, l'édulcorant, la cannelle, le piment de la Jamaïque, la noix de muscade, la levure chimique et le sel. Dans un autre grand bol, mélanger la purée de citrouille, la crème sure ou le lait de coco, les œufs et l'huile.

Incorporer la préparation à la citrouille dans les ingrédients secs et bien mélanger. Déposer la pâte à la cuiller dans le moule à muffins en ne remplissant les compartiments qu'à moitié. Cuire environ 45 minutes ou jusqu'à ce qu'un cure-dents inséré au centre de la pâte en ressorte sec.

Laisser refroidir les muffins 10 à 15 minutes dans le moule, puis les retirer du moule et les laisser refroidir entièrement sur une grille.

MOUSSE DE TOFU AU CHOCOLAT NOIR (4 portions)

On peut difficilement distinguer ce plat d'une mousse classique, à cette différence près qu'il fournit une bonne dose de ces flavonoïdes qui font présentement la réputation de la noix de coco. Si vous êtes sensible au soja, remplacez le tofu et le lait de soja par 500 ml (2 tasses) de yaourt nature à la grecque.

450 g (16 oz) de tofu ferme
125 ml (½ tasse) de poudre de cacao non sucrée
60 ml (¼ tasse) de lait d'amande non sucré, de lait de soja entier ou de lait entier
Édulcorant, tel que Truvia, extrait de stevia ou Splenda, correspondant à 125 ml
    (½ tasse) de sucrose
10 ml (2 c. à thé) d'extrait de vanille pur
5 ml (1 c. à thé) d'extrait d'amande pur
Crème fouettée ou chantilly
3 ou 4 fraises, tranchées, ou 10 à 12 framboises

Passer au mélangeur le tofu, le cacao, le lait d'amande, l'édulcorant et les extraits de vanille et d'amande jusqu'à ce que la préparation soit lisse et crémeuse. Déposer la préparation à la cuiller dans des bols.

Garnir de crème fouettée et de baies.

BISCUITS AU GINGEMBRE (Environ 25 biscuits de 6 cm)

Ces biscuits sans blé combleront une fringale occasionnelle. Étant donné que la noix de coco remplace la farine de blé, ils seront plutôt consistants et manqueront un peu de tenue. Mais une fois la première impression passée, les membres de votre famille et vos amis en redemanderont. Comme bien d'autres recettes proposées dans ces pages, celle-ci peut être modifiée à volonté. On pourra, par exemple, créer sa propre variante santé des biscuits aux brisures de chocolat en ajoutant des grains de chocolat semi-sucré et en omettant le piment de la Jamaïque, la muscade et le gingembre.

500 ml (2 tasses) de farine de noix de coco

250 ml (1 tasse) de noix finement hachées

45 ml (3 c. à soupe) de noix de coco séchée

30 ml (2 c. à soupe) de Truvia, 2 ml (½ c. à thé) d'extrait de stevia en poudre,
   ou 125 ml (½ tasse) de Splenda cristallisé

10 ml (2 c. à thé) de cannelle moulue

5 ml (1 c. à thé) de piment de la Jamaïque moulu

5 ml (1 c. à thé) de gingembre moulu

5 ml (1 c. à thé) de noix de muscade râpée

5 ml (1 c. à thé) de bicarbonate de soude

250 ml (1 tasse) de crème sure ou de lait de coco

250 ml (1 tasse) d'huile de noix, d'olive ultralégère, de coco fondue,
   ou de beurre fondu

125 ml (½ tasse) de sirop de vanille sans sucre (par exemple, DaVinci ou Torani)

3 gros œufs, légèrement battus

15 ml (1 c. à soupe) de zeste de citron râpé

5 ml (1 c. à thé) d'extrait d'amande pur

Lait, lait d'amande non sucré ou lait de soja (facultatif)

Préchauffer le four à 160 °C (325 °F). Graisser une plaque à pâtisserie ou la tapisser de papier sulfurisé.

Dans un grand bol, mélanger la farine de noix de coco, les noix, la noix de coco séchée, l'édulcorant, la cannelle, le piment de la Jamaïque, le gingembre, la muscade et le bicarbonate de soude.

Dans une tasse à mesurer de 1 litre (4 tasses), battre la crème sure ou le lait de coco, l'huile ou le beurre, le sirop à la vanille, les œufs, le zeste de citron et l'extrait d'amande. Ajouter cette préparation aux ingrédients secs et bien remuer. (Si la pâte est trop épaisse pour être remuée facilement, ajouter du lait, du lait d'amande non sucré ou du lait de soja – 15 ml (1 c. à soupe) à la fois jusqu'à ce qu'elle ait la consistance de la pâte à gâteau.)

Déposer la pâte sur la plaque à pâtisserie par cuillerées de 3 cm, et l'aplatir. Cuire 20 minutes ou jusqu'à ce qu'un cure-dents inséré au centre en ressorte sec. Laisser refroidir sur des grilles.

GÂTEAU AUX CAROTTES (8 à 10 portions)

De tous les plats présentés dans ces pages, c'est celui qui se rapproche le plus de la recette classique à base de farine de blé. Il comblera la fringale du plus exigeant des amateurs de ce grain.

GÂTEAU
250 ml (1 tasse) de farine de noix de coco
Édulcorant, correspondant à 1 tasse (250 ml) de sucrose (voir page 219)
30 ml (2 c. à soupe) de zeste d'orange râpé
15 ml (1 c. à soupe) de graines de lin moulues
10 ml (2 c. à thé) de cannelle moulue
5 ml (1 c. à thé) de piment de la Jamaïque moulu
5 ml (1 c. à thé) de noix de muscade râpée
5 ml (1 c. à thé) de levure chimique
Une pincée de sel de mer fin
4 gros œufs
125 ml (½ tasse) de beurre fondu ou d'huile de coco, fondue
250 ml (1 tasse) de crème sure
125 ml (½ tasse) de lait de coco
10 ml (2 c. à thé) d'extrait de vanille pur
500 ml (2 tasses) de carottes finement râpées
250 ml (1 tasse) de noix de pécan hachées

GLAÇAGE
225 g (8 oz) de fromage à la crème comprenant ⅓ de gras en moins (Neufchâtel),
    à température ambiante
5 ml (1 c. à thé) de jus de citron frais
15 ml (1 c. à soupe) de Truvia, 0,5 ml (⅛ c. à thé) d'extrait de stevia en poudre,
    ou 125 ml (¼ tasse) de Splenda cristallisé

Préchauffer le four à 160 °C (325 °F). Graisser un moule de 22 ou 25 cm de côté.

Gâteau : dans un grand bol, mélanger la farine de noix de coco, l'édulcorant, le zeste d'orange, les graines de lin moulues, la cannelle, le piment de la Jamaïque, la noix de muscade, la levure chimique et le sel, et remuer avec les mains.

Dans un bol moyen, battre les œufs, le beurre fondu ou l'huile de coco, la crème sure, le lait de coco et la vanille. Verser la préparation sur les ingrédients secs. À l'aide d'un mixeur, battre jusqu'à ce que la pâte soit bien mélangée. Ajouter les carottes et les noix de pécan et mélanger avec les mains. Verser la pâte dans le moule.

Cuire au four 1 heure ou jusqu'à ce qu'un cure-dents en ressorte sec. Laisser refroidir.

Glaçage : dans un bol, mélanger tous les ingrédients, et bien remuer. Étaler le glaçage sur le gâteau refroidi.

GÂTEAU AU FROMAGE SUR FOND SANS BLÉ (6 à 8 portions)

Voilà une bonne raison de célébrer : un gâteau au fromage qui n'exerce pas d'effets indésirables sur la santé et le poids. Le fond de ce dessert décadent est composé de noix de pécan moulues, qu'on peut aussi bien remplacer par des noix.

FOND
375 ml (1 ½ tasse) de noix de pécan moulues
Édulcorant, tel que Truvia, extrait de stevia ou Splenda, correspondant à 125 ml
  (½ tasse) de sucrose
7 ml (1 ½ c. à thé) de cannelle moulue
90 ml (6 c. à soupe) de beurre non salé, fondu et refroidi
1 gros œuf, légèrement battu
5 ml (1 c. à thé) d'extrait de vanille

GARNITURE
450 g (16 oz) de fromage à la crème comprenant ⅓ de gras en moins, à température
  ambiante
185 ml (¾ tasse) de crème sure
Édulcorant, tel que Truvia, extrait de stevia ou Splenda, correspondant à 125 ml
  (½ tasse) de sucrose
Une pincée de sel de mer fin
3 gros œufs
Le jus d'un petit citron
15 ml (1 c. à soupe) de zeste de citron râpé
10 ml (2 c. à thé) d'extrait de vanille pur

Préchauffer le four à 160 °C (325 °F).

Fond : dans un grand bol, mélanger les noix de pécan moulues, l'édulcorant et la cannelle. Incorporer le beurre fondu, l'œuf et la vanille, et bien remuer.

Déposer la préparation dans un moule à tarte de 25 cm en la faisant remonter de 4 ou 5 cm sur les côtés.

Garniture : dans un bol, mélanger le fromage à la crème, la crème sure, l'édulcorant et le sel. À l'aide d'un mixeur, battre à basse vitesse. Sans cesser de battre, incorporer les œufs, le jus et le zeste de citron, et la vanille. Battre 1 minute à vitesse rapide.

Verser la garniture sur le fond. Cuire au four environ 50 minutes ou jusqu'à ce que la préparation soit presque ferme au centre. Laisser refroidir sur une grille. Réfrigérer avant de servir.

Variantes : on peut modifier la recette de la garniture de multiples manières, par exemple en y ajoutant ½ tasse (125 ml) de poudre de cacao et en couvrant de copeaux de chocolat noir ; ou encore, remplacer le jus et le zeste de citron par ceux du citron vert ; ou couvrir de baies, de feuilles de menthe et de crème fouettée.

FUDGE AU CHOCOLAT ET AU BEURRE D'ARACHIDE (12 portions)

Il n'existe probablement rien de tel qu'une version santé de cette confiserie chocolatée, mais cette recette permet de s'en rapprocher. Gardez-en en réserve afin de satisfaire, à l'occasion, une fringale de chocolat ou de sucreries.

FUDGE
10 ml (2 c. à thé) d'huile de coco, fondue
225 g (8 oz) de chocolat non sucré
250 ml (1 tasse) de beurre d'arachide naturel, à température ambiante
110 g de fromage à la crème comprenant 1/3 de gras en moins, à température ambiante
Édulcorant, tel que Truvia, extrait de stevia ou Splenda, correspondant à 1 tasse
   (250 ml) de sucrose
5 ml (1 c. à thé) d'extrait de vanille pur
Une pincée de sel
125 ml (½ tasse) d'arachides rôties à sec et non salées, ou de noix

GARNITURE (FACULTATIF)
125 ml (½ tasse) de beurre d'arachide naturel, à température ambiante
125 ml (½ tasse) d'arachides rôties à sec et non salées, hachées

Enduire d'huile de coco un moule de 20 cm.

Fudge : déposer le chocolat dans un bol allant au micro-ondes et cuire 1 ½ ou 2 minutes par intervalles de 30 secondes jusqu'à ce qu'il soit tout juste fondu. (Remuer au bout d'une minute afin de s'en assurer, le chocolat préservant sa forme même fondu.)

Dans un autre bol allant au micro-ondes, mélanger le beurre d'arachide, le fromage à la crème, l'édulcorant, la vanille et le sel. Passer au micro-ondes environ 1 minute pour ramollir la préparation, puis mélanger. Incorporer le beurre d'arachide et bien remuer. (Si la préparation est trop ferme, passer au micro-ondes 30 ou 40 secondes de plus.)

Étaler le fudge dans le moule et laisser refroidir. Si désiré, étaler une couche de beurre d'arachide sur le fudge et garnir d'arachides hachées.

SAUCE AU WASABI (2 portions)

Si vous ne connaissez pas ce condiment, sachez qu'il est extrêmement piquant mais d'une manière absolument unique. Si vous souhaitez en atténuer la saveur, diminuez la quantité de poudre de wasabi. (Faites preuve de prudence et n'utilisez que 5 ml/1 c. à thé afin de tester votre tolérance. Vous pourrez toujours en rajouter après coup.) Cette sauce accompagne à merveille le poisson et le poulet. Vous pouvez également l'employer dans les roulés sans blé (voir page 223). Pour une variante plus orientale, remplacez la mayonnaise par 30 ml (2 c. à soupe) d'huile de sésame et 15 ml (1 c. à soupe) de sauce soja (sans blé).

> 45 ml (3 c. à soupe) de mayonnaise
> 5 à 10 ml (1 à 2 c. à thé) de wasabi en poudre
> 5 ml (1 c. à thé) de gingembre frais finement émincé ou de gingembre séché
> 5 ml (1 c. à thé) de vinaigre de riz ou d'eau

Mélanger tous les ingrédients dans un petit bol. La sauce se conservera 5 jours au réfrigérateur dans un récipient hermétique.

VINAIGRETTE (Donne 250 ml/1 tasse)

On peut modifier à volonté cette recette polyvalente en lui ajoutant des ingrédients tels que moutarde de Dijon, herbes hachées (basilic, origan, persil) ou tomates séchées au soleil et finement hachées. Si vous optez pour du vinaigre balsamique, lisez bien l'étiquette, puisque plusieurs produits contiennent du sucre ajouté. Le vinaigre distillé, de riz, de vin blanc ou rouge, ou de cidre fera aussi bien l'affaire.

> 185 ml (¾ tasse) d'huile d'olive extra-vierge
> 60 ml (¼ tasse) de vinaigre au choix
> 1 gousse d'ail, finement émincée
> 5 ml (1 c. à thé) d'oignon en poudre
> 2 ml (½ c. à thé) de poivre blanc ou noir fraîchement moulu
> Une pincée de sel de mer

Mélanger les ingrédients dans un pot de 335 ml avec couvercle. Fermer hermétiquement et secouer. La vinaigrette se conservera une semaine au réfrigérateur ; bien secouer le pot avant de servir.

SAUCE RANCH (Donne 2 tasse/500 ml)

En préparant sa propre sauce à salade, même quand on se sert d'ingrédients comme la mayonnaise, on exerce un meilleur contrôle sur son contenu. Voici une sauce ranch qui ne renferme aucun ingrédient néfaste, à la condition d'opter pour une mayonnaise exempte de blé, de fécule de maïs, de sirop de maïs à haute teneur en fructose, de sucrose ou d'huiles hydrogénées. (C'est le cas de la plupart.)

> 250 ml (1 tasse) de crème sure
> 125 ml (½ tasse) de mayonnaise
> 15 ml (1 c. à soupe) de vinaigre distillé
> 60 g (½ tasse) de parmesan râpé
> 5 ml (1 c. à thé) d'ail en poudre ou d'ail finement émincé
> 7 ml (1 ½ c. à thé) d'oignon en poudre
> Une pincée de sel de mer

Dans un bol, mélanger la crème sure, la mayonnaise, le vinaigre et 15 ml (1 c. à soupe) d'eau. Incorporer le parmesan, l'ail et l'oignon en poudre, et le sel. Si désiré, allonger la sauce en ajoutant 15 ml (1 c. à soupe). Conserver au réfrigérateur.

REMERCIEMENTS

Le parcours que j'ai suivi pour en arriver à la conclusion qu'il fallait bannir le blé de l'alimentation a été tout sauf linéaire. J'ai avancé sur cette voie au prix de grands efforts avant d'accepter le fait que j'étais devant l'une des plus graves erreurs nutritionnelles à avoir été véhiculée. Je dois à un certain nombre de personnes d'avoir réussi à comprendre ces enjeux et de pouvoir partager ce message crucial avec un public plus large.

J'ai une dette de reconnaissance envers Rick Broadhead, mon agent et ami, qui a bien voulu m'écouter alors que, je le savais dès le départ, l'idée que j'avançais paraissait aberrante. D'emblée, il m'a accordé toute sa confiance. Il m'a permis de transformer ce qui n'était qu'une simple spéculation en un projet à part entière. Loin de s'en tenir à son rôle d'agent, il m'a également conseillé sur la manière de passer efficacement mon message, en plus de m'apporter un soutien moral indéfectible.

Je ne peux passer sous silence l'apport d'autres personnes qui m'ont permis de me familiariser avec certains sujets. Elisheva Rogosa de la Heritage Wheat Foundation (www.growseed.org) ne m'a pas seulement aidé à comprendre le rôle du blé ancien dans son parcours de 10 000 ans, mais m'a également fourni de l'engrain. J'ai pu ainsi me faire une idée précise de ce qu'était l'ancêtre direct du grain que consommaient les chasseurs-cueilleurs natoufiens. Allan Fritz, professeur en techniques d'amélioration du blé de l'université d'État du Kansas, statisticien agricole pour la USDA et analyste des cours du blé de premier plan, ainsi que Gary Vocke, titulaire d'un doctorat, m'ont tous deux aidé en me fournissant des données permettant d'éclairer leur point de vue sur le phénomène du blé moderne.

Par ses études cliniques avant-gardistes et ses communications personnelles, le docteur Peter Green, directeur du Celiac Disease Center de l'université Columbia à New York, m'a fourni les outils qui m'ont permis de comprendre comment la maladie cœliaque s'inscrit dans le cadre plus large de l'intolérance au blé. Le docteur Joseph Murray de la clinique Mayo m'a communiqué les résultats d'études cliniques fort instructifs et qui s'avèrent accablants pour les variétés modernes de blé créées par l'industrie agroalimentaire. Il m'a également aidé à comprendre les enjeux qui, je le crois, causeront la perte définitive de ce grain « Frankenstein » qui a infiltré tous les aspects de la culture américaine.

Je veux aussi remercier deux groupes dont les membres sont trop nombreux pour être nommés, mais qui ne m'en sont pas moins très chers, soit mes patients et ceux qui suivent mon programme de prévention de la cardiopathie en ligne, *Track Your Plaque* (www.trackyourplaque.com). Ces vraies personnes m'ont appris de nombreuses choses qui m'ont permis de formuler et de parfaire ces idées. Ce sont elles qui m'ont démontré, à de multiples reprises, les bienfaits remarquables qu'on pouvait tirer de la suppression du blé.

Chris Kliesmet, mon ami et expert en technologies de l'information, m'a aidé dans cette entreprise en me permettant de lui soumettre mes idées et d'entendre son point de vue original sur la question.

Bien sûr, je dois énormément à Dawn, ma merveilleuse épouse, que je compte bien emmener dans de nombreuses escapades bien méritées afin de compenser toutes les sorties et soirées dont nous avons dû nous priver alors que je travaillais sur ce livre. Chérie, je t'aime et te suis reconnaissant de m'avoir permis d'entreprendre et de mener à terme ce projet d'une importance primordiale.

Tous mes remerciements à mon fils Bill, qui entreprend sa première année de collège et qui a patiemment écouté mes bavardages. Je suis impressionné par le courage dont tu fais preuve quand tu discutes de mes idées avec tes professeurs. À ma fille Lauren, aussi, qui a acquis son statut de joueuse de tennis professionnelle alors que je travaillais à distance sur cet ouvrage ; j'assisterai certainement à un plus grand nombre de tes matches. Enfin, j'ai un conseil à offrir à Jacob, mon beau-fils, qui a dû supporter mes innombrables remontrances l'incitant à renoncer aux biscottes : je souhaite que tu réussisses et sois prospère tout en sachant profiter du moment présent ; j'espère que tu n'auras pas à vivre des décennies dans un état de stupeur, de somnolence et de troubles émotionnels simplement à cause de ce sandwich au jambon que tu viens d'avaler. Encaisse le coup et avance !

RÉFÉRENCES BIBLIOGRAPHIQUES

CHAPITRE 2

1. Rollo, F., Ubaldi, M., Ermini, L., Marota, I. «Ötzi's last meals: DNA analysis of the intestinal content of the Neolithic glacier mummy from the Alps», *Proceedings of the National Academy of Sciences (USA)*, vol. 99, n° 20, 1er octobre 2002, p. 12594-12599.
2. Shewry, P. R. «Wheat», *Journal of Experimental Botany*, vol. 60, n° 6, 2009, p. 1537-1553.
3. *Ibid.*
4. *Ibid.*
5. Song, X., Ni, Z., Yao, Y. *et al.* «Identification of differentially expressed proteins between hybrid and parents in wheat (Triticum aestivum L.) seedling leaves», *Theoretical and Applied Genetics*, vol. 118, n° 2, janvier 2009, p. 213-225.
6. Gao, X., Liu, S. W., Sun, Q., Xia, G. M. «High frequency of HMW-GS sequence variation through somatic hybridization between Agropyron elongatum and common wheat», *Planta*, vol. 23, n° 2, janvier 2010, p. 245-250.
7. Van den Broeck, H. C., de Jong, H. C., Salentijn, E. M. *et al.* «Presence of celiac disease epitopes in modern and old hexaploid wheat varieties: wheat breeding may have contributed to increased prevalence of celiac disease», *Theoretical and Applied Genetics*, 28 juillet 2010.
8. Shewry. *Journal of Experimental Botany*, vol. 60, n° 6, 2009, p. 1537-1553.
9. Magaña-Gómez, J. A., Calderón de la Barca, A. M. «Risk assessment of genetically modified crops for nutrition and health», *Nutrition Reviews*, vol. 67, n° 1, 2009, p. 1-16.
10. Dubcovsky, J., Dvorak, J. «Genome plasticity a key factor in the success of polyploidy wheat under domestication», *Science*, vol. 316, 29 juin 2007, p. 1862-1866.

CHAPITRE 3

1. Raeker, R. Ö., Gaines, C. S., Finney, P. L., Donelson, T. «Granule size distribution and chemical composition of starches from 12 soft wheat cultivars», *Cereal Chemistry*, vol. 75, n° 5, 1998, p. 721-728.
2. Avivi, L. «High grain protein content in wild tetraploid wheat, Triticum dicoccoides», dans *Fifth International Wheat Genetics Symposium*, New Delhi, Inde, 23-28 février 1978, p. 372-380.
3. Cummings, J. H., Englyst, H. N. «Gastrointestinal effects of food carbohydrate», *American Journal of Clinical Nutrition*, vol. 61, 1995, p. 938S-945S.
4. Foster-Powell, Holt, S. H. A., Brand-Miller, J. C. «International table of glycemic index and glycemic load values: 2002», *American Journal of Clinical Nutrition*, vol. 76, n° 1, 2002, p. 5-56.
5. Jenkins, D. J. H., Wolever, T. M., Taylor, R. H. *et al.* «Glycemic index of foods: a physiological basis for carbohydrate exchange», *American Journal of Clinical Nutrition*, vol. 34, n° 3, mars 1981, p. 362-366.
6. Juntunen, K. S., Niskanen, L. K., Liukkonen, K. H. *et al.* «Postprandial glucose, insulin, and incretin responses to grain products in healthy subjects», *American Journal of Clinical Nutrition*, vol. 75, n° 2, février 2002, p. 254-262.
7. Järvi, A. E., Karlström, B. E., Granfeldt, Y. E. *et al.* «The influence of food structure on postprandial metabolism in patients with non-insulin-dependent diabetes mellitus», *American Journal of Clinical Nutrition*, vol. 61, no 4, avril 1995, p. 837-842.

8. Juntunen *et al. American Journal of Clinical Nutrition,* vol. 75, n° 2, février 2002, p. 254-262.
9. Järvi *et al. American Journal of Clinical Nutrition,* vol. 61, n° 4, avril 1995, p. 837-842.
10. Yoshimoto, Y., Tashiro, J., Takenouchi, T., Takeda, Y. «Molecular structure and some physiochemical properties of high-amylose barley starches», *Cereal Chemistry,* vol. 77, 2000, p. 279-285.
11. Murray, J. A., Watson, T., Clearman, B., Mitros, F. «Effect of a gluten-free diet on gastrointestinal symptoms in celiac disease», *American Journal of Clinical Nutrition,* vol. 79, n° 4, avril 2004, p. 669-673.
12. Cheng, J., Brar, P. S., Lee, A. R., Green, P. H. «Body mass index in celiac disease: beneficial effect of a gluten-free diet», *Journal of Clinical Gastroenterology,* vol. 44, n° 4, avril 2010, p. 267-271.
13. Shewry, P. R., Jones, H. D. «Transgenic wheat: Where do we stand after the first 12 years?», *Annals of Applied Biology,* vol. 147, 2005, p. 1-14.
14. Van Herpen, T., Goryunova, S. V., van der Schoot, J. *et al.* «Alpha-gliadin genes from the A, B, and D genomes of wheat contain different sets of celiac disease epitopes», *BMC Genomics,* vol. 10, n° 7, janvier 2006, p. 1.
15. Molberg, Ø., Uhlen, A. K., Jensen, T. *et al.* «Mapping of gluten T-cell epitopes in the bread wheat ancestors: implications for celiac disease», *Gastroenterology,* vol. 128, 2005, p. 393-401.
16. Shewry, P. R., Halford, N. G., Belton, P. S., Tatham, A. S. «The structure and properties of gluten: an elastic protein from wheat grain», *Philosophical Transactions of the Royal Society of London,* vol. 357, 2002, p. 133-142.
17. Molberg *et al. Gastroenterology,* vol. 128, 2005, p. 393-401.
18. Tatham, A. S., Shewry, P. R. «Allergens in wheat and related cereals», *Clinical & Experimental Allergy,* vol. 38, 2008, p. 1712-1726.

CHAPITRE 4

1. Dohan, F. C. «Wheat "consumption" and hospital admissions for schizophre-nia during World War II. A preliminar y report», *American Journal of Clinical Nutrition,* vol. 18, n° 1, janvier 1966, p. 7-10.
2. Dohan, F. C. «Coeliac disease and schizophrenia», *British Medical Journal,* 7 juillet 1973, p. 51-52.
3. Dohan, F. C. «Hypothesis: Genes and neuroactive peptides from food as cause of schizophrenia», dans Costa, E. et Trabucchi, M. (dir.), *Advances in Biochemical Psychopharmacology,* New York, Raven Press, vol. 22, 1980, p. 535-548.
4. Vlissides, D. N., Venulet, A., Jenner, F. A. «A double-blind gluten-free/gluten-load controlled trial in a secure ward population», *British Journal of Psychiatry,* vol. 148, 1986, p. 447-452.
5. Kraft, B. D., West, E. C. «Schizophrenia, gluten, and low-carbohydrate, ketogenic diets: a case report and review of the literature», *Nutrition & Metabolism,* vol. 6, 2009, p. 10.
6. Cermak, S. A., Curtin, C., Bandini, L. G. «Food selectivity and sensory sensitivity in children with autism spectrum disorders», *Journal of the American Dietetic Association,* vol. 110, n° 2, février 2010, p. 238-246.
7. Knivsberg, A. M., Reichelt, K. L., Hoien, T., Nodland, M. «A randomized, controlled study of dietary intervention in autistic syndromes», *Nutritional Neuroscience,* vol. 5, 2002, p. 251-261.
8. Millward, C., Ferriter, M., Calver, S. *et al.* «Gluten- and casein-free diets for autistic spectrum disorder», *Cochrane Database Syst Rev,* vol. 2, 16 avril 2008, CD003498.
9. Whiteley, P., Haracopos, D., Knivsberg, A. M. *et al.* «The ScanBrit randomised, controlled, single-blind study of a gluten- and casein-free dietar y intervention for children with autism spectrum disorders», *Nutritional Neuroscience,* vol. 13, n° 2, avril 2010, p. 87-100.
10. Niederhofer, H., Pittschieler, K. «A preliminary investigation of ADHD symptoms in persons with celiac disease», *Journal of Attention Disorders,* vol. 10, n° 2, novembre 2006, p. 200-204.
11. Zioudrou, C., Streaty, R. A., Klee, W. A. «Opioid peptides derived from food proteins. The exorphins», *Journal of Biological Chemistry,* vol. 254, n° 7, 10 avril 1979, p. 2446-2449.
12. Pickar, D., Vartanian, F., Bunney, W. E. fils *et al.* «Short-term naloxone administration in schizophrenic and manic patients. A World Health Organization Collaborative Study», *Archives of General Psychiatry,* vol. 39, n° 3, mars 1982, p. 313-319.

13. Cohen, M. R., Cohen, R. M., Pickar, D., Murphy, D. L. « Naloxone reduces food intake in humans », *Psychosomatic Medicine,* vol. 47, n° 2, mars-avril 1985, p. 132-138.

14. Drewnowski, A., Krahn, D. D., Demitrack, M. A. *et al.* « Naloxone, an opiate blocker, reduces the consumption of sweet high-fat foods in obese and lean female binge eaters », *American Journal of Clinical Nutrition,* vol. 61, 1995, p. 1206-1212.

CHAPITRE 5

1. Flegal, K. M., Carroll, M. D., Ogden, C. L., Curtin, L. R. « Prevalence and trends in obesity among US adults, 1999 – 2008 », *Journal of the American Medical Association,* vol. 303, n° 3, 2010, p. 235-241.

2. Flegal, K. M., Carroll, M. D., Kuczmarski, R. J., Johnson, C. L. « Overweight and obesity in the United States : prevalence and trends, 1960-1994 », *International Journal of Obesity and Related Metabolic Disorders,* vol. 22, n° 1, 1998, p. 39-47.

3. Costa, D., Steckel, R. H. « Long-term trends in health, welfare, and economic growth in the United States », dans Steckel, R. H. et Floud, R. (dir.), *Health and Welfare during Industrialization,* Presses de l'Université de Chicago, 1997, p. 47-90.

4. Klöting, N., Fasshauer, M., Dietrich, A. *et al.* « Insulin sensitive obesity », *American Journal of Physiology, Endocrinology and Metabolism,* 22 juin 2010. [publ. électronique]

5. DeMarco, V. G., Johnson, M. S., Whaley-Connell, A. T., Sowers, J. R. « Cytokine abnormalities in the etiology of the cardiometabolic syndrome », *Current Hypertension Reports,* vol. 12, n° 2, avril 2010, p. 93-98.

6. Matsuzawa, Y. « Establishment of a concept of visceral fat syndrome and discovery of adiponectin », *Proceedings of the Japan Academy - Series B : Physical & Biological Sciences,* vol. 86, n° 2, 2010, p. 131-141.

7. *Ibid.*

8. Funahashi, T., Matsuzawa, Y. « Hypoadiponectinemia : a common basis for diseases associated with overnutrition », *Current Atherosclerosis Reports,* vol. 8, n° 5, septembre 2006, p. 433-438.

9. Després, J., Lemieux, I., Bergeron, J. *et al.* « Abdominal obesity and the metabolic syndrome : contributions to global cardiometabolic risk », *Arteriosclerosis, Thrombosis, and Vascular Biology,* vol. 28, 2008, p. 1039-1049.

10. Lee, Y., Pratley, R. E. « Abdominal obesity and cardiovascular disease risk : the emerging role of the adipocyte », *Journal of Cardiopulmonary Rehabilitation and Prevention,* vol. 27, 2007, p. 2-10.

11. Lautenbach, A., Budde, A., Wrann, C. D. « Obesity and the associated mediators leptin, estrogen and IGF-I enhance the cell proliferation and early tumori- genesis of breast cancer cells », *Nutrition and Cancer,* vol. 61, n° 4, 2009, p. 484-491.

12. Endogenous Hormones and Breast Cancer Collaborative Group. « Endogenous sex hormones and breast cancer in postmenopausal women : reanalysis of nine prospective studies », *Journal of the National Cancer Institute,* vol. 94, 2002, p. 606-616.

13. Johnson, R. E., Murah, M. H. « Gynecomastia : pathophysiology, evaluation, and management », *Mayo Clinic Proceedings,* vol. 84, n° 11, novembre 2009, p. 1010-1015.

14. Pynnönen, P. A., Isometsä, E. T., Verkasalo, M. A. *et al.* « Gluten-free diet may alleviate depressive and behavioural symptoms in adolescents with celiac disease : a prospective follow-up case-series study », *BMC Psychiatry,* vol. 5, 2005, p. 14.

15. Green, P., Stavropoulos, S., Panagi, S. *et al.* « Characteristics of adult celiac disease in the USA : results of a national survey », *American Journal of Gastroenterology,* vol. 96, 2001, p. 126-131.

16. Cranney, A., Zarkadas, M., Graham, I. D. *et al.* « The Canadian Celiac Health Survey », *Digestive Diseases and Sciences,* vol. 5294, avril 2007, p. 1087-1095.

17. Barera, G., Mora, S., Brambill, A. P. *et al.* « Body composition in children with celiac disease and the effects of a gluten-free diet : a prospective case-control study », *American Journal of Clinical Nutrition,* vol. 72, no 1, juillet 2000, p. 71-75.

18. Cheng, J., Brar, P. S., Lee, A. R., Green, P. H. « Body mass index in celiac disease : beneficial effect of a gluten-free diet », *Journal of Clinical Gastroenterology,* vol. 44, n° 4, avril 2010, p. 267-271.

19. Dickey, W., Kearney, N. « Overweight in celiac disease : prevalence, clinical characteristics, and effect of a gluten-free diet », *American Journal of Gastroenterology,* vol. 101, n° 10, octobre 2006, p. 2356-2359.

20. Murray, J. A., Watson, T., Clearman, B., Mitros, F. « Effect of a gluten-free diet on gastrointestinal symptoms in celiac disease », *American Journal of Clinical Nutrition,* vol. 79, n° 4, avril 2004, p. 669-673.

21. Cheng *et al. Journal of Clinical Gastroenterology,* vol. 44, n° 4, avril 2010, p. 267-271.

22. Barera, G. *et al. American Journal of Clinical Nutrition,* vol. 72, n° 1, juillet 2000, p. 71-75.

23. Venkatasubramani, N., Telega, G., Werlin, S. L. « Obesity in pediatric celiac disease », *Journal of Pediatric Gastrolenterology and Nutrition,* 21 mai 2010. [publ. électronique]

24. Bardella, M. T., Fredella, C., Prampolini, L. *et al.* « Body composition and dietary intakes in adult celiac disease patients consuming a strict gluten-free diet », *American Journal of Clinical Nutrition,* vol. 72, n° 4, octobre 2000, p. 937-939.

25. Smecuol, E., Gonzalez, D., Mautalen, C. *et al.* « Longitudinal study on the effect of treatment on body composition and anthropometry of celiac disease patients », *American Journal of Gastroenterology,* vol. 92, n° 4, avril 1997, p. 639-643.

26. Green, P., Cellier, C. « Celiac disease », *New England Journal of Medicine,* vol. 357, 25 octobre 2007, p. 1731-1743.

27. Foster, G. D., Wyatt, H. R., Hill, J. O. *et al.* « A randomized trial of a low – carbohydrate diet for obesity », *New England Journal of Medicine,* vol. 348, 2003, p. 2082-2090.

28. Samaha, F. F., Iqbal, N., Seshadri, P. *et al.* « A low-carbohydrate as compared with a low-fat diet in severe obesity », *New England Journal of Medicine,* vol. 348, 2003, p. 2074-2081.

CHAPITRE 6

1. Paveley, W. F. « From Aretaeus to Crosby : a history of coeliac disease », *British Medical Journal,* vol. 297, 24-31 décembre 1988, p. 1646-1649.

2. Van Berge-Henegouwen, Mulder, C. « Pioneer in the gluten free diet : Willem-Karel Dicke 1905-1962, over 50 years of gluten free diet », *Gut,* vol. 34, 1993, p. 1473-1475.

3. Barton, S. H., Kelly, D. G., Murray, J. A. « Nutritional deficiencies in celiac disease », *Gastroenterology Clinics of North America,* vol. 36, 2007, p. 93-108.

4. Fasano, A. « Systemic autoimmune disorders in celiac disease », *Current Opinion in Gastroenterology,* vol. 22, n° 6, 2006, p. 674-679.

5. Fasano, A., Berti, I., Gerarduzzi, T. *et al.* « Prevalence of celiac disease in at-risk and not-at-risk groups in the United States : a large multicenter study », *Archives of Internal Medicine,* vol. 163, n° 3, 10 février 2003, p. 286-292.

6. Farrell, R. J., Kelly, C. P. « Celiac sprue », *New England Journal of Medicine,* vol. 346, n° 3, 2002, p. 180-188.

7. Garampazzi, A., Rapa, A., Mura, S. *et al.* « Clinical pattern of celiac disease is still changing », *Journal of Pediatric Gastroenterology and Nutrition,* vol. 45, 2007, p. 611-614.

8. Steens, R., Csizmadia, C., George, E. *et al.* « A national prospective study on childhood celiac disease in the Netherlands 1993 – 2000 : An increasing recognition and a changing clinical picture », *Journal of Pediatrics,* vol. 147, 2005, p. 239-243.

9. McGowan, K. E., Castiglione, D. A., Butzner, J. D. « The changing face of childhood celiac disease in North America : impact of serological testing », *Pediatrics,* vol. 124, n° 6, décembre 2009, p. 1572-1578.

10. Rajani, S., Huynh, H. Q., Turner, J. « The changing frequency of celiac disease diagnosed at the Stollery Children's Hospital », *Canadian Journal of Gastroenterology,* vol. 24, n° 2, février 2010, p. 109-112.

11. Bottaro, G., Cataldo, F., Rotolo, N. *et al.* « The clinical pattern of subclinical/silent celiac disease : an analysis on 1026 consecutive cases », *American Journal of Gastroenterology,* vol. 94, n° 3, mars 1999, p. 691-696.

12. Rubio-Tapia, A., Kyle, R. A., Kaplan, E. *et al.* « Increased prevalence and mortality in undiagnosed celiac disease », *Gastroenterology,* vol. 137, n° 1, juillet 2009, p. 88-93.

13. Lohi, S., Mustalahti, K., Kaukinen, K. *et al.* « Increasing prevalence of celiac disease over time », *Alimentary Pharmacology & Therapeutics,* vol. 26, 2007, p. 1217-1225.

14. Van der Windt, D., Jellema, P., Mulder, C. J. *et al.* « Diagnostic testing for celiac disease among patients with abdominal symptoms : a systematic review », *Journal of American Medical Association,* vol. 303, n° 17, 2010, p. 1738-1746.

15. Johnston, S. D., McMillan, S. A., Collins, J. S. *et al.* « A comparison of antibodies to tissue transglutaminase with conventional serological tests in the diagnosis of coeliac disease », *European Journal of Gastroenterology & Hepatology,* vol. 15, n° 9, septembre 2003, p. 1001-1004.

16. Van der Windt *et al. Journal of American Medical Association,* vol. 303, n° 17, 2010, p. 1738-1746.

17. Johnston, S. D. *et al. European Journal of Gastroenterology & Hepatology,* vol. 15, n° 9, septembre 2003, p. 1001-1004.

18. Van der Windt et al. *Journal of American Medical Association,* 2010 ; 303 (17) : 1738 – 46.

19. NIH Consensus Development Conference on Celiac Disease. *NIH Consensus and State-of-the-Science Statements,* vol. 21, n° 1, 28-30 juin 2004, p. 1-23.

20. Mustalahti, K., Lohiniemi, S., Collin, P. *et al.* « Gluten-free diet and quality of life in patients with screen-detected celiac disease », *Effective Clinical Practice,* vol. 5, n° 3, mai-juin 2002, p. 105-113.

21. Ensari, A., Marsh, M. N., Morgan, S. *et al.* « Diagnosing coeliac disease by rectal gluten challenge : a prospective study based on immunopathology, computer- ized image analysis and logistic regression analysis », *Clinical Science (Londres),* vol. 101, n° 2, août 2001, p. 199-207.

22. Bach, J. F. « The effect of infections on susceptibility to autoimmune and allergic disease », *New England Journal of Medecine,* vol. 347, 2002, p. 911-920.

23. Van den Broeck, H. C., de Jong, H. C., Salentijn, E. M. *et al.* « Presence of celiac disease epitopes in modern and old hexaploid wheat varieties : Wheat breeding may have contributed to increased prevalence of celiac disease », *Theoretical and Applied Genetics,* 28 juillet 2010 [publ. électronique].

24. Drago, S., El Asmar, R., Di Pierro, M. *et al.* « Gliadin, zonulin and gut permeability : effects on celiac and nonceliac intestinal mucosa and intestinal cell lines », *Scandinavian Journal of Gastroenterology,* vol. 41, 2006, p. 408-419.

25. Guttman, J. A., Finlay, B. B. « Tight junctions as targets of infectious agents », *Biochimica et Biophysica Acta,* vol. 1788, no 4, avril 2009, p. 832-841.

26. Parnell, N., Ciclitira, P. J. « Celiac disease », *Current Opinion in Gastroenterology,* vol. 15, n° 2, mars 1999, p. 120-124.

27. Peters, U., Askling, J., Gridley, G. *et al.* « Causes of death in patients with celiac disease in a population-based Swedish cohort », *Archives of Internal Medicine,* vol. 163, 2003, p. 1566-1572.

28. Hafström, I., Ringertz, B., Spängberg, A. *et al.* « A vegan diet free of gluten improves the signs and symptoms of rheumatoid arthritis : the effects on arthritis correlate with a reduction in antibodies to food antigens », *Rheumatology* (Oxford), vol. 40, n° 10, octobre 2001, p. 1175-1179.

29. Peters *et al. Archives of Internal Medicine,* vol. 163, 2003, p. 1566-1572.

30. Barera, G., Bonfanti, R., Viscardi, M. *et al.* « Occurrence of celiac disease after onset of type 1 diabetes : a 6-year prospective longitudinal study », *Pediatrics,* vol. 109, 2002, p. 833-838.

31. Ascher, H. « Coeliac disease and type 1 diabetes : an affair still with much hidden behind the veil », *Acta Paediatrica,* vol. 90, 2001, p. 1217-1225.

32. Hadjivassiliou, M., Sanders, D. S., Grünewald, R. A. *et al.* « Gluten sensitivity : from gut to brain », *Lancet,* vol. 9, mars 2010, p. 318-330.

33. Hadjivassiliou, M., Grünewald, R. A., Lawden, M. *et al.* « Headache and CNS white matter abnormalities associated with gluten sensitivity », *Neurology,* vol. 56, n° 3, 13 février 2001, p. 385-388.

34. Barton, S. H., Kelly, D. G., Murray, J. A. *Gastroenterology Clinics of North America,* vol. 36, 2007, p. 93-108.

35. Ludvigsson, J. F., Montgomery, S. M., Ekbom, A. *et al.* « Small-intestinal histopathology and mortality risk in celiac disease », *Journal of American Médical Association,* vol. 302, n° 11, 2009, p. 1171-1178.

36. West, J., Logan, R., Smith, C. *et al.* « Malignancy and mortality in people with celiac disease : population based cohort study », *British Medical Journal,* 21 juillet 2004. doi : 10.1136/bmj.38169.486701.7C.

37. Askling, J., Linet, M., Gridley, G. *et al.* « Cancer incidence in a population-based cohort of individuals hospitalized with celiac disease or dermatitis herpetiformis », *Gastroenterology,* vol. 123, n° 5, novembre 2002, p. 1428-1435.

38. Peters *et al. Archives of Internal Medicine,* vol. 163, 2003, p. 1566-1572.

39. Ludvigsson *et al. Journal of American Medical Association,* vol. 302, no 11, 2009, p. 1171-1178.

40. Holmes, G. K. T., Prior, P., Lane, M. R. *et al.* «Malignancy in celiac disease — effect of a gluten free diet», *Gut,* vol. 30, 1989, p. 333-338.

41. Ford, A. C., Chey, W. D., Talley, N. J. *et al.* «Yield of diagnostic tests for celiac disease in individuals with symptoms suggestive of irritable bowel syndrome: systematic review and meta-analysis», *Archives of Internal Medicine,* vol. 169, n° 7, 13 avril 2009, p. 651-658.

42. *Ibid.*

43. Bagci, S., Ercin, C. N., Yesilova, Z. *et al.* «Levels of serologic markers of celiac disease in patients with ref lux esophagitis», *World Journal of Gastroenterology,* vol. 12, n° 41, 7 novembre 2006, p. 6707-6710.

44. Usai, P., Manca, R., Cuomo, R. *et al.* «Effect of gluten-free diet and co-morbidity of irritable bowel syndrome-type symptoms on health-related quality of life in adult coeliac patients», *Digestive and Liver Disease,* vol. 39, n° 9, septembre 2007, p. 824-828.

45. Collin, P., Mustalahti, K., Kyrönpalo, S. *et al.* «Should we screen reflux oesophagitis patients for coeliac disease?», *European Journal of Gastroenterology & Hepatology,* vol. 16, n° 9, septembre 2004, p. 917-920.

46. Cuomo, A., Romano, M., Rocco, A. *et al.* «Ref lux oesophagitis in adult coeliac disease: beneficial effect of a gluten free diet», *Gut,* vol. 52, n° 4, avril 2003, p. 514-517.

47. *Ibid.*

48. Verdu, E. F., Armstrong, D., Murray, J. A. «Between celiac disease and irritable bowel syndrome: the "no man's land" of gluten sensitivity», *American Journal of Gastroenterology,* vol. 104, n° 6, juin 2009, p. 1587-1594.

CHAPITRE 7

1. Zhao, X. *434-PP,* présenté à la 70e session scientifique de l'American Diabetes Association, 25 juin 2010.

2. Franco, O. H., Steyerberg, E. W., Hu, F. B. *et al.* «Associations of diabetes mellitus with total life expectancy and life expectancy with and without cardiovascular disease», *Archives of Internal Medicine,* vol. 167, n° 11, 11 juin 2007, p. 1145-1151.

3. Daniel, M., Rowley, K. G., McDermott, R. *et al.* «Diabetes incidence in an Australian aboriginal population: an 8-year follow-up study», *Diabetes Care,* vol. 22, 1999, p. 1993-1998.

4. Ebbesson, S. O., Schraer, C. D., Risica, P. M. *et al.* «Diabetes and impaired glucose tolerance in three Alaskan Eskimo populations: the Alaska-Siberia Project», *Diabetes Care,* vol. 21, 1998, p. 563-569.

5. Cordain, L. «Cereal grains: Humanity's double-edged sword» dans Simopoulous, A. P. (dir.), «Evolutionary aspects of nutrition and health», *World Review of Nutrition and Dietetics,* vol. 84, 1999, p. 19-73.

6. Reaven, G. M. «Banting Lecture 1988: Role of insulin resistance in human disease», *Diabetes,* vol. 37, 1988, p. 1595-1607.

7. Crawford, E. M. «Death rates from diabetes mellitus in Ireland 1833-1983: a historical commentary», *Ulster Medical Journal,* vol. 56, n° 2, octobre 1987, p. 109-115.

8. Ginsberg, H. N., MacCallum, P. R. «The obesity, metabolic syndrome, and type 2 diabetes mellitus pandemic: Part I. Increased cardiovascular disease risk and the importance of atherogenic dyslipidemia in persons with the metabolic syndrome and type 2 diabetes mellitus», *Journal of the CardioMetabolic Syndrome,* vol. 4, n° 2, 2009, p. 113-119.

9. Centers for Disease Control. *National Diabetes Fact Sheet 2011,* [en ligne]. [http://apps. nccd.cdc.gov/DDTSTRS/FactSheet.aspx]

10. Ginsberg *et al. J Cardiometab Syndr,* vol. 4, n° 2, 2009, p. 113-119.

11. Centers for Disease Control. *Overweight and Obesity Trends Among Adults 2011,* [en ligne]. [http://www.cdc.gov/obesity/data/index.html]

12. Wang, Y., Beydoun, M. A., Liang, L. *et al.* «Will all Americans become overweight or obese? Estimating the progression and cost of the US obesity epidemic», *Obesity (Silver Spring),* vol. 16, n° 10, octobre 2008, p. 2323-2330.

13. USDA. *U.S. Per capita Wheat Use,* [en ligne]. [http://www.ers.usda.gov/amberwaves/september08/findings/wheatf lour.htm]

14. Macor, C., Ruggeri, A., Mazzonetto, P. *et al.* «Visceral adipose tissue impairs insulin secretion and insulin sensitivity but not energy expenditure in obesity», *Metabolism,* vol. 46, n° 2, février 1997, p. 123-129.

15. Marchetti, P., Lupi, R., Del Guerra, S. *et al.* «The beta-cell in human type 2 diabetes», *Advances in Experimental Medicine and Biology,* vol. 654, 2010, p. 501-514.

16. *Ibid.*

17. Wajchenberg, B. L. «Beta-cell failure in diabetes and preservation by clinical treatment», *Endocrine Review,* vol. 28, no 2, avril 2007, p. 187-218.

18. Banting, F. G., Best, C. H., Collip, J. B. *et al.* «Pancreatic extracts in the treatment of diabetes mellitus : preliminary report», *Canadian Medical Association Journal,* vol. 12, n° 3, mars 1922, p. 141-146.

19. Westman, E. C., Vernon, M. C. «Has carbohydrate-restriction been forgotten as a treatment for diabetes mellitus ? A perspective on the ACCORD study design», *Nutrition & Metabolism,* vol. 5, 2008, p. 10.

20. Volek, J. S., Sharman, M., Gómez, A. *et al.* «Comparison of energy-restricted very low-carbohydrate and low-fat diets on weight loss and body composition in overweight men and women», *Nutrition & Metabolism* (Londres), vol. 1, n° 1, 8 novembre 2004, p. 13.

21. Volek, J. S., Phinney, S. D., Forsythe, C. E. *et al.* «Carbohydrate restriction has a more favorable impact on the metabolic syndrome than a low fat diet», *Lipids,* vol. 44, no 4, avril 2009, p. 297-309.

22. Stern, L., Iqbal, N., Seshadri, P. *et al.* «The effects of a low-carbohydrate versus conventional weight loss diets in severely obese adults : one-year follow-up of a randomized trial», *Annals of Internal Medicine,* vol. 140, 2004, p. 778-785.

23. Samaha, F. F., Iqbal, N., Seshadri, P. *et al.* «A low-carbohydrate as compared with a low-fat diet in severe obesity», *New England Journal of Medicine,* vol. 348, 2003, p. 2074-2081.

24. Gannon, M. C., Nuttall, F. Q. «Effect of a high-protein, low-carbohydrate diet on blood glucose control in people with type 2 diabetes», *Diabetes,* vol. 53, 2004, p 2375-2382.

25. Stern *et al. Annals of Internal Medicine,* vol. 140, 2004, p. 778-785.

26. Boden, G., Sargrad, K., Homko, C. *et al.* «Effect of a low-carbohydrate diet on appetite, blood glucose levels and insulin resistance in obese patients with type 2 diabetes», *Annals of Internal Medicine,* vol. 142, 2005, p. 403-411.

27. Ventura, A., Neri, E., Ughi, C. *et al.* «Gluten-dependent diabetes-related and thyroid related autoantibodies in patients with celiac disease», *Journal of Pediatrics,* vol. 137, 2000, p. 263-265.

28. Vehik, K., Hamman, R. F., Lezotte, D. *et al.* «Increasing incidence of type 1 diabetes in 0- to 17-year-old Colorado youth», *Diabetes Care,* vol. 30, n° 3, mars 2007, p. 503-509.

29. DIAMOND Project Group. «Incidence and trends of childhood type 1 diabetes worldwide 1990-1999», *Diabetic Medicine,* vol. 23, n° 8, août 2006, p. 857-866.

30. Hansen, D., Bennedbaek, F. N., Hansen, L. K. *et al.* «High prevalence of coeliac disease in Danish children with type 1 diabetes mellitus», *Acta Paediatrica,* vol. 90, n° 11, novembre 2001, p. 1238-1243.

31. Barera, G., Bonfanti, R., Viscsrdi, M. *et al.* «Occurrence of celiac disease after onset of type 1 diabetes : A 6-year prospective longitudinal study», *Pediatrics,* vol. 109, 2002, p. 833-838.

32. *Ibid.*

33. Funda, D. P., Kaas, A., Bock, T. *et al.* «Gluten-free diet prevents diabetes in NOD mice», *Diabetes/ Metabolism Research and Reviews,* vol. 15, 1999, p. 323-327.

34. Maurano, F., Mazzarella, G., Luongo, D. *et al.* «Small intestinal enteropathy in non-obese diabetic mice fed a diet containing wheat», *Diabetologia,* vol. 48, n° 5, mai 2005, p. 931-937.

35. Westman, E. C., Yancy, W. S., Mavropoulos, J. C. *et al.* «The effect of a low-carbohydrate, ketogenic diet versus a low-glycemic index diet on glycemic control in type 2 diabetes mellitus», *Nutrition & Metabolism,* vol. 5, 9 décembre 2008, p. 36.

CHAPITRE 8

1. Wyshak, G. «Teenaged girls, carbonated beverage consumption, and bone fractures», *Archives of Pediatrics & Adolescent Medicine,* vol. 154, n° 6, juin 2000, p. 610-613.

2. Remer, T., Manz, F. «Potential renal acid load of foods and its inf luence on urine pH», *Journal of the American Dietetic Association,* vol. 95, 1995, p. 791-797.

3. Alexy, U., Remer, T., Manz, F. *et al.* «Long-term protein intake and dietary potential renal acid load are associated with bone modeling and remodeling at the proximal radius in healthy children», *American Journal of Clinical Nutrition,* vol. 82, n° 5, novembre 2005, p. 1107-1114.

4. Sebastian, A., Frassetto, L. A., Sellmeyer, D. E. *et al.* «Estimation of the net acid load of the diet of ancestral preagricultural Homo sapiens and their hominid ancestors», *American Journal of Clinical Nutrition,* vol. 76, 2002, p. 1308-1316.

5. Kurtz, I., Maher, T., Hulter, H. N. *et al.* «Effect of diet on plasma acid-base composition in normal humans», *Kidney International,* vol. 24, 1983, p. 670-680.

6. Frassetto, L., Morris, R. C., Sellmeyer, D. E. *et al.* «Diet, evolution and aging», *European Journal of Nutrition,* vol. 40, 2001, p. 200-213.

7. *Ibid.*

8. Frassetto, L. A., Todd, K. M., Morris, R. C. fils, Sebastian, A. «Worldwide incidence of hip fracture in elderly women: relation to consumption of animal and vegetable foods», *Journals of Gerontology A: Biological Sciences and Medical Sciences,* vol. 55, 2000, p. M585-M592.

9. Van Staa, T. P., Dennison, E. M., Leufkens, H. G. *et al.* «Epidemiology of fractures in England and Wales», Bone, vol. 29, 2001, p. 517-522.

10. Grady, D., Rubin, S. M., Petitti, D. B. *et al.* «Hormone therapy to prevent disease and prolong life in postmenopausal women», *Annals of Internal Medicine,* vol. 117, 1992, p. 1016-1037.

11. Dennison, E., Mohamed, M. A., Cooper, C. «Epidemiology of osteoporosis», *Rheumatic Disease Clinics of North America,* vol. 32, 2006, p. 617-629.

12. Berger, C., Langsetmo, L., Joseph, L. *et al.* «Change in bone mineral density as a function of age in women and men and association with the use of antiresorptive agents», *Canadian Medical Association Journal,* vol. 178, 2008, p. 1660-1668.

13. Massey, L. K. «Dietary animal and plant protein and human bone health: a whole foods approach», *Journal of Nutrition,* vol. 133, p. 862S-865S.

14. Sebastian *et al. American Journal of Clinical Nutrition,* vol. 76, 2002, p. 1308-1316.

15. Jenkins, D. J., Kendall, C. W., Vidgen, E. *et al.* «Effect of high vegetable protein diets on urinary calcium loss in middle-aged men and women», *European Journal of Clinical Nutrition,* vol. 57, n° 2, février 2003, p. 376-382.

16. Sebastian *et al. American Journal of Clinical Nutrition,* vol. 76, 2002, p. 1308-1316.

17. Denton, D. *The Hunger for Salt,* New York, Springer-Verlag, 1962.

18. Sebastian *et al. American Journal of Clinical Nutrition,* vol. 76, 2002, p. 1308-1316.

19. American Association of Orthopedic Surgeons. *Facts on Hip Replacements,* [en ligne]. [http://www.aaos.org/research/stats/Hip_Facts.pdf]

20. Sacks, J. J., Luo, Y. H., Helmick, C. G. «Prevalence of specific types of arthritis and other rheumatic conditions in the ambulatory health care system in the United States, 2001-2005», *Arthritis Care & Research,* vol. 62, n° 4, avril 2010, p. 460-464.

21. Katz, J. D., Agrawal, S., Velasquez, M. «Getting to the heart of the matter: osteoarthritis takes its place as part of the metabolic syndrome», *Current Opinion in Rheumatology,* 28 juin 2010. [publ. électronique]

22. Dumond, H., Presle, N., Terlain, B. *et al.* «Evidence for a key role of leptin in osteoarthritis», *Arthritis & Rheumatism,* vol. 48, n° 11, novembre 2003, p. 3118-3129.

23. Wang, Y., Simpson, J. A., Wluka, A. E. *et al.* «Relationship between body adiposity measures and risk of primary knee and hip replacement for osteoarthritis: a prospective cohort study», *Arthritis Research & Therapy,* vol. 11, 2009, p. R31.

24. Toda, Y., Toda, T., Takemura, S. *et al.* «Change in body fat, but not body weight or metabolic correlates of obesity, is related to symptomatic relief of obese patients with knee osteoarthritis after a weight control program», *Journal of Rheumatology,* vol. 25, n° 11, novembre 1998, p. 2181-2186.

25. Christensen, R., Astrup, A., Bliddal, H. *et al.* «Weight loss: the treatment of choice for knee osteoarthritis? A randomized trial», *Osteoarthritis Cartilage,* vol. 13, n° 1, janvier 2005, p. 20-27.

26. Anderson, A. S., Loeser, R. F. «Why is osteoarthritis an age-related disease?», *Best Practice & Research Clinical Rheumatology,* vol. 24, 2010, p. 15-26.

27. Meyer, D., Stavropolous, S., Diamond, B. *et al.* «Osteoporosis in a North American adult population with celiac disease», *American Journal of Gastroenterology,* vol. 96, 2001, p. 112-119.

28. Mazure, R., Vazquez, H., Gonzalez, D. *et al.* «Bone mineral affection in asymptomatic adult patients with celiac disease», *American Journal of Gastroenterology,* vol. 89, n° 12, décembre 1994, p. 2130-2134.

29. Stenson, W. F., Newberry, R., Lorenz, R. *et al.* «Increased prevalence of celiac disease and need for routine screening among patients with osteoporosis», *Archives of Internal Medicine,* vol. 165, n° 4, 28 février 2005, p. 393-399.

30. Bianchi, M. L., Bardella, M. T. «Bone in celiac disease», *Osteoporosis International,* vol. 19, 2008, p. 1705-1716.

31. Fritzsch, J., Hennicke, G., Tannapfel, A. «Ten fractures in 21 years», *Unfallchirurg,* vol. 108, n° 11, novembre 2005, p. 994-997.

32. Vasquez, H., Mazure, R., Gonzalez, D. *et al.* «Risk of fractures in celiac disease patients: a cross-sectional, case-control study», *American Journal of Gastroenterology,* vol. 95, n° 1, janvier 2000, p. 183-189.

33. Lindh, E., Ljunghall, S., Larsson, K., Lavö, B. «Screening for antibodies against gliadin in patients with osteoporosis», *Journal of Internal Medicine,* vol. 231, 1992, p. 403-406.

34. Hafström, I., Ringertz, B., Spångberg, A. *et al.* «A vegan diet free of gluten improves the signs and symptoms of rheumatoid arthritis: the effects on arthritis correlate with a reduction in antibodies to food antigens», *Journal of Rheumatology,* 2001, p. 1175-1179.

CHAPITRE 9

1. Bengmark, S. «Advanced glycation and lipoxidation end products — amplifiers of inflammation: The role of food», *Journal of Parenteral and Enteral Nutrition,* vol. 31, n° 5, septembre-octobre 2007, p. 430-440.

2. Uribarri, J., Cai, W., Peppa, M. *et al.* «Circulating glycotoxins and dietary advanced glycation endproducts: Two links to inf lammatory response, oxidative stress, and aging», *Journals of Gerontology,* vol. 62A, avril 2007, p. 427-433.

3. Epidemiology of Diabetes Interventions and Complications (EDIC). «Design, implementation, and preliminary results of a long-term follow-up of the Diabetes Control and Complications Trial cohort», *Diabetes Care,* vol. 22, n° 1, janvier 1999, p. 99-111.

4. Kilhovd, B. K., Giardino, I., Torjesen, P. A. *et al.* «Increased serum levels of the specific AGE-compound methylglyoxal-derived hydroimidazolone in patients with type 2 diabetes», *Metabolism,* vol. 52, 2003, p. 163-167.

5. Goh, S., Cooper, M. E. «The role of advanced glycation end products in progression and complications of diabetes», *Journal of Clinical Endocrinology & Metabolism,* vol. 93, 2008, p. 1143-1152.

6. Uribarri, J., Tuttle, K. R. «Advanced glycation end products and nephrotoxicity of high-protein diets», *Clinical Journal of the American Society of Nephrology,* vol. 1, 2006, p. 1293-1299.

7. Bucala, R., Makita, Z., Vega, G. *et al.* «Modification of low density lipoprotein by advanced glycation end products contributes to the dyslipidemia of diabetes and renal insufficiency», *Proceedings of the National Academy of Sciences (USA),* vol. 91, 1994, p. 9441-9445.

8. Stitt, A. W., He, C., Friedman, S. *et al.* «Elevated AGE-modified Apo B in sera of euglycemic, normolipidemic patients with atherosclerosis: relationship to tissue AGEs», *Molecular Medicine,* vol. 3, 1997, p. 617-627.

9. Moreira, P. I., Smith, M. A., Zhu, X. *et al.* «Oxidative stress and neurodegeneration», *Annals of the New York Academy of Sciences,* vol. 1043, 2005, p. 543-552.

10. Nicolls, M. R. «The clinical and biological relationship between type 2 diabetes mellitus and Alzheimer's disease», *Current Alzheimer Research,* vol. 1, 2004, p. 47-54.

11. Monnier, V. M., Battista, O., Kenny, D. *et al.* « Skin collagen glycation, glycoxidation, and crosslinking are lower in subjects with long-term intensive versus conventional therapy of type 1 diabetes : Relevance of glycated collagen products versus HbA1c as markers of diabetic complications », DCCT Skin Collagen Ancillary Study Group, Diabetes Control and Complications Trial, *Diabetes*, vol. 48, 1999, p. 870-880.

12. Bengmark. *Journal of Parenteral and Enteral Nutrition*, vol. 31, nᵒ 5, septembre-octobre 2007, p. 430-440.

13. Seftel, A. D., Vaziri, N. D., Ni, Z. *et al.* « Advanced glycation end products in human penis : elevation in diabetic tissue, site of deposition, and possible effect through iNOS or eNOS », *Urology*, vol. 50, 1997, p. 1016-1026.

14. Stitt, A. W. « Advanced glycation : an important pathological event in diabetic and age related ocular disease », *British Journal of Ophthalmology*, vol. 85, 2001, p. 746-753.

15. Uribarri. *Journals of Gerontology*, vol. 62A, avril 2007, p. 427-433.

16. Vlassara, H., Cai, W., Crandall, J. *et al.* « Inflammatory mediators are induced by dietary glycotoxins, a major risk for complications of diabetic angiopathy », *Proceedings of the National Academy of Sciences (USA)*, vol. 99, 2002, p. 15596-15601.

17. Negrean, M., Stirban, A., Stratmann, B. *et al.* « Effects of low- and high-advanced glycation endproduct meals on macro- and microvascular endothelial function and oxidative stress in patients with type 2 diabetes mellitus », *American Journal of Clinical Nutrition*, vol. 85, 2007, p. 1236-1243.

18. Goh *et al. Journal of Clinical Endocrinology & Metabolism*, vol. 93, 2008, p. 1143-1152.

19. American Diabetes Association, [en ligne]. [http://www.diabetes.org/diabetes-basics/diabetes-statistics]

20. Sakai, M., Oimomi, M., Kasuga, M. « Experimental studies on the role of fructose in the development of diabetic complications », *Kobe Journal of Medical Sciences*, vol. 48, nᵒ 5, 2002, p. 125-136.

21. Goldberg, T., Cai, W., Peppa, M. *et al.* « Advanced glycoxidation end products in commonly consumed foods », *Journal of the American Dietetic Association*, vol. 104, 2004, p. 1287-1291.

22. Negrean *et al. American Journal of Clinical Nutrition*, vol. 85, 2007, p. 1236-1243.

23. Sarwar, N., Aspelund, T., Eiriksdottir, G. *et al.* « Markers of dysglycaemia and risk of coronary heart disease in people without diabetes : Reykjavik prospective study and systematic review », *PLoS Medicine*, vol. 7, nᵒ 5, 25 mai 2010, p. e1000278.

24. International Expert Committee. « International Expert Committee report on the role of the HbA1c assay in the diagnosis of diabetes », *Diabetes Care*, vol. 32, 2009, p. 1327-1344.

25. Khaw, K. T., Wareham, N., Luben, R. *et al.* « Glycated haemoglobin, diabetes, and mortalit y in men in Norfolk cohort of European Prospective Investigation of Cancer and Nutrition (EPIC-Norfolk) », *British Medical Journal*, vol. 322, nᵒ 7277, 6 janvier 2001, p. 15-18.

26. Gerstein, H. C., Swedberg, K., Carlsson, J. *et al.* « The hemoglobin A1c level as a progressive risk factor for cardiovascular death, hospitalization for heart failure, or death in patients with chronic heart failure : an analysis of the Candesartan in Heart failure : Assessment of Reduction in Mortality and Morbidity (CHARM) program », *Archives of Internal Medicine*, vol. 168, nᵒ 15, 11 août 2008, p. 1699-1704.

27. Khaw *et al. British Medical Journal*, vol. 322, nᵒ 7277, 6 janvier 2001, p. 15-18.

28. Swami-Mruthinti, S., Shaw, S. M., Zhao, H. R. *et al.* « Evidence of a glycemic threshold for the development of cataracts in diabetic rats », *Current Eye Research*, vol. 18, nᵒ 6, juin 1999, p. 423-429.

29. Rowe, N. G., Mitchell, P. G., Cumming, R. G., Wans, J. J. « Diabetes, fasting blood glucose and age-related cataract : the Blue Mountains Eye Study », *Ophthalmic Epidemiology*, vol. 7, nᵒ 2, juin 2000, p. 103-114.

30. Sperduto, R. D., Seigel, D. « Senile lens and senile macular changes in a population-based sample », *American Journal of Ophthalmology*, vol. 90, nᵒ 1, juillet 1980, p. 86-91.

31. Stitt *et al. Molecular Medicine*, vol. 3, 1997, p. 617-627.

32. Ishibashi, T., Kawaguchi, M., Sugimoto, K. *et al.* « Advanced glycation end product-mediated matrix metalloproteinase-9 and apoptosis via renin-angiotensin system in type 2 diabetes », *Journal of Atherosclerosis & Thrombosis*, vol. 17, nᵒ 6, 2010, p. 578-589.

33. Vlassara, H., Torreggiani, M., Post, J. B. *et al.* « Role of oxidants/inf lammation in declining renal function in chronic kidney disease and normal aging », *Kidney International*, vol. 114, décembre 2009, p. S3-S11.

CHAPITRE 10

1. Stalenhoef, A. F., de Graaf, J. «Association of fasting and nonfasting serum triglycerides with cardiovascular disease and the role of remnant-like lipoproteins and small dense LDL», *Current Opinion in Lipidology,* vol. 19, 2008, p. 355-361.

2. Lamarche, B., Lemieux, I., Després, J. P. «The small, dense LDL phenotype and the risk of coronary heart disease: epidemiology, patho-physiology and therapeutic aspects», *Diabetes & Metabolism,* vol. 25, no 3, septembre 1999, p. 199-211.

3. Packard, C. J. «Triacylglycerol-rich lipoproteins and the generation of small, dense low-density lipoprotein», *Biochemical Society Transactions,* vol. 31, 2003, p. 1066-1069.

4. De Graaf, J., Hak-Lemmers, H. L., Hectors, M. P. *et al.* «Enhanced susceptibility to in vitro oxidation of the dense low density lipoprotein subfraction in healthy subjects», *Arteriosclerosis, Thrombosis, and Vascular Biology,* vol. 11, n° 2, mars-avril 1991, p. 298-306.

5. Younis, N., Sharma, R., Soran, H. *et al.* «Glycation as an atherogenic modification of LDL», *Current Opinion in Lipidology,* vol. 19, n° 4, août 2008, p. 378-384.

6. Zambon, A., Hokanson, J. E., Brown, B. G., Brunzell, J. D. «Evidence for a new pathophysiological mechanism for coronary artery disease regression: hepatic lipase-mediated changes in LDL density», *Circulation,* vol. 99, n° 15, 20 avril 1999, p. 1959-1964.

7. Ginsberg, H. N. «New perspectives on atherogenesis: role of abnormal triglyceride-rich lipoprotein metabolism», *Circulation,* vol. 106, 2002, p. 2137-2142.

8. Stalenhoef *et al. Current Opinion in Lipidology,* vol. 19, 2008, p. 355-361.

9. Ford, E. S., Li, C., Zhgao, G. *et al.* «Hypertriglyceridemia and its pharmacologic treatment among US adults», *Archives of Internal Medicine,* vol. 169, n° 6, 23 mars 2009, p. 572-578.

10. Superko, H. R. «Beyond LDL cholesterol reduction», *Circulation,* vol. 94, n° 10, 15 novembre 1996, p. 2351-2354.

11. Lemieux, I., Couillard, C., Pascot, A. *et al.* «The small, dense LDL phenotype as a correlate of postprandial lipemia in men», *Atherosclerosis,* vol. 153, 2000, p. 423-432.

12. Nordestgaard, B. G., Benn, M., Schnohr, P. *et al.* «Nonfasting triglycerides and risk of myocardial infarction, ischemic heart disease, and death in men and women», *Journal of the American Medical Association,* vol. 298, n° 3, 18 juillet 2007, p. 299-308.

13. Sniderman, A. D. «How, when, and why to use apolipoprotein B in clinical practice», *American Journal of Cardiology,* vol. 90, n° 8A, 17 octobre 2002, p. 48i-54i.

14. Otvos, J. D., Jeverajah, E. J., Cromwell, W. C. «Measurement issues related to lipoprotein heterogeneity», *American Journal of Cardiology,* vol. 90, n° 8A, 17 octobre 2002, p. 22i-29i.

15. Parks, E. J., Hellerstein, M. K. «Carbohydrate-induced hypertriacylglycerolemia: Hisotrical perspective and review of biological mechanisms», *American Journal of Clinical Nutrition,* vol. 71, 2000, p. 412-423.

16. Hudgins, L. C. «Effect of high-carbohydrate feeding on triglyceride and saturated fatty acid synthesis», *Proceedings of the Society for Experimental Biology and Medicine,* vol. 225, 2000, p. 178-183.

17. Savage, D. B., Semple, R. K. «Recent insights into fatty liver, metabolic dyslipidae- mia and their links to insulin resistance», *Current Opinion in Lipidology,* vol. 21, n° 4, août 2010, p. 329-336.

18. Therond, P. «Catabolism of lipoproteins and metabolic syndrome», *Current Opinion in Clinical Nutrition & Metabolic Care,* vol. 12, 2009, p. 366-371.

19. Centers for Disease Control 2010. *Dietary intake for adults 20 years of age and over,* [en ligne] [http://www.cdc.gov/nchs/fastats/diet.htm]

20. Capeau, J. «Insulin resistance and steatosis in humans», *Diabetes & Metabolism,* vol. 34, 2008, p. 649-657.

21. Adiels, M., Olofsson, S., Taskinen, R., Borén, J. «Overproduction of very low-density lipoproteins is the hallmark of the dyslipidemia in the metabolic syndrome», *Arteriosclerosis, Thrombosis, and Vascular Biology,* vol. 28, 2008, p. 1225-1236.

22. Westman, E. C., Yancy, W. S. fils, Mavropoulos, J. C. *et al.* «The effect of a low-carbohydrate, ketogenic diet versus a low-glycemic index diet on glycemic control in type 2 diabetes mellitus», *Nutrition & Metabolism* (Londres), vol. 5, 19 décembre 2008, p. 36.

23. Temelkova-Kurktschiev, T., Hanefeld, M. «The lipid triad in type 2 diabetes — prevalence and relevance of hypertriglyceridaemia/low high-density lipoprotein syndrome in type 2 diabetes», *Experimental and Clinical Endocrinology & Diabetes,* vol. 112, n° 2, février 2004, p. 75-79.

24. Krauss, R. M. «Atherogenic lipoprotein phenot ype and diet-gene interactions», *Journal of Nutrition,* vol. 131, n° 2, février 2001, p. 340S-343S.

25. Wood, R. J., Volek, J. S., Liu, Y. *et al.* «Carbohydrate restriction alters lipoprotein metabolism by modifying VLDL, LDL, and HDL subfraction distribution and size in overweight men», *Journal of Nutrition,* vol. 136, 2006, p. 384-389.

CHAPITRE 11

1. Hadjivassiliou, M., Sanders, D. S., Grünewald, R. A. *et al.* «Gluten sensitivity: from gut to brain», *Lancet,* vol. 9, mars 2010, p. 318-330.

2. Holmes, G. K. «Neurological and psychiatric complications in coeliac disease», dans Gobbi, G., Anderman, F., Naccarato, S. *et al.* (dir.), *Epilepsy and Other Neurological Disorders in Coeliac Disease,* Londres, John Libbey, 1997, p. 251-264.

3. Hadjivassiliou, M., Grünewald, R. A., Sharrack, B. *et al.* «Gluten ataxia in perspective: epidemiology, genetic susceptibility and clinical characteristics», *Brain,* vol. 126, 2003, p. 685-691.

4. Cooke, W., Smith, W. «Neurological disorders associated with adult coeliac disease», *Brain,* vol. 89, 1966, p. 683-722.

5. Hadjivassiliou, M., Boscolo, S., Davies-Jones, G. A. *et al.* «The humoral response in the pathogenesis of gluten ataxia», *Neurology,* vol. 58, n° 8, 23 avril 2002, p. 1221-1226.

6. Bürk, K., Bösch, S., Müller, C. A. *et al.* «Sporadic cerebellar ataxia associated with gluten sensitivity», *Brain,* vol. 124, 2001, p. 1013-1019.

7. Wilkinson, I. D., Hadjivassiliou, M., Dickson, J. M. *et al.* «Cerebellar abnormalities on proton MR spectroscopy in gluten ataxia», *Journal of Neurology, Neurosurgery & Psychiatry,* vol. 76, 2005, p. 1011-1013.

8. Hadjivassiliou, M., Davies-Jones, G., Sanders, D. S., Grünewald, R. A. «Dietary treatment of gluten ataxia», *Journal of Neurology, Neurosurgery & Psychiatry,* vol. 74, 2003, p. 1221-1224.

9. Hadjivassiliou *et al. Brain,* vol. 126, 2003, p. 685-691.

10. *Ibid.*

11. Hadjivassiliou, M., Kandler, R. H., Chattopadhyay, A. K. *et al.* «Dietary treatment of gluten neuropathy», *Muscle Nerve,* vol. 34, n° 6, décembre 2006, p. 762-766.

12. Bushara, K. O. «Neurologic presentation of celiac disease», *Gastroenterology,* vol. 128, 2005, p. S92-S97.

13. Hadjivassiliou *et al. Lancet,* vol. 9, mars 2010, p. 318-330.

14. Hu, W. T., Murray, J. A., Greenway, M. C. *et al.* «Cognitive impairment and celiac disease», *Archives in Neurology,* vol. 63, 2006, p. 1440-1446.

15. *Ibid.*

16. Hadjivassiliou *et al. Lancet,* vol. 9, mars 2010, p. 318-330.

17. Peltola, M., Kaukinen, K., Dastidar, P. *et al.* «Hippocampal sclerosis in refractory temporal lobe epilepsy is associated with gluten sensitivity», *Journal of Neurology, Neurosurgery & Psychiatry,* vol. 80, n° 6, juin 2009, p. 626-630.

18. Cronin, C. C., Jackson, L. M., Feighery, C. *et al.* «Coeliac disease and epilepsy», *QJM,* vol. 91, 1998, p. 303-308.

19. Chapman, R. W., Laidlow, J. M., Colin-Jones, D. *et al.* «Increased prevalence of epilepsy in celiac disease», *British Medical Journal,* vol. 2, 1978, p. 250-251.

20. Mavroudi, A., Karatza, E., Papastravrou, T. *et al.* «Successful treatment of epilepsy and celiac disease with a gluten-free diet», *Pediatric Neurology,* vol. 33, 2005, p. 292-295.

21. Harper, E., Moses, H., Lagrange, A. «Occult celiac disease presenting as epilepsy and MRI changes that responded to gluten-free diet», *Neurology,* vol. 68, 2007, p. 533.

22. Ranua, J., Luoma, K., Auvinen, A. *et al.* «Celiac disease-related antibodies in an epilepsy cohort and matched reference population», *Epilepsy & Behaviour,* vol. 6, n° 3, mai 2005, p. 388-392.

CHAPITRE 12

1. Smith, R. N., Mann, N. J., Braue, A. *et al.* « A low-glycemic-load diet improves symptoms in acne vulgaris patients : a randomized controlled trial », *American Journal of Clinical Nutrition,* vol. 86, n° 1, juillet 2007, p. 107-115.

2. Cordain, L., Lindeberg, S., Hurtado, M. *et al.* « Acne vulgaris : A disease of Western civilization », *Archives of Dermatology,* vol. 138, décembre 2002, p. 1584-1590.

3. Miyagi, S., Iwama, N., Kawabata, T., Hasegawa, K. « Longevity and diet in Okinawa, Japan : the past, present and future », *Asia-Pacific Journal of Public Health,* vol. 15 (suppl.), 2003, p. S3-S9.

4. Cordain. *Archives of Dermatology,* vol. 138, décembre 2002, p. 1584-1590.

5. Bendiner, E. « Disastrous trade-off : Eskimo health for white civilization », *Hospital Practice,* vol. 9, 1974, p. 156-189.

6. Steiner, P. E. « Necropsies on Okinawans : anatomic and pathologic observations », *Archives of Pathology,* vol. 42, 1946, p. 359-380.

7. Schaefer, O. « When the Eskimo comes to town », *Nutrition Today,* vol. 6, 1971, p. 8-16.

8. Fulton, J. E., Plewig, G., Kligman, A. M. « Effect of chocolate on acne vulgaris », *Journal of the American Medical Association,* vol. 210, n° 11, 15 décembre 1969, p. 2071-2074.

9. Rudman, S. M., Philpott, M. P., Thomas, G., Kealey, T. « The role of IGF-I in human skin and its appendages : morphogen as well as mitogen ? », *Journal of Investigative Dermatology,* vol. 109, n° 6, décembre 1997, p. 770-777.

10. Cordain. *Archives of Dermatology,* vol. 138, décembre 2002, p. 1584-1590.

11. Franks, S. « Polycystic ovary syndrome », *New England Journal of Medicine,* vol. 13, 2003, p. 853-861.

12. Tan, S., Hahn, S., Benson, S. *et al.* « Metformin improves polycystic ovary syndrome symptoms irrespective of pre-treatment insulin resistance », *European Journal of Endocrinology,* vol. 157, n° 5, novembre 2007, p. 669-676.

13. Cordain, L. « Implications for the role of diet in acne », *Seminars in Cutaneous Medicine and Surgery,* vol. 24, n° 2, juin 2005, p. 84-91.

14. Frid, H., Nilsson, M., Holst, J. J., Björck, I. M. « Effect of whey on blood glucose and insulin responses to composite breakfast and lunch meals in type 2 diabetic subjects », *American Journal of Clinical Nutrition,* vol. 82, n° 1, juillet 2005, p. 69-75.

15. Adebamowo, C. A., Spiegelman, D., Danby, F. W. *et al.* « High school dietary dairy intake and teenage acne », *Journal of the American Academy of Dermatology,* vol. 52, n° 2, février 2005, p. 207-214.

16. Abulnaja, K. O. « Changes in the hormone and lipid profile of obese adolescent Saudi females with acne vulgaris », *Braz J Med Biol Res,* vol. 42, no 6, juin 2009, p. 501-505.

17. Smith, R. N., Mann, N. J., Braue, A. *et al.* « A low-glycemic-load diet improves symptoms in acne vulgaris patients : a randomized controlled trial », *American Journal of Clinical Nutrition,* vol. 86, n° 1, juillet 2007, p. 107-115.

18. Abenavoli, L., Leggio, L., Ferrulli, A. *et al.* « Cutaneous manifestations in celiac disease », *World Journal of Gastroenterology,* vol. 12, n° 6, 16 février 2006, p. 843-852.

19. Junkins-Hopkins, J. « Dermatitis herpetiformis : Pearls and pitfalls in diagnosis and management », *Journal of the American Academy of Dermatology,* vol. 63, 2001, p. 526-528.

20. Abenavoli *et al. World Journal of Gastroenterology,* vol. 12, no 6, 16 février 2006, p. 843-852.

21. Kong, A. S., Williams, R. L., Rhyne, R. *et al.* « Acanthosis nigricans : high prevalence and association with diabetes in a practice-based research network consortium — a PRImary care Multi-Ethnic network (PRIME Net) study », *Journal of the American Board of Family Medicine,* vol. 23, n° 4, juillet-août 2010, p. 476-485.

22. Corazza, G. R., Andreani, M. L., Venturo, N. *et al.* « Celiac disease and alopecia areata : report of a new association », *Gastroenterology,* vol. 109, n° 4, octobre 1995, p. 1333-1337.

23. Gregoriou, S., Papafragkaki, D., Kontochristopoulos, G. *et al.* « Cytokines and other mediators in alopecia areata », *Mediators of Inflammation,* 2010, p. 928030.

CHAPITRE 13

1. Trepanowski, J. F., Bloomer, R. J. « The impact of religious fasting on human health », *Nutrition Journal,* vol. 9, 22 novembre 2010, p. 57.
2. Kendall, C. W., Josse, A. R., Esfahani, A., Jenkins, D. J. « Nuts, metabolic syndrome and diabetes », *British Journal of Nutrition,* vol. 104, n° 4, août 2010, p. 465-473.
3. Astrup, A., Dyerberg, J., Elwood, P. *et al.* « The role of reducing intakes of saturated fat in the prevention of cardiovascular disease : where does the evidence stand in 2010 ? », *American Journal of Clinical Nutrition,* vol. 93, n° 4, avril 2011, p. 684-688.
4. Ostman, E. M., Liljeberg Elmstähl, H. G., Björck, I. M. « Inconsistency between glycemic and insulinemic responses to regular and fermented milk products », *American Journal of Clinical Nutrition,* vol. 74, n° 1, juillet 2001, p. 96-100.

ÉPILOGUE

1. Diamond, J. « The worst mistake in the history of the human race », Discover, mai 1987, p. 64-66.

INDEX

Les numéros de pages soulignés réfèrent à des tableaux ou à des encadrés.

TABLE DES MATIÈRES

TROISIÈME PARTIE:
DITES ADIEU AU BLÉ

Suivez-nous sur le Web

Consultez nos sites Internet et inscrivez-vous à l'infolettre pour rester informé
en tout temps de nos publications et de nos concours en ligne. Et croisez aussi
vos auteurs préférés et notre équipe sur nos blogues !

EDITIONS-HOMME.COM
EDITIONS-JOUR.COM
EDITIONS-PETITHOMME.COM
EDITIONS-LAGRIFFE.COM

Marquis imprimeur inc.

Québec, Canada
2012
Achevé d'imprimer au Canada
sur papier Enviro 100% recyclé